मन्मथ

(भावनाओं का प्रबंधन)

पवन कुमार शर्मा 'पावन'

डायमंड बुक्स

प्रकाशक : डायमंड पॉकेट बुक्स (प्रा.) लि.
X-30, ओखला इंडस्ट्रियल एरिया, फेज-II नई दिल्ली
फोन : 011-40712200
ई-मेल : sales@dpb.in
वेबसाइट : www.diamondbook.in

मुद्रक :

Manmath Bhavnaon Ka Prabandhan

by : Pavan Kumar Sharma, 'Paavan'

आमुख-1

'मन्मथ' भावनाओं के प्रबंधन पर एक ऐसे व्यक्ति का प्रशंसनीय प्रयास है जिसकी पृष्ठभूमि बड़ी विरोधाभासी है। यह बड़ी कौतूहल की बात है कि इस पुस्तक के लेखक श्री पवन कुमार शर्मा प्राथमिकतः भारतीय राजस्व सेवा (आयकर) के आयुक्त स्तर के अधिकारी हैं, परन्तु वे सदैव से ही एक ऐसे लेखक रहे हैं जिन्होंने भारतीय दर्शन से लेकर व्यंग्य और उर्दू शायरी पर भी कई लेख व पुस्तकें लिखी हैं। उर्दू शायरी पर लिखी पुस्तकें 'शायर बेनजीर शायरी बेमिसाल' तथा 'अंदाजे बयां और' काफी प्रशंसित रही हैं और दर्शन पर लिखी पुस्तक 'धर्मार्थ कर्मेभ्यो नमः' तथा महाभारत की पृष्ठभूमि में मन की अच्छी तथा बुरी भावनाओं के संघर्ष पर लिखी पुस्तक 'अंतस का महाभारत' विशेषतः उल्लेखनीय हैं। वर्तमान विश्व बहुत आगे बढ़ गया है और भौतिक सुविधाएं तो अकल्पनीय तेज गति से आगे बढ़ गई हैं। उनके इस विस्तार के साथ सामन्जस्य बिठाने में मनुष्य अपनी मानसिक शांति खो चुका है। हम अपने दर्शन और उसमें निहित मानसिक शांति को भूल चुके हैं। ऐसे में यदि कोई ऐसा प्रयास करता है जो भौतिक सुविधाओं तथा दार्शनिकता में सामन्जस्य पैदा करे और दर्शन को आधुनिक विज्ञान के अध्ययनों से जोड़कर उसे सही सिद्ध करे, तो वास्तव में बहुत अच्छा लगता है। मानवीय भावनाओं यथा घृणा, लालच, हिंसा, क्रोध, काम, मोह, दया, करुणा, दृढ़ता आदि का विश्लेषण पहले दार्शनिक और फिर वैज्ञानिक स्तर पर करना आसान काम नहीं, लेकिन यह काम करना मानवता के लिए आवश्यक है ताकि मानवता की सोच का विकास हो सके तथा उसे नये आयाम दिए जा सके। आज के युग में शरीर को साधने हेतु तो 'शारीरिक स्वस्थता' अथवा फिटनेस पर बहुत कुछ कहा एवं किया जा रहा है, लेकिन 'भावनात्मक स्वस्थता' अथवा फिटनेस की कोई बात भी नहीं करता। यह पुस्तक इस 'भावनात्मक स्वस्थता' पर एक अनूठा प्रयास है जो सराहनीय है। मनुष्य का दिमाग इस दुनिया में मौजूद किसी भी संरचना से ज्यादा जटिल है। समस्त ब्रह्माण्ड में शायद हमारे मस्तिष्क से ज्यादा जटिल और कोई संरचना न

हो। मनुष्य के मस्तिष्क का बहुत विकास हुआ है और दिमाग मस्तिष्क का वाहन है। तो क्या दिमाग अथवा सोच का भी उतना ही विकास हुआ है? मनुष्य का दिमाग केवल जीव वैज्ञानिक संरचना नहीं, वह सामाजिक और सांस्कृतिक संरचना भी है। सांस्कृतिक और सामाजिक दिमाग परावर्तनीय है। यह स्वयं को भी देख सकता है। एक हद तक हमारा दिमाग वैसा ही है जैसा हम उसके बारे में बात करते हैं और सोचते हैं। हमारा मस्तिष्क शुरुआत में रेंग कर चलने वाले जानवरों (सरीसर्प वर्ग) के मस्तिष्क के रूप में साकार हुआ था और केवल शरीर को चलाने का काम करता था। फिर वह धीरे-धीरे विकसित होता हुआ सामाजिक और वैचारिक कार्य भी करने लगा तथा अन्त में विकसित होकर 'नव स्तनधारियों' के दिमाग का रूप ले बैठा जिसमें वैचारिक शक्ति, तार्किक सामर्थ्य और विवेचन कर निर्णय ले सकने की क्षमता भी आ गई। इसलिए हमारे इस मस्तिष्क को बौद्धिक/आध्यात्मिक मस्तिष्क कहा जाता है।

हमारा मस्तिष्क वास्तव में एक जीवित कम्प्यूटर है जिसकी खुद की आनुवांशिक प्रोग्रामिंग होती है जो तीन स्तरीय होती है, और ये तीनों स्तर आपस में संपर्क रखते हुए एक दूसरे के साथ, विद्युत चुम्बकीय तथा रसायनिक माध्यमों से सामन्जस्य बिठाते हैं। अमाग्दला इस प्रणाली को चालू करने की बटन है। अमाग्दला, इन तीनों स्तरों में से कौन-सा स्तर अधिक सशक्त रूप में क्रियाशील होगा, यह निर्धारित करती है। यह हर घटना से संचरित मानसिक उद्वेगों का आकलन कर इस उच्च क्रियाशीलता के स्तर का निर्धारण करती है और आवश्यक परिवर्तनों को अंजाम देती है। लेकिन मस्तिष्क का हर अंग अपना काम स्वतः भी संचालित करता है। इसी से हमारा दिमाग, भावनाओं के निर्माण उनके विकास एवं उनके नियंत्रण करने का काम भी आसानी से संपादित कर लेता है। कभी-कभी भावनाएं अनियंत्रित भी हो जाती हैं और हमारे मस्तिष्क को कुन्द कर देती हैं और हम घृणा, ईर्ष्या, अवसाद, क्रोध, डर आदि ऋणात्मकताओं के अतिरेक से दुःखी हो जाते हैं। इस किताब में इन सब बातों को विस्तार से समझाया गया है।

यह पुस्तक प्रशिक्षित एवं अप्रशिक्षित दोनों ही प्रकार के पाठकों के लिए उपयोगी है। जो प्रशिक्षित हैं वे इसमें भारतीय दर्शन में निहित तथ्यों का वैज्ञानिक स्पष्टीकरण खोज सकते हैं तो अप्रशिक्षित लोग अपनी भावनाओं के उत्थान, विकास तथा नियंत्रण के कारणों तथा साधनों को खोज सकते हैं। उनकी विद्युतीय तथा रसायनिक संरचना जान सकते हैं। यह पुस्तक वास्तव में भावनाओं की रसायनिक संरचना पर गौर करती है, अतः मानव मस्तिष्क की रसायन

विज्ञान कही जा सकती है। इसके पढ़ने और समझने से व्यक्ति स्वयं की सोच को भली प्रकार समझ सकता है, दूसरों की सोच को भी समझ सकता है और फिर उस पर नियंत्रण कर अपने अनुकूल ढाल सकता है, जो एक ऐसी क्षमता है कि जीवन को स्वर्ग बना सकती है। यह अवश्य है कि इस पुस्तक को सरसरी नज़र से नहीं पढ़ा जा सकता और इसे सरसरी तौर पर पढ़ने का कोई फायदा भी नहीं है। लेखक ने इसे गहन अध्ययन और गहरी सोच के साथ लिखा है, अतः पाठकों को भी इसे फुर्सत से मनन करते हुए पढ़ना चाहिए। मैं इस पुस्तक के लेखक को व्यक्तिगत रूप से जानता हूं और एक समय उनका चिकित्सक भी रहा हूं। मैं उनको इस बात के लिए बधाई देता हूं कि उन्होंने अपने सरकारी कार्यों की व्यस्तता में से यथेष्ठ समय निकालकर अपने अर्जित ज्ञान तथा अनुभवों का निचोड़ इस पुस्तक में भली प्रकार से पेश किया है। मैं इस पुस्तक की व्यवसायिक व बौद्धिक दोनों स्तरों पर सफलता की कामना ईश्वर से करता हूं।

–डॉ. अशोक पनगढ़िया

स्नायु शल्य चिकित्सक
पूर्व आचार्य एवं विभागाध्यक्ष
सवाई मानसिंह अस्पताल,
जयपुर, राजस्थान।

आमुख-2

भावनाएं मानव जीवन को पशु से पृथक करती हैं। प्रत्येक मनुष्य में अच्छी व बुरी दोनों प्रकार की भावनाओं का समावेश होता है। किस मनुष्य में कौन-सी भावनाएं या वृत्तियां अधिक प्रभावी हैं, वही उसे तुलनात्मक रूप से अच्छा या बुरा बनाती हैं। वृत्तियों को नियंत्रित करना या उनका प्रबंधन करना न सिर्फ एक कठिन कार्य है बल्कि एक साधना है, क्योंकि यह व्यक्तित्व का एक हिस्सा है और व्यक्तित्व के गुणों में परिवर्तन कर पाना असम्भव नहीं तो कठिन तो है ही।

श्री पवन कुमार शर्मा 'पावन' ने इसी कठिन कार्य को करने का बीड़ा उठाया है, अपनी इस पुस्तक 'मन्मथ' अर्थात् 'भावनाओं का प्रबंधन' में। पुस्तक पढ़कर सुखद आश्चर्य हुआ कि एक गैर चिकित्सक पृष्ठभूमि का व्यक्ति इस स्तर का लेखन कर सकता है। पुस्तक में विभिन्न मानवीय वृत्तियों/भावनाओं का जैसा सूक्ष्म विश्लेषण किया गया है, मस्तिष्क में विभिन्न भावनाओं के उत्पन्न होने के स्थानों, उनके लिये जिम्मेदार विभिन्न जैव-रासायनिक पदार्थों एवं तंत्रिका संवाहकों का चिकित्सकीय दृष्टिकोण से जो प्रमाणिक वर्णन किया गया है, उससे ऐसा लगता है कि लेखक कोई सामान्य चिकित्सक ही नहीं बल्कि कोई तंत्रिका विशेषज्ञ या मनोचिकित्सक हो। मैं सोचता हूं ऐसा शायद लेखक के जीव-विज्ञान से स्नातक व रसायन विज्ञान से स्नातकोत्तर होने के साथ ही विषय में गहरी रुचि व अध्ययन होने से ही यह संभव हो सका है। इसी विषय अर्थात् अच्छी व बुरी वृत्तियों के संघर्ष पर, महाभारत की कथा पर आधारित उनकी एक पुस्तक 'अंतस का महाभारत' पूर्व में भी प्रकाशित हो चुकी है।

लेखक ने भारतीय दर्शन व संस्कृति पर आधारित आधुनिक संदर्भों में मानवीय व्यक्तित्व के विभिन्न पहलुओं का जैसा मनोविश्लेषण किया है वो आज के मनोविज्ञान के सिद्धांतों के समानान्तर है। जहां कुछ भिन्नता भी है, वहां इसे मानव मन को समझने के एक अलग सिद्धांत के रूप में देखा जा सकता है। पुस्तक में सभी सात्विक या धनात्मक वृत्तियों एवं तामसिक या ऋणात्मक

वृत्तियों का विस्तार से वर्णन किया है और अंत में किस प्रकार हम हमारी बुरी वृत्तियों को हमारे व्यक्तित्व से दूर कर अच्छी वृत्तियों का इसमें समावेश कर सकते हैं, इसके उपाय सुझाए हैं। जिसमें ध्यान की अहम् भूमिका को रेखांकित किया है। लेखक ने केवल ध्यान की एक पद्धति 'विपश्यना' का विस्तार से विवरण किया है लेकिन और भी अच्छा होता यदि वे ध्यान की अन्य पद्धतियों तथा भावातीत ध्यान, राजयोग, सुदर्शन क्रिया, प्राणायाम इत्यादि का भी उल्लेख पुस्तक में करते तथा उनके लाभ बताते।

और अन्त में मेरा मानना है कि पुस्तक में जिस स्तर की वैज्ञानिक व प्रामाणिक सामग्री को भारतीय संस्कृति की अवधारणाओं के साथ जोड़कर प्रस्तुत किया गया है वो सराहनीय है। यही नहीं पुस्तक में हिन्दी, अंग्रेजी, संस्कृत व उर्दू के दृष्टांतों का सामयिक प्रयोग न केवल पुस्तक को और रुचिकर बनाता है बल्कि लेखक के इन भाषाओं पर अधिकार को भी इंगित करता है। कुल मिलाकर 'मन्मथ' एक रोचक, ज्ञानवर्धक समाजोपयोगी तथा पठनीय व संग्रहणीय पुस्तक है। लेखक पवन कुमार शर्मा इसके लिये बहुत-बहुत साधुवाद के पात्र हैं। पुस्तक के प्रकाशन पर उन्हें मेरी ओर से बहुत सी बधाइयां व शुभकामनाएं।

–डॉ. देवेन्द्र कुमार शर्मा

आचार्य एवं विभागाध्यक्ष
मनोचिकित्सा विभाग
राजकीय चिकित्सा महाविद्यालय,
कोटा, राजस्थान

विवरणिका

1

वृत्ति विवेचन

ईश्वर एवं शैतान दोनों ही सृष्टि के प्रारम्भ से ही विद्यमान हैं। ईश्वर के लिए तो कहा गया है कि वह अजन्मा है। संसार के सभी ग्रन्थ इस बात पर सहमत है, परन्तु शैतान के जन्म पर विभेद है। 'बाइबिल' एवं 'कुरान' में शैतान के जन्म के विषय में एक जिक्र आता है कि-ईश्वर ने मनुष्य को अपना प्रतिरूप बनाया; उसने नर और नारी के रूप में मनुष्य की सृष्टि की। उसने मानव को आशीर्वाद दिया, ''फलो-फूलो! पृथ्वी पर फैल जाओ और उसे अपने अधीन कर लो।'' मानव को बना कर प्रभु ने फरिश्तों को कहा कि वह उसे सज़दा करे क्योंकि मनुष्य ख़लीफ़ा है। तब 'इबलीस' नामक फरिश्ते के अलावा सभी ने ईश्वर की बात मानी एवं आदम को सज़दा किया। परन्तु इबलीस ने तर्क किया कि वह आदम को सज़दा नहीं करेगा क्योंकि वह मिट्टी का बना है जबकि फरिश्ते अग्नि से बने हैं। तब ईश्वर ने उसे 'मलउन' ठहराया और उसे अपने स्वर्ग से बेदखल कर दिया। इसी इबलीस को 'शैतान' का दर्जा दिया गया। ईश्वर शैतान का न्याय उसी समय करना चाहता था, परन्तु उसने ईश्वर से 'कयामत' के दिन तक की मोहलत मांगी और कहा कि वह आदम को विभिन्न आयोजन करके बहका देगा और उसका पतन कर देगा। ईश्वर ने शैतान को मोहलत दी एवं कहा कि वह मनुष्य को मार्गदर्शन कराएगा। जो मनुष्य ईश्वरीय मार्गदर्शन के तहत विचरण करेगा वह हज़रत बन जायेगा और जिसने शैतान के बहकावे में आकर कुफ्र किया वह दोज़ख का मुँह देखेगा।

इस उद्धरण में ईश्वर ने शैतान को कयामत के दिन तक की मोहलत दी जिससे यह स्पष्ट है कि ईश्वर शैतान के अस्तित्व को कायम रखना चाहता

था। अगर ईश्वर शैतान का तत्काल न्याय कर देता तो मनुष्य का कल्याण हो जाता। परन्तु ईश्वर ने यह नहीं किया क्योंकि वह मनुष्यों को उनके कर्मों की कसौटी पर परखना चाहता था। अगर शैतान नहीं रहता तो ईश्वरीय सत्ता का कायम रहना बेमानी हो जाता और मानव स्वयं ईश्वर सदृश हो जाता क्योंकि वह उन्हीं का पुत्र है।

बाइबिल एवं कुरान दोनों में आगे जिक्र आता है कि मानव को बना कर ईश्वर ने अदन की वाटिका में रखा। उसने पहले नर को बनाया व बाद में नारी को। नर का नाम ईश्वर ने 'आदम' रखा व नारी का नाम 'हव्वा' रखा। अदन की वाटिका में बहुत से वृक्ष थे, परन्तु उनमें से दो वृक्ष बहुत ही विलक्षण थे। एक वृक्ष था 'अच्छे-बुरे के ज्ञान के फल का वृक्ष' और दूसरा वृक्ष था 'अमरता के फल का वृक्ष'। प्रभु ने आदम तथा हव्वा को इन दोनों वृक्षों के फलों को खाने से मना कर दिया था। शैतान को यह बात महत्त्वपूर्ण लगी। वह सर्प का वेश धारण कर बगीचे में आया एवं हव्वा को बहकाने लगा। उसने हव्वा से कहा कि ईश्वर नहीं चाहता कि तुम भले-बुरे के ज्ञान का फल खाओ, क्योंकि ऐसा करने पर तुम्हें भले-बुरे का ज्ञान हो जायेगा और तुम ईश्वर सदृश बन जाओगे। शैतान के बहकावे में आकर हव्वा को लगा कि वह फल देखने में सुंदर है तो स्वादिष्ट भी होगा। उसे उत्सुकता हुई कि उसके खाने से क्या होगा? इसलिए उसने वह फल तोड़ा और आदम के साथ मिलकर उसे खा लिया। तब दोनों की आँखें खुल गईं और उन्हें सहसा ही अपने नंगेपन का अहसास हुआ। जब ईश्वर निरीक्षण हेतु आया तो वे वृक्षों के पीछे छिप गये। ईश्वर तुरंत समझ गया कि मानवों ने अच्छे-बुरे के ज्ञान का फल खा लिया है। तब ईश्वर को लगा कि आदम एवं हव्वा को स्वर्ग में रखना उचित नहीं। उसने हव्वा को सजा दी कि वह वासना के कारण आदम से आसक्त होगी और आदम उस पर शासन करेगा। प्रसव पीड़ा का व संतान धारण करने का भी श्राप ईश्वर ने हव्वा को ही दिया। आदम को उसने कठोर परिश्रम कर जीविकोपार्जन करने की सजा दी एवं सांप को जीवन भर पेट पर रेंगकर चलने और मिट्टी खाने की सजा दी।

अब ईश्वर को लगा कि यदि मानव स्वर्ग में रहा तो वह 'अमरता के फल' को भी खा लेगा और अमर हो जाएगा। ईश्वर यह नहीं चाहता था क्योंकि वह मानव को कर्मों के साथ ही जन्म-मरण के बन्धन में भी बाँधना चाहता था। अतः ईश्वर ने उसे अपने स्वर्ग से निकाल कर पृथ्वी पर भेज दिया। शैतान प्रथम बार अपने उद्देश्य में सफल हुआ, परन्तु ईश्वर ने मानव को भले-बुरे के ज्ञान के रूप में अपना मार्गदर्शन भी दे दिया। इसी अच्छे-बुरे के ज्ञान की भेंट के साथ ही

मानव के अंतस का प्रभु ने निर्माण कर दिया। अब तो एक तरफ बुद्धि एवं विवेक अच्छे अथवा भले का निर्धारण करते और बुरे को न करने हेतु मानव को प्रेरित करते और दूसरी तरफ शैतान अपने आयोजनों से उसके मन को अपने वश में करने का प्रयत्न करता। मनुष्य के अंतस में एक संघर्ष-सा छिड़ा रहता, बकौल मिर्जा गालिब,

ईमां मुझे रोके है जो, खींचे है मुझे कुफ्र।
काबा मेरे पीछे है तो कलीसा मेरे आगे।।

मानव के मन के इस आदिकालीन व जन्मजात संघर्ष पर ही निहित है मेरी यह पुस्तक 'मन्मथ'।

मानव के अंतस में कुछ वृत्तियाँ जन्मजात ही होती है। जो वृत्तियाँ उसको उत्थान हेतु प्रेरित करती हैं, उन्हें 'सात्त्विक' अथवा 'धनात्मक' वृत्तियाँ कहा जाता है। यथा दया/करुणा, श्रद्धा-भक्ति, दृढ़ता/स्थिरता, प्रेम/अनुराग, विवेक/वैराग्य इत्यादि। तथा जो वृत्तियाँ मनुष्य को पतनोन्मुखी बनाती हैं, उन्हें 'तामसिक' अथवा 'ऋणात्मक' वृत्तियाँ कहा गया है। उदाहरणार्थ काम/क्रोध, लोभ/मोह, मद/मत्सर, अहंकार-घृणा इत्यादि। धनात्मक और ऋणात्मक नाम इन दोनों प्रकार की वृत्तियों के वास्ते इस पुस्तक में प्रयोग में लाया गया है। धनात्मक वृत्तियों का नियंता विवेक है जबकि ऋणात्मक वृत्तियों के नियंता के रूप में मन को माना गया है।

मन मनुष्य के शरीर एवं उसकी आत्मा के बीच जो चेतना है उसका नाम है। इस मन के तीन भाग बताये गये हैं। पहला भाग है प्रवृत्त मानस (गुप्त या सुप्त मन) इसी की आज्ञा से या चलने से हमारे मस्तिष्क को जानकारी हुए बिना भी हमारा आवश्यक देह व्यापार चलता रहता है। जैसे भोजन का पाचन, रक्त का संचार, श्वास का चलना, रक्त, माँस, मेदा, अस्थि, वीर्य, मल, मूत्र इत्यादि का बनना, पलकों का झपकना इत्यादि। किसी भी वस्तु या व्यवहार की आदत पड़ जाना इसी मन की एक प्रक्रिया है। यह मन जब अधिक समय तक किसी वस्तु या व्यवहार को ग्रहण करता रहता है, तो फिर वह उसका आदी हो जाता है उसे आसानी से छोड़ नहीं पाता। पूर्वजों के वशांनुगत संस्कार इसी मन में दबे रहते हैं और गाहे-ब-गाहे स्फुरणा के रूप में प्रकट होते हैं। मानव स्वभाव की सभी ऋणात्मक प्रवृत्तियां भी इसी मन में दबी रहती हैं। सभी तामसिक और राजसी लालसाएं भी इसी मन में बसती हैं।

इस प्रवृत्त मन के ऊपर दूसरा मन होता है 'प्रबुद्ध मानस'। इस मन का काम है सोचना, विचारना, तुलना करना, विवेचना करना, तर्क करना, नियंत्रण, निर्णय

करना, आदि। अनुभव, चतुरता, बुद्धिमता, हाजिर जवाबी आदि इसी प्रबुद्ध मन से होता है। इस मन के गुणों का विवेचन हम प्रवृत्तियों के नियंत्रण के बारे में जब जानेंगे तब करेंगें।

तीसरा तथा सर्वोच्च मन है 'अध्यात्म मानस'। आध्यात्मिकता, आत्म प्रेरणा, ईश्वरीय अनुभूति, प्रतिभा, विवेक तथा कई अन्य धनात्मक प्रवृत्तियाँ जैसे पवित्रता, आत्मीयता, दया, करुणा, परानुभूति, सहानुभूति, सहृदयता आदि इसी मन में उपजती हैं। गूढ़ तत्त्वों का रहस्य, श्रद्धा भक्ति आदि भी इसी मानस की क्षमताएं हैं।

योग-सूत्रों के अनुसार मन की पाँच अवस्थाएं होती हैं, जो निम्न प्रकार से हैं-

मूढ़ मन-आलस्य, निद्रा, प्रमाद, क्रोध आदि तमोगुणों के आधिक्य की स्थिति।

क्षिपत मन-रजोगुण प्रधान अवस्था। जिसमें सांसारिक कार्यों में रुचि होती है तथा भाग-दौड़ कर धन-सम्पत्ति, सुख-सुविधाएं आदि अर्जन करने में लिप्तता।

विक्षिप्त मन-रजो-सत्त्व गुण प्रधान अवस्था। मन सत एवं रजस दोनों छोरों पर झूलता रहता है। कभी सांसारिक कार्य तो कभी पूजा-पाठ रुचिकर लगते हैं।

एकाग्र मन-सत्त्व गुण प्रधान अवस्था। पूजा-पाठ रुचिकर। धर्म के कार्यों में रुचि।

अवरुद्ध मन-जब मन के समस्त संकल्प-विकल्प शांत हो जाये।

मूढ़ मन को अवरुद्ध मन के रूप में परिवर्तित करना ही मनुष्य का ध्येय होता है। इस स्थिति को हासिल करने हेतु संयम तथा अभ्यास नामक दो अस्त्रों का उपयोग वैसे ही किया जाता है जैसे हाथी को वश में करने हेतु अंकुश का।

भावनाओं का वैज्ञानिक विश्लेषण यदि कोई करे तो यह ज्ञात हो सकता है कि उसके मनस में जब कोई भी विशेष भावना का जन्म होता है और उसका विकास हो रहा होता है तो उसके शरीर में, उसकी मानसिकता में क्या-क्या परिवर्तन होते हैं। मनुष्य एक ऐसा प्राणी है जिसके मस्तिष्क में न केवल भावनाओं की अनुभूति होती है वरन् वह उन अनुभूतियों को अपने अन्दर जाग्रत होते, विकसित होते देख भी सकता है और उन पर कुछ हद तक नियंत्रण भी कर सकता है। मनुष्यों के द्वारा लिये गये सभी अच्छे या बुरे निर्णय बहुत हद तक भावनाओं के वशीभूत होकर ही लिये जाते हैं। ये भावनायें जब तब हमें इतनी प्रभावित करती हैं कि सोचने तक की शक्ति को भी खत्म कर देती हैं। शायद इसलिये भावनाओं को दिल के साथ जोड़ कर देखा जाता है तो सोच-विचार को दिमाग के साथ।

मनुष्य के विकास के साथ-साथ उसकी भावनाओं का जन्म हुआ। इंसान शारीरिक रूप से कोई बहुत शक्तिशाली न था, अतएव एक असुरक्षा की भावना उसके साथ जन्मजात जुड़ गई, इस भावना का नाम है 'डर'। स्वयं एवं अपनी सन्तान को हर सम्भव खतरों से बचाने की भावना इंसान के मन पर सदैव छाई रहती है और डर की यह भावना इतनी बलवती होती है कि वह उचित-अनुचित को समझे बिना ही खतरों की सम्भावना के प्रति पैंतरे ले लेता है और कई बार तो उसकी ही कार्यवाही उसके नुकसान का कारण बन जाती है। घर में रहने वाले अपने पालतू नेवले के मुँह को खून से सना देख, घर के मालिक को अपनी सन्तान के प्रति असुरक्षा की भावना ने घेर लिया। उसे तुरन्त यही समझ आया कि नेवले ने उसके नवजात शिशु को मार डाला है। इस असुरक्षा की भावना से जनित क्षोभ ने क्रोध का रूप लिया और उसने तुरंत लाठी से नेवले को मार डाला। तब जाकर उसके मन का क्षोभ खत्म हुआ। वह अन्दर गया तो उसने देखा कि नवजात शिशु तो पालने में सुरक्षित किलकारियाँ मार रहा है, परन्तु पालने के पास एक बड़ा-सा काला साँप मरा पड़ा है। अब उसे ग्लानि तथा पश्चाताप ने घेर लिया कि क्यों अनर्गल क्रोध कर उसने नेवले को मारा। उस नेवले को जिसने उसके शिशु की रक्षा साँप से की। तो यह उदाहरण बताता है कि भावनाओं के वशीभूत इंसान क्या-क्या अनचाही चीजें कर बैठता है और क्यूं इन भावनाओं को समझना तथा उन पर नियंत्रण करना आवश्यक है।

अब तक तो मनुष्य के अन्तस/मनस का कोई वैज्ञानिक अध्ययन नहीं किया गया था। लेकिन अब धीरे-धीरे न केवल भावनाओं का मनोवैज्ञानिक अध्ययन किया जा रहा है, परन्तु उनके मस्तिष्क अथवा शरीर में जनन/उत्थान/नियंत्रण/कमी/आधिक्य के जैव-भौतिक कारणों/कारकों का भी अध्ययन किया जा रहा है। अब मस्तिष्क छायांकन तकनीक द्वारा यह सम्भव हो पाया है कि जब हमारा मस्तिष्क कुछ सोच रहा होता है, कुछ अनुभव कर रहा होता है, कुछ उद्वेलित हो रहा होता है, कोई स्वप्न देख रहा होता है तो हमारे मस्तिष्क के भीतर क्या परिवर्तन हो रहे होते हैं। हमारे मस्तिष्क में विभिन्न प्रकार की भावनाओं का केन्द्र कहाँ है? कौन-सा भाग प्रेम, अनुराग और अन्य धनात्मक भावनाओं का सृजन करता है? और कौन-सा भाग ऋणात्मक भावनाओं का सृजन करता है। मस्तिष्क में होने वाले कौन-से परिवर्तन मनुष्य को बार-बार रुला देते हैं और कौन-से परिवर्तन किसी अन्य से बेइंतिहा प्यार करने को मजबूर कर देते हैं। हमारे मस्तिष्क का भावनात्मक ढाँचा जानना अब संभव हो गया है। बर्कले में स्थित यूनिवर्सिटी ऑफ कैलीफोर्निया के ब्रेन इमेजिंग सेन्टर के वैज्ञानिक जैक

गैलेंट और उनकी टीम ने मानव मस्तिष्क में झांकने का एक हैरतअंगेज कारनामा कर दिखाया है। उन्होंने लोगों द्वारा देखे गये एक विडियो क्लिप को ब्रेन इमेजिंग तकनीक से उनके मस्तिष्क को पढ़कर पुनर्निर्मित कर लेने में सफलता प्राप्त कर ली है, जो मानव मस्तिष्क को पढ़ने की तकनीक का अब तक का सर्वश्रेष्ठ प्रदर्शन है। वैज्ञानिकों ने तीन व्यक्तियों को एफ.एम.आर.आई. ब्रेन स्कैनर में लिटा कर कुछ हॉलीवुड की फिल्मों के ट्रेलर दिखाये। फिर एफ.एम.आर.आई. ब्रेन स्कैनर ने इन लोगों के मस्तिष्क से निकलने वाले संकेतों को रिकॉर्ड किया, जिन्हें कम्प्यूटर के द्वारा छवियों में बदल दिया गया। इन लोगों को जो फिल्में दिखाई गई थी, वह रेगिस्तान में घूमते कुछ हाथियों की थीं। कम्प्यूटर द्वारा पुनर्निर्मित की गई छवियां यद्यपि उतनी साफ नहीं थी, परन्तु उन्हें देखकर यह अंदाजा लगाया जा सकता था कि उनमें घूम रहे जानवर हाथी ही हैं। इस प्रकार किसी व्यक्ति के मस्तिष्क में जनित किसी भी छवि को सीधा डाउनलोड कर वापस तस्वीर के रूप में देखा जाना संभव हो गया। यह सब करने का तात्पर्य सिर्फ ये पता लगाना था कि मानव के मस्तिष्क का विजुअल कार्टेक्स किसी व्यक्ति द्वारा देखे गये चित्रों को मस्तिष्क में किस तरह पंजीकृत या अंकित करता है। इस प्रयोग से यह सिद्ध हुआ कि हमारे मस्तिष्क का विजुअल कार्टेक्स एक कैमरे की तरह काम करता है। वह आँखों की रेटिना के जरिये छवियों के बारे में सूचनाएं ग्रहण करता है और मस्तिष्क में उन्हें छवियों की तरह ही अंकित करता है। गैलेंट उन वैज्ञानिकों में से एक है, जो एफ.एम.आर.आई. ब्रेन स्कैन के जरिये ब्रेन पैटर्न का विश्लेषण करके मस्तिष्क को पढ़ने की कोशिश कर रहे हैं। किसी के दिमाग में छवियां अंकित करने की तकनीक सचमुच एक करिश्मा हैं। लेकिन इससे भी बड़ी चुनौती है दिमाग में अंदर चल रहे विचारों का पता लगाना जो तस्वीरों के साथ जुड़े होते हैं। क्योंकि तस्वीरें दिमाग में कहीं और अंकित होती हैं और विचार कहीं और अंकित होते हैं। मेलोन यूनिवर्सिटी-कार्नेगी के वैज्ञानिक टॉम मिशैल और मार्सेल जस्ट इस कार्य में तत्परता से लगे हैं और उनका मानना है कि यह कार्य भी बहुत शीघ्र संभव हो जायेगा। फिर तो मस्तिष्क को देखने और पढ़ने वाली मशीनों से डॉक्टर मनोविकारों से ग्रस्त लोगों के दिमाग में झांक सकेंगे और उन विकारों को दूर भी कर सकेंगे।

मनुष्य की भावनाओं की यह वैज्ञानिक समझ इस बात में भी मदद करेगी कि प्रत्येक व्यक्ति अपनी भावनात्मक कमियों या खूबियों का आकलन कर सकेगा तथा उसका कारण भी जान सकेगा। इससे वह इन भावनओं पर आवश्यकतानुरूप नियंत्रण कर उनको उपयोगी या जन उपयोगी बना सकेगा। यदि

कोई भावना अति पर जाकर विकृत होती है तो उस पर नियंत्रण या उसका इलाज भी किया जा सकेगा। हम हमारे बच्चों की भावनाओं का निर्माण एक आदर्श रीति से कर पायेंगे ताकि वे न केवल एक अच्छे/सफल नागरिक बन सकें अपितु समाज, राष्ट्र एवं विश्व का भी आदर्श भावनात्मक निर्माण कर सकें। जैसा कि अरस्तू ने क्रोध के बारे में कहा था कि "काश हम उचित व्यक्ति पर क्रोधित हो सकें, वह भी उचित मात्रा में और उचित समय पर तथा उचित उद्देश्यों के लिये और उचित तरीके से उस क्रोध को प्रकट भी कर सकें"। अब शायद कुछ ही वर्षों में यह संभव हो सकेगा। हमें अपने बच्चों को भावनात्मक शिक्षा प्रदान करनी पड़ेगी, उन्हें भावनाओं के उत्थान/विकास तथा पराभाव एवं उनके नियंत्रण तथा उपयोग के बारे में समझाना होगा और उनके दुरुपयोग के नतीजों से भी उन्हें अवगत कराना होगा। यही इस पुस्तक का भी उद्देश्य है, इसलिये मैंने इसका नाम रखा है 'मन्मथ'।

मानव के मस्तिष्क में भावनाओं की जो तरंगे हैं, वे दो तरह की होती है और एक-दूसरे से विपरीत दिशाओं में बहती हैं। एक प्रकार की तरंगें तो भौतिक संसार (इच्छा/प्राप्ति की तरंगें) को प्राप्त करने की दिशा में बहती हैं और दूसरे प्रकार की तरंगें, अपने स्वयं के आत्मिक उत्थान की तरंगें, जो मोक्ष की अथवा शान्ति की प्राप्ति की दिशा में बहती हैं। इसलिए यदि मानव का लक्ष्य भौतिक सुख-सुविधाओं आदि को प्राप्त करना है तो उसे आत्मिक उत्थान की तरंगों के बहाव पर नियंत्रण करना पड़ता है और दूसरी तरफ यदि उसे आत्मिक उत्थान, मोक्ष, संतोष/शान्ति आदि प्राप्त करनी है तो फिर भौतिक उपलब्धियों की तरंगों के बहाव पर नियंत्रण करना पड़ता है। अगर हम आत्मिक उत्थान को बिना भौतिक उपलब्धियों की तरंगों को नियंत्रित किये प्राप्त करने का प्रयास करते हैं तो हमारा मस्तिष्क शायद सदैव के लिए अपना संतुलन खो बैठेगा और इसी प्रकार यदि हम भौतिक उपलब्धियाँ भी बिना आत्मिक उत्थान की तरंगों को नियंत्रित किये प्राप्त करने का प्रयास करेंगे तो भी हमारा मानसिक संतुलन बिगड़ जायेगा। किसी भी प्रकार की तरंगों का अनियंत्रित प्रवाह तबाही और बर्बादी का कारण बन जाता है। इसी कारण से घोर सात्त्विक मनुष्य अचानक आश्चर्यजनक रूप से भौतिकता से घबराकर मृत्यु को गले लगा लेता है और एक पूर्णतः भोगी मनुष्य, अध्यात्म के आने पर स्वयं में एक खोखलेपन का अहसास करते हुए संसार से विरक्त हो जाता है। 'चित्रलेखा' फिल्म का एक नायक अपने आत्मिक उत्थान पर नाज़ करते हुए एक नगर वधू को वैराग्य देने का प्रयास करता है, लेकिन स्वयं भौतिक/दैहिक सुख प्राप्ति के जाल में फँस जाता है। जब वह इस

प्रयास में हार जाता है तो उसका आध्यात्मिक प्राप्ति का अहंकार घोर आहत होता है तथा वह आत्महत्या की ओर अग्रसित हो जाता है। दूसरा नायक घोर व्याभिचार में लिप्त होते हुए भी चित्रलेखा को अध्यात्म के प्रति उद्यत देख और अन्य परिस्थितियों से व्यथित होकर अपनी समस्त भौतिक प्राप्तियों को ठुकराकर संन्यास धारण कर लेता है। भौतिक/आध्यात्मिक प्राप्तियों के वैचारिक भँवर में उलझी चित्रलेखा स्वयं भी वापस बीजगुप्त को संन्यास में देख, उसे साथ ले भगवान बुद्ध की शरणागत होकर उनका मध्यम मार्ग अपना लेती है। मनुष्य की हर इच्छा उस इच्छित वस्तु की प्राप्ति के साथ खत्म नहीं होती, बल्कि और मुखरित हो जाती है। इच्छा का नियंत्रण इसलिए बहुत ही आवश्यक है। अगर मोक्ष प्राप्ति करनी है तब भी इच्छाओं को समाप्त करना होगा और यदि संतोष का सुख प्राप्त करना है तब भी इच्छाओं को नियंत्रित करना होगा। निर्वाण आसानी से प्राप्त नहीं होता, परन्तु संतोष और शान्ति आसानी से हासिल किये जा सकते हैं। इसके लिए सिर्फ अंतर्द्वन्द्व को खत्म करना होता है। अपने सांसारिक बंधनों को ढ़ीला करो और अपने व्यर्थ के मानसिक बोझों को त्यागते जाओ और देखो कि आप अध्यात्म को प्राप्त हो रहे हैं। आध्यात्मिक उन्नति और मोक्ष की प्राप्ति का प्रयास कोई स्वार्थ सिद्धि नहीं, जैसा कि कुछ लोग इसे मानते हैं। अपनी आत्मा की उन्नति में ही भौतिक संसार की उन्नति है। आप जब आत्म अनुभूति से गुजरते हैं तब आप सब के लिए समान रूप से दयालु या द्रवित हो उठते हैं। पूरे जगत के कल्याण की सोचते हैं। तो फिर ये कैसे स्वार्थ परक हो सकता है। यह स्थिति इच्छाओं का, सर्वस्व का त्याग करने पर ही बनती है, अतः निस्वार्थ ही होती है। इसलिए गीता में कहा गया है कि–

पानी लगातार पृथ्वी से समुद्रों की ओर बहता है।
लेकिन समुद्र कभी भी उससे उफनता नहीं है।।
इसी प्रकार इच्छाएँ योगी के मस्तिष्क की तरफ बहती हैं।
लेकिन योगी का मस्तिष्क/मन उनसे व्यथित नहीं होता।।
क्योंकि योगी का मन परम शान्ति को प्राप्त कर चुका होता है।
जिसने इच्छाओं को ही त्याग दिया उसने परमशान्ति प्राप्त कर ली।।
वह योगी बिना किसी प्राप्ति की इच्छा के जीता है।
वह घमण्ड से भी मुक्त होता है और प्राप्ति के अहंकार से भी मुक्त होता है।।

अब हम भावनाओं की विद्वता के बारे में बात करेंगे। क्या भावनाओं में भी कोई विद्वता लाई जा सकती है। इ.एल. थोर्नडाइक जो कि एक प्रख्यात

मनोवैज्ञानिक हैं, उन्होंने भावनाओं की विद्वता का एक पहलू अपने एक लेख जो कि प्रसिद्ध हार्पर पत्रिका में छपा था, में सबके सामने रखा था। इस पहलू का नामाकरण उन्होंने 'सामाजिक भावनाओं की विद्वता' रखा था। इस पहलू में मनुष्यों के परस्पर सम्बंधों की भावनाओं में विद्वता लाने के बारे में चर्चा की गई थी। यह विद्वता दूसरों की भावनाओं को समझ कर परस्पर सम्बंधों में बुद्धिमतापूर्ण व्यवहार करने की क्षमता हासिल करने से व्यक्ति में आ सकती है। लेकिन तात्कालिक दूसरे विद्वानों तथा मनोवैज्ञानिकों ने इसे पूर्णतः नकार दिया। उन्होंने इस विद्वता को सिर्फ दूसरे व्यक्तियों को बहला-फुसला कर उनसे अपनी इच्छानुसार काम करवा लेने की कुटिलता मानकर इसका मज़ाक उड़ा दिया। लेकिन वास्तव में सामाजिक विद्वता, शैक्षणिक विद्वता से सर्वथा अलग प्रकार की विद्वता है। यह एक व्यावहारिक विद्वता है न कि केवल किताबी विद्वता। और गहन वैज्ञानिक शोध करने पर मनोवैज्ञानिक राबर्ट स्टर्नबर्ग ने पाया कि थोर्नडाईक द्वारा प्रतिपादित सामाजिक विद्वता लोगों की विद्वता का वह हिस्सा है, जिसके होने पर व्यक्ति व्यावहारिक रूप से समाज/जीवन में अधिक सफल होता है और वह अधिक कुशल माना जाता है। वह क्षमता किसी भी कार्यस्थल पर एक मैनेजर को ज्यादा सफल बनाती है और इस क्षमता का आदर किया जाता है। अब तक तकरीबन सभी वैज्ञानिक इस बात से सहमत हो गये हैं। परस्पर व्यावहारिक विद्वता की बात सर्वप्रथम हार्वर्ड गार्डनर ने की थी जो कि हार्वर्ड स्कूल में एक मनोवैज्ञानिक था। उसने स्कूली शिक्षा की बात करते हुए प्रतिभा के स्पेक्ट्रम का सिद्धांत रखा और विद्यार्थी को उसी तरफ विकसित करने पर जोर दिया जिस चीज या कला में वह निपुण अथवा प्रतिभावान है। हर एक विद्यार्थी को केवल बुनियादी शिक्षा हासिल करने में लगाये रखना उसकी नैसर्गिक प्रतिभा को कुंठित करने के समान है। उसने लेविस टर्मन के प्रतिभा-मूल्यांक के सिद्धांत को गलत बताया जो कि केवल एक ही प्रकार से छात्रों की प्रतिभा का आकलन करता है। गार्डनर ने सन् 1983 में एक किताब लिखी जिसका नाम था 'फ्रेमस् ऑफ माइंड' जिसमें उसने प्रतिभा को बहुआयामी माना। उसने कम से कम 20 अलग-अलग प्रकार की प्रतिभाओं का आकलन किया। पारस्परिक व्यावहारिक विद्वता को भी उसने चार विभिन्न हिस्सों में बांट दिया, जैसे नेतृत्व क्षमता, दोस्ती करने की क्षमता, झगड़ा सुलटाने की क्षमता एवं सामाजिक आकलन की क्षमता। परस्पर व्यावहारिक विद्वता दूसरे व्यक्ति की मानसिकता को समझने की क्षमता का दूसरा नाम है। सफल वस्तु विक्रेता, राजनीतिज्ञ, धार्मिक गुरु, शिक्षक आदि सभी व्यक्तियों की पारस्परिक व्यावहारिक विद्वता अच्छी होती है। उनकी स्वयं

को समझ सकने की क्षमता भी अच्छी होती है। स्वयं अपनी भावनाओं को समझ सकना भी भावनात्मक विद्वता का एक अहम हिस्सा है। हम अगर अपनी स्वयं की भावनाओं को ही अच्छी प्रकार से नहीं समझेंगे तो हम उनके दास या गुलाम बन कर रह जायेंगे, जैसे धृतराष्ट्र अपने पुत्र मोह का दास होकर रह गया। जिन लोगों की अपनी भावनाओं पर अच्छी पकड़ होती है, वे अपना जीवन भली प्रकार जी सकते हैं और भावनाओं से ऊपर जाकर भी बुद्धिमतापूर्ण निर्णय ले सकते हैं।

भावनाओं पर नियंत्रण करना और उनके उत्प्रेरण पर नियंत्रण करना बहुत आवश्यक है। इच्छाओं का जाग्रत होना एक स्वाभाविक बात है। लेकिन इन पर नियंत्रण रखना एक बहुत ही मुश्किल काम है। इन पर नियंत्रण की क्षमता हर इंसान में एक समान नहीं होती। चार वर्ष के बच्चों से भी यदि भावनात्मक उत्प्रेरण पर नियंत्रण रखने को कहा जाये तो भी सभी बच्चों में यह क्षमता समान नहीं होती। यदि भावनाओं पर नियंत्रण रखने हेतु बच्चों को इनाम भी दिया जाये तो भी वे सभी इस नियंत्रण में समान रूप से सफल नहीं होते। भावनात्मक उद्वेग पर नियंत्रण कर लेने से बड़ी मनोवैज्ञानिक सफलता और कोई नहीं होती। यह उद्वेग सभी प्रकार की भावनाओं के मूल में निहित होता है। इस उद्वेग की तीव्रता ही मनुष्य को किसी भी भावना में बहा ले जाती है। इस उद्वेग का जनन मनुष्य के मस्तिष्क के लिम्बिक क्षेत्र में होता है और वहाँ से इस उद्वेग को मस्तिष्क के मोटर कार्टिकल क्षेत्र में जाने से रोकना ही इस उद्वेग पर नियंत्रण का एक मात्र तरीका है। भावनाओं का उत्प्रेरण रोकना सबके लिये समान रूप से आसान नहीं है। वाल्टर मिशेल ने वर्ष 1960 में एक प्री-स्कूल में जो कि स्टेनफोर्ड विश्वविद्यालय कैम्पस में स्थित है, में चार वर्षीय बच्चों पर एक प्रयोग किया जिसका नाम था-दो मार्शमेलो इनाम। इसमें उन्होंने बच्चों के सामने एक मार्शमेलो रखा और कहा कि वे अगर पंद्रह मिनट तक इंतजार करेंगे तो उन्हें दो मार्शमेलो दी जाएगी। यह बच्चों में लालच की प्रवृत्ति पर रोक लगाने की क्षमता की जाँच थी। इस लालच को रोकने हेतु बच्चों ने कई प्रकार से प्रयास किए। कुछ ने आँखें बंद कर ली, कुछ सिर कोहनियों के बीच डाल कर बैठ गये। कुछ ने आपस में बात करना आरम्भ कर दिया तो कुछ खेल खेलने लगे। कुछ लोगों ने सोने तक की कोशिश कर डाली। ऐसा करके जो बच्चे स्वयं को एक मार्शमेलो खाने से रोक पाये, उन्हें दो मार्शमेलो ईनाम में मिल गये और बाकी बच्चों को जो अपने लालच को नहीं रोक पाये, उन्हें सिर्फ एक मार्शमेलो से सब्र करना पड़ा। आश्चर्य की बात ये हुई कि जब ये बच्चे बड़े हो गये तो इनमें से वो बच्चे जो मार्शमेलो प्रतियोगिता में सब्र रख पाये थे, उनमें उद्वेग और भावनाओं पर नियंत्रण की क्षमता

अधिक पाई गई तथा उनके निर्णय करने की प्रक्रिया में उद्वेग अथवा भावातिरेक का हिस्सा कम एवं बुद्धिमता ज्यादा पाई गई उनके निर्णय भी दृढ़ एवं अधिक सही पाये गये और व्यावहारिकता में वे अपने जीवन में ज्यादा सफल पाये गये। इच्छा या लालसा की पूर्ति में हो रही देरी को सहज रूप से लेने की क्षमता हर मनुष्य को विकसित करनी चहिये और अपने धैर्य की परीक्षा लेते रहना चाहिये। इस क्षमता से आपकी न केवल बुद्धि बढ़ती है अपितु क्षमता भी बढ़ती है। 'किसी उद्‌देश्य की प्राप्ति हेतु स्वयं रोपित लालसा पूर्ति में देरी', भावनाओं तथा उनके उद्वेग पर नियंत्रण करने का सर्वश्रेष्ठ तरीका है। यह तकनीकी सिद्धान्त 'प्रतिरोध' के नाम से जाना जाता है और एक किस्म की स्वस्थ प्रतिरोध तकनीक है। किसी भी मानसिक उद्वेग को नकारना या रोकना और वो भी किसी उद्‌देश्य की प्राप्ति हेतु, ही जीवन की सफलता की कुंजी है। क्योंकि मनुष्य की मानसिक क्षमताएँ असीमित है एवं उसकी भावनात्मक बुद्धिमता पर यदि उसकी पकड़ हो गई तो वह बहुत सफलता प्राप्त कर सकता है। सामान्य स्तर की भी उत्कंठा/व्यग्रता बुद्धि का विनाश करती है। जैसे परीक्षा को लेकर मन में आई उत्कंठा/व्यग्रता विद्यार्थी की ग्रहण क्षमता तथा प्रकटीकरण क्षमता को प्रभावित कर देती है। उसे ऐसा लगता है जैसे वह सब कुछ भूल गया है या उसे कुछ भी नहीं आता। किसी भी मुश्किल काम को करने से पहले अगर आप घबरा गये तो वह काम और मुश्किल ही नहीं होगा, अपितु असंभव बन जाएगा। यह उत्कंठा/व्यग्रता यदि सही तरीके से उपयुक्त हो जाये तो फायदेमन्द हो जाती है, और यदि घबराहट में बदल जाये तो नुकसानदायक हो जाती है। इसे फायदेमन्द/उपयोगी बनाना ही भावनात्मक बुद्धिमता/समझदारी का काम है। परीक्षा के पहले का तनाव कुछ लोगों को तैयारी में मदद करता है तो कुछ लोगों को घबराहट पैदा कर देता है। मस्तिष्क की क्षमताएँ यदि चिन्ता करने में लग गईं तो वह नकारात्मक परिणाम देती हैं और यदि वही क्षमताएँ तैयारी करने में लग गईं तो अच्छा परिणाम देती हैं।

कुछ लोग अपनी भावनाओं को रोकने में महारत हासिल कर लेते हैं। वे लोग अपनी उत्सुकता को अपनी कार्य क्षमता तथा उत्कृष्टता को बढ़ाने में उपयुक्त कर लेते हैं। जैसे भविष्य में कहीं भाषण देने को लेकर आई उत्कंठा/व्यग्रता से प्रेरणा लेकर वे उस भाषण को अच्छी तरह से तैयार कर लेते हैं। किसी भी कार्य हेतु आई उत्कंठा/व्यग्रता तथा उस कार्य के सम्पादन में जो पारस्परिक सम्बन्ध है, यदि उसका ग्राफ बनाया जाये तो वह उल्टे 'यू' के आकार का बनता है। इस उल्टे 'यू' ∩ की ऊपरी सतह के स्तर की उत्कंठा/व्यग्रता सबसे अच्छा परिणाम देती है। अगर बहुत कम उत्सुकता है तो मनुष्य बेमन से काम करेगा और उसका कार्य

सम्पादन निकृष्ट होगा जबकि उच्चतम स्तर की उत्सुकता का परिणाम ये होगा कि घबराहट से काम खराब हो जायेगा।

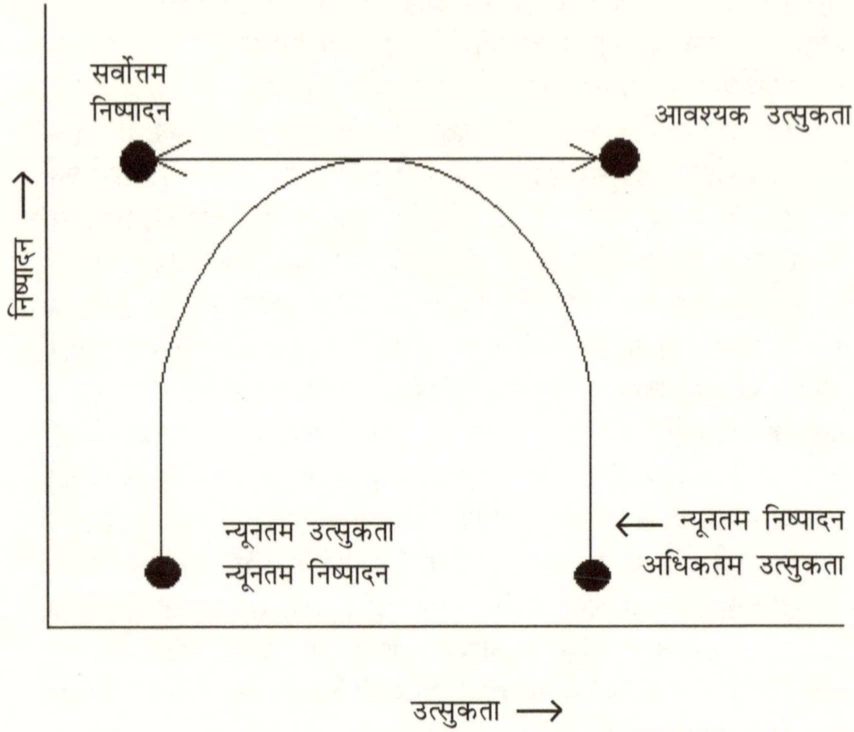

लेखकों के मस्तिष्क की रचनात्मक मानसिकता इसी 'सामान्य उत्सुकता' की स्थिति का सही उदाहरण है। इसे 'मानसिक प्रफुल्लता' भी कहा जाता है। इस प्रफुल्लता की स्थिति में ही उन्हें रचनात्मक स्फुरणाएँ हुआ करती हैं। किसी भी परेशानी का समाधान निकालने में भी 'प्रफुल्लता' का बहुत उपयोग होता है क्योंकि इस समय व्यक्ति ज्यादा 'विस्तृत सोच' रखता है और 'संकुचित मानसिकता' से मुक्त रहता है। कोई भी समस्या का यदि आसान और उचित समाधान चाहिए तो उस समस्या पर सोचने से पहले कोई चुटकुला सुन/सुना कर उस पर एक बार हृदय से हँसकर अपनी मानसिकता को प्रफुल्लित कर लें और फिर समाधान खोजें, और देखें कितनी सहजता से आप उचित समाधान निकाल लेते हैं। इसलिये अपने सोच को प्रफुल्लित रखें और मानसिकता को सकारात्मक।

अपनी स्वयं की भावनाओं का नियंत्रित उपयोग करना ही सफलता का गुरुमंत्र है। आपको अपनी ऋणात्मक भावनाओं को झटकना आना जरूरी है

अन्यथा आप उन्हीं में उलझकर रह जाओगे। आपको अपनी धनात्मक भावनाओं को उपयोग में लाना तथा नियंत्रित रखना आना चाहिए, नहीं तो उनका अतिरेक आपका नुकसान कर जाएगा। जिन लोगों में यह क्षमता होती है, उन्हें किसी दूसरे की प्रेरणा की जरूरत नहीं रह जाती है क्योंकि वे स्व-प्रेरित होते हैं। इसी प्रकार किसी दूसरे व्यक्ति की ऋणात्मक अथवा धनात्मक भावनाओं की अच्छी समझ भी अति आवश्यक है। परानुभूति तथा सहानुभूति की जितनी क्षमता आप में होगी, उतना ही आप दूसरों को समझ पायेंगे। अगर दूसरों के प्रति आपमें भावना की समझ नहीं है तो आप जीवन में सफल हो ही नहीं सकते। सम्बंध बनाने की, उनको निभाने की क्षमता इन्हीं भावनाओं की समझ से आप में आती है। इसी से आप किसी भी समाज में सफलतापूर्वक रह सकते हैं और लोकप्रिय भी हो सकते हैं। यद्यपि हर एक में यह क्षमताएं बराबर नहीं होती, परन्तु इन्हें विकसित किया जा सकता है।

मेरी इस पुस्तक में जिन विषयों पर चर्चा की गई है, वे निम्न प्रकार से हैं-

- समस्त ऋणात्मक वृत्तियों की प्रकृति अथवा स्वरूप क्या है व सृजन कैसे होता है।

- इस संसार में मानव के लिये इन ऋणात्मक वृत्तियों की उपयोगिता क्या है।

- ऋणात्मक वृत्तियों ने संसार में कैसे विनाश रचाए हैं और उनका नियंत्रण क्यों आवश्यक है।

- ऋणात्मक वृत्तियों पर नियंत्रण कैसे संभव हैं और उनके नियंत्रण का मार्ग क्या है।

- धनात्मक वृत्तियों की प्रकृत्ति अथवा स्वरूप क्या है व उनका सृजन कैसे होता है।

- इस संसार में मानव के लिए इन धनात्मक वृत्तियों की उपयोगिता कितनी है एवं कब वे व्यर्थ हैं।

- धनात्मक वृत्तियों ने इस संसार को कैसे-कैसे विकसित किया है और उनका विकास क्यों आवश्यक है।

- धनात्मक वृत्तियों को प्रोत्साहित कैसे किया जाये और उनके विकास का मार्ग क्या है।

2

ईश्वरीय अवधारणा, प्रराब्ध

समस्त प्राणियों के अस्तित्व का कारण और उनकी भावनाओं का अधिष्ठाता जिसे हम ईश्वर मानते हैं, वो कौन है? इस ईश्वर का स्वरूप क्या है? ऋग्वेद में लिखा है कि–

हिरण्यगर्भा समवर्ततताग्रे, भूतस्य जातस्य पतिरेक आसीत।
सदाधर पृथ्वी न्यामुतेमा, कस्मै देवाय हविषा विधेम।।

(इस सृष्टि के प्रारम्भ में जो सबसे पहले प्रकट हुआ और फिर जो समस्त प्राणियों का स्वामी हुआ, जिसने सम्पूर्ण चराचर जगत को धारण किया वही ईश्वर है और वही आहुति का अधिकारी है।)

न जायते म्रियते वा कदाचिन्नाय, भूत्वा भविता वा न भूयेः।
अजोनित्यः शाश्वताऽयं पुराणो, न हन्यते हन्यमाने शरीरे।।

(यह आत्मा (ईश्वरीय तत्त्व) अजन्मा है, अविनाशी है, स्थिर है, सनातन है एवं सर्वव्यापी है। वह अक्लेद्य, अदाह्य एवं अछेद्य है एवं निरंतर है। इसलिए यह ईश्वरीय तत्त्व अज, नित्य और शाश्वत है।)

परन्तु हिन्दू शास्त्रों में ईश्वर को अवतार लेते हुए बताया गया है तो फिर यह अजन्मा व अनन्त या अनादि कैसे हुआ? गीता में इस प्रश्न का उत्तर दिया गया है कि–

अजोऽपि सन्नव्ययात्मा भूतानाम् ईश्वरो अपिसन।
प्रकृति स्वामधिष्ठाय संभवाम्यात्म मायया।।

(यद्यपि मैं अजन्मा एवं अविनाशी हूँ, समस्त प्राणियों में व्याप्त हूँ और उनका स्वामी भी हूँ, परन्तु प्राणियों के कल्याण हेतु मैं अपनी इस प्रकृति को अधीन करके आत्म माया से प्रकट होता हूँ।)

परमात्मा का वास्तविक तत्त्व समझने के लिए न तो कोई दृष्टांत ठीक तरह से लागू होता है और न ही कोई युक्ति। ईश्वर निर्गुण भी है और निराकार भी, परन्तु साथ ही साथ वह सगुण भी है और साकार भी। वह इस जगत की समस्त जड़ एवं चेतन वस्तुओं में समान रूप से व्याप्त होते हुए भी अप्राप्य है। संक्षेप में यदि कहा जाए तो वह एकमात्र सत्य है एवं अद्वितीय है। **एकम् एव अद्वितीयं**। वेदों में ईश्वर के तीन स्वरूप बताये गये हैं–हरि, ऊँ, तत् सत्। ईश्वर, जो एक मात्र पूर्ण सत्य है वही इस सृष्टि का निर्माता, पालक और संहारक है। वेदों में तीन लोकों का जिक्र आता है, भूं, भुवः तथा स्वः जो धरती, व्योम और स्वर्ग के नामों से भी जाने जाते हैं। यह ईश्वर सब जगह विद्यमान है और सम्पूर्ण ब्रह्मांड की आत्मा है। ईश्वर यह चाहता है कि–

सह ना ववतु, सह ना भुनक्तु, सह वीर्यम् कर्वावहे।
सं गच्छध्वंसं वद्ध्वंसं वो मनासि जानताम्।
देवां भागं यथा पूर्वे संजनानां उपासते॥

अच्छे जीवन की निशानियाँ ईश्वर के अनुसार; सब प्रेम और सौहार्दपूर्वक रहें, सब अपनी अपनी बातें स्वस्थ मन तथा सहृदयता से कहें, सब आपस में वैचारिक तथा हार्दिक एकता रखें, वैमनस्य न रखें क्योंकि उसी से सबके जीवन में उद्देश्यपरकता आयेगी और उनका जीवन सफल होगा।

घृतिः क्षमा दमोऽस्तेयं सौच मिन्द्रिय निग्रहे।
धीर्विधा सत्यम क्रोधो दशकं धर्म लक्षणम्॥

सहनशीलता, क्षमाशीलता, आत्म नियंत्रण, चोरी न करना, पवित्रता, इन्द्रियों पर नियंत्रण, अच्छे तथा बुरे के बीच भेद कर सकने की क्षमता (विवेक) सत्य परायणता अक्रोध है।

इस ईश्वर का क्या जन्म होता है? सृजन होता है? या प्राकट्य होता है? इस संदर्भ में गीता में कहा गया है कि–

यदा यदा हि धर्मस्य, ग्लानिर्भवति भारत।
अभ्युथानम् अधर्मस्य, तदात्मानां सृजाम्यहम्॥

(जब-जब संसार में धर्म की ग्लानि होती है और अधर्म का अभ्युत्थान होता है, तब-तब ईश्वर का सृजन होता है।)

परित्राणाय साधूनां बिनाशाय च दुष्कृताम्।
धर्म संस्थापनार्थाय संभवामि युगे-युगे॥

(साधुओं के कल्याण एवं दुष्टों के विनाश हेतु तथा धर्म की पुर्नस्थापना हेतु समय-समय पर ईश्वर प्रकट होते हैं।)

गीता के इन श्लोकों में उत्पत्ति या जन्म शब्द का कहीं भी प्रयोग नहीं है। अतः यह कहना कि ईश्वर का मानवीय जन्म होता है उचित नहीं। वैसे भी अजन्मे प्रभु का जन्म तो हो ही नहीं सकता और अविनाशी तथा अनन्त का विनाश या अन्त भी नहीं हो सकता। परन्तु उसका प्राकट्य तो हो सकता है, सृजन तो हो सकता है और इन उपरोक्त श्लोकों में इसी प्राकट्य का वर्णन है। ईश्वर आत्म माया से सृजित एवं प्रकट होते हैं। ईश्वर के इस सृजन अथवा प्राकट्य को जन्म (गर्भ धारण करना) की अथवा अवतार की संज्ञा दे देना सर्वथा अनुचित है। गीता में आगे लिखा है कि-

न मे विदुः सुरगणाः प्रभवं न महर्षयः।

(मेरी उत्पत्ति को अर्थात् प्रकट होने को न देवता लोग जान सकते हैं और न ही महर्षि जन।)

परन्तु इस प्राकट्य को स्वयं श्रीकृष्ण ने गीता में स्पष्ट करने का प्रयास किया है। गीता के अनुसार ईश्वर का यह प्राकट्य किसी मनुष्य रूपी या अन्य प्राणी रूपी माँ के गर्भ में नहीं होता बल्कि यह प्राकट्य साधक के अन्तस में ही होता है। प्राणियों में ईश्वर के प्रकट होने और रहने का स्थान कहाँ हैं, इस बाबत गीता में श्रीकृष्ण कहते हैं कि-

ईश्वरः हृदयेष तिष्ठते।

अर्थात् मनुष्य का अन्तस ही ईश्वर का स्थान है और यहीं पर वे प्रकट भी होते हैं। वास्तव में मानव के इस अंतस को मस्तिष्क से ज्यादा हृदय से जोड़ कर देखा जाता है जो कि वैज्ञानिक सत्य न होकर सिर्फ कवि-सत्य है। मानव के मस्तिष्क से जनित कोमल एवं पवित्र भावनाओं जैसे दया-करुणा, प्रेम-अनुराग आदि को हृदय से साहित्यकारों ने इतना जोड़ दिया कि मानव का अंतस उसके हृदय का पर्याय बन गया है। इसलिए गीता में इस अंतस को हृदय की संज्ञा दी गयी है। यह ईश्वर सभी सकारात्मक वृत्तियों का प्रणेता, रक्षक तथा पोषक है। ईश्वर के विपरीत शैतान ऋणात्मक वृत्तियों का प्रणेता, रक्षक तथा पोषक है।

बाइबिल व कुरान के अनुसार शैतान का जन्म 'इबलीस' नामक फरिश्ते से हुआ। फरिश्तों का निर्माण स्वयं प्रभु ने आदम से पहले एवं अग्नि से किया। क्योंकि इबलीस ने खुदा से कुफ्र किया और उसका विरोध किया, अतः उसे 'शैतान' का खिताब दिया गया। ईश्वर को शैतान की उपयोगिता का एहसास था, अतः उसने इबलीस को कयामत के दिन तक की मोहलत दी और मानव के मन के इस संघर्ष का सूत्रपात किया। तो बाइबिल के अनुसार शैतान ईश्वर का ही प्रतिरूप है। हिन्दू धर्म शास्त्रों में भी शैतान को राक्षस अथवा दैत्य के रूप में मान्यता प्राप्त है। दिति और अदिति में से अदिति की संतानों से देव कुल का जन्म एवं दिति से दैत्य कुल का जन्म माना गया है। तत्पश्चात् पृथ्वी एवं त्रिलोक पर वर्चस्व हेतु देव एवं दैत्यों

में संघर्ष बताया गया है। इस देव-असुर संघर्ष में कभी असुरों का तो कभी देवों का पराभाव होता है। इस संग्राम में जब-जब देवों का पराभाव या पराजय होती नज़र आती है, तब-तब ईश्वर विभिन्न रूपों में प्रकट होकर उनको सहायता करते हैं।

युगों-युगों तक चलने वाले इस देवासुर संग्राम में ईश्वर ने अनेक स्वरूपों में प्रकट होकर देवताओं की एवं धर्म की रक्षा की है। ईश्वर के दस अवतारों का जिक्र विभिन्न पुराणों में आता है। मत्स्य अवतार, कुर्म अवतार, वाराह अवतार, वामन अवतार, नृसिंह अवतार, परशुराम, दशरथि राम, कृष्ण एवं कल्कि अवतार। यह सब ईश्वर के द्वारा विभिन्न स्वरूप ग्रहण कर प्रकट होने के ही दृष्टान्त है। ईश्वर ने आवश्यकतानुसार मछली, कछुए, शूकर, नृसिंह एवं मानव के रूप में प्रकट होकर समय-समय पर अपनी सृष्टि, धर्म एवं देवताओं व मनुष्यों की रक्षा की। परन्तु कुछ अवतारों को छोड़ दिया जाये तो बाकी सभी अवतारों से पहले कोई न कोई दैत्य पृथ्वी पर अवश्य मौजूद रहा और इतना अधिक शक्तिशाली हो गया कि उसके विनाश हेतु स्वयं ईश्वर को प्रकट होना पड़ा। यह देवासुर संग्राम के प्रसंग एवं ईश्वर के विभिन्न अवतारों के प्रसंग मेरी पुस्तक के विषय धनात्मक एवं ऋणात्मक वृत्तियों के सनातन द्वंद्व से ही संबंधित है। इन प्रसंगों में देवता धनात्मक वृत्तियों एवं दैत्य अथवा दानव और राक्षस ऋणात्मक वृत्तियों के प्रतिनिधि समझे जा सकते हैं। इन प्रसंगों से यह अवश्य स्पष्ट हो जाता है कि ईश्वरीय सत्ता की निरंतरता में शैतान का सबसे मुख्य भाग है। ठीक वैसे ही जैसे किसी चलचित्र में नायक के वर्चस्व को सिद्ध करने में खलनायक का होता है। तो वास्तव में ईश्वर की सत्ता और उसकी श्रेष्ठता शैतान की सत्ता एवं उसकी निकृष्टता पर ही आधारित है। हिन्दू धर्म शास्त्रों के अनुसार शैतान (असुर) का सृजन स्वयं ईश्वर अपनी ही माया से करते हैं एवं उद्देश्य की पूर्ति होने पर स्वयं विभिन्न रूपों में प्रकट होकर उसका विनाश कर देते हैं। अतः ईश्वरीय माया की संसार के विकास हेतु उपयोगिता ही शैतान के अस्तित्व का कारण है। अगर ईश्वरीय अवधारणा का मस्तिष्क की बनावट के सम्बंध में अध्ययन करें तो यह केवल विश्वास तक सीमित हो जायेगी। मनुष्य के दिमाग में धार्मिक विश्वास एवं धारणाएं एक विशेष हिस्से में प्रवाहित विद्युतीय/चुम्बकीय प्रवाहों से निर्मित/सृजित होती हैं। एन्ड्रयू न्यूबर्ग जो पेनसिल्वेनिया यूनिवर्सिटी में प्राध्यापक हैं, उन्होंने मस्तिष्क छायांकन से ये देखा है कि धार्मिक और ईश्वरीय विश्वास/धारणायें एक तंत्रिका तंत्र से तय होती हैं, जिसका नामकरण उन्होंने 'विश्वास का तंत्र' किया है। पहले यह माना जाता था कि मस्तिष्क में एक ईश्वर का स्थान है जो प्रार्थना करने या ध्यान करने से क्रियाशील हो जाता है। मस्तिष्क के टेम्पोरल लोब्स और कुछ अन्य स्थान आपस में क्रिया कर सभी धार्मिक और ईश्वरीय तथा आत्मिक अनुभव करवाते हैं। लॉरेन्सियन विश्वविद्यालय, ऑन्टेरियो के

वैज्ञानिक माइकल परसिंगर ने ये अनुभव शक्तिशाली विद्युत चुम्बकीय स्पन्दनों से स्वयंसेवकों के मस्तिष्क में उत्पन्न करवाए हैं। कुछ विशेषज्ञों का मानना है कि मनुष्यों में 'परा-प्राकृतिक' अनुभवों के प्रति जन्मजात प्रवृत्ति होती है। इसलिये कई मनुष्य जो जन्म से धार्मिक अनुभवों से दूर रहे हैं, उनमें भी जवानी में ईश्वर तथा धर्म पर विश्वास आ जाता है।

हम जब भी बातचीत करते हैं तो कहते हैं कि यह मेरा शरीर है, यह मेरी जिन्दगी है, ये मेरा दिमाग है, तो यह 'आत्म तत्त्व' या 'मैं' कौन है? जो यह सब कह रहा होता है। कोई तो है जो इस शरीर, जिन्दगी व दिमाग का मालिक/स्वामी है। इसे मनोवैज्ञानिक 'मैं तत्त्व' कहते हैं। हमारे दर्शन में इसी मैं तत्त्व को ब्रह्म का हिस्सा माना गया है और कहा गया है कि 'अहम ब्रह्मास्मि' (मैं ही ब्रह्म हूँ)। वह जो इस शरीर का मालिक या स्वामी होने की बात करता है वही 'जीवन ऊर्जा' या 'आत्मा' है, जिसके बारे में हम ज्यादा नहीं जानते हैं। परन्तु ऐसी कई चीजें अस्तित्व में हैं जिन्हें हम नहीं जानते। अध्यात्म में इस 'आत्म तत्त्व' को परमात्मा का हिस्सा माना गया है और द्वैत तथा अद्वैत दर्शन का प्रतिपादन किया गया है। अद्वैतवाद, आत्मा (आत्म तत्त्व) को तथा परमात्मा (ईश्वरीय तत्त्व) को एक ही मानता है। वास्तव में आत्मा एक प्रकार की उच्च जाग्रत/चेतन ऊर्जा है जो हमारे मस्तिष्क की जाग्रत/चेतन अथवा अवचेतन अवस्था या सुप्त अवस्था से बिल्कुल अलग है। यह उच्च चेतना एक ब्रह्माण्डीय उच्च चेतना से जुड़ी होती है और उसी का एक हिस्सा होती है। यही ब्रह्माण्डीय चेतना ईश्वरीय तत्त्व है जिसे हम सही रूप से अभी तक नहीं पहचान पाये हैं। वैज्ञानिक इस 'परमात्मा तत्त्व' तथा 'आत्मतत्त्व' दोनों को जानने हेतु प्रयत्न कर रहे हैं। अभी हाल ही में खोजे गये उपपरमाणु कण 'हिग्सबोसोन' को वैज्ञानिक ईश्वरीय-कण मानते हैं जिससे सम्पूर्ण जड़ एवं चेतन तत्त्व के अस्तित्व का आरम्भ हुआ और जो सृष्टि के सृजन का कारण बना। कुछ समय बाद हो सकता है वे इस कण का स्वरूप जान पायें इसके अन्य गुण जान पायें। तब तक हमें ईश्वर की आध्यात्मिक अवधारणाओं पर विश्वास करना चाहिए। व्यक्तिगत और सामाजिक परिवर्तन हेतु 'आत्म तत्त्व' पर विश्वास करना हमारी बहुत बड़ी आवश्यकता है। क्योंकि इसके अस्तित्व के बिना हमारा खुद का भी कोई अस्तित्व नहीं।

हमने ईश्वर के बारे में देखा कि वह जन्मता नहीं प्रकट होता है और शैतान के बारे में जाना कि वह ईश्वर का ही प्रतिरूप है। तब तो ईश्वर की ही भांति शैतान का भी जन्म गर्भाधान द्वारा तो संभव नहीं। वह भी ईश्वर की ही तरह अपने अनुयायियों के अंतस में प्रकट होता होगा। शैतान के अनुगामी पुरुष के

अंतस में जारी ऋणात्मक वृत्तियों एवं धनात्मक वृत्तियों के संघर्ष में जब ऋणात्मक वृत्तियों का पतन हो रहा हो अथवा धनात्मक वृत्तियों का उत्थान हो रहा हो तब शैतान वहां प्रकट होता होगा और दुष्टों के मन में अपने आयोजनों के प्रति आकर्षण एवं श्रद्धा को पुष्ट करता होगा अथवा संघर्ष के दौरान ऋणात्मक वृत्तियों के परित्राण हेतु/धनात्मक वृत्तियों के विनाश हेतु तथा अधर्म की स्थापना हेतु शैतान का प्राकट्य अपने भक्तों के अंतस में समय-समय पर होता होगा। तो गीता के उन दोनों श्लोकों जो ईश्वर के प्राकट्य से सम्बंधित है को, शैतान के बारे में भी कुछ इस प्रकार से पुर्नगठित किया जा सकता है-

यदा यदा हि अधर्मस्य, ग्लानिर्भवति भारत।
अभ्युथानम् धर्मस्य, तदात्मानां सृजाम्यहम्॥ एवं
परित्रणाय दुष्टानाम्, विनाशाय च शुभकृताम्।
अधर्म संस्थापनार्थाय, संभवामि युगे-युगे॥

यानी इस मायने में शैतान ईश्वर के समकक्ष हुआ। और ऐसा होना भी चाहिए क्योंकि वह ईश्वर का ही प्रतिरूप है। परन्तु वह तभी तक है जब तक ईश्वर उसका अस्तित्व सृष्टि के विकास हेतु आवश्यक समझता है। यही फर्क ईश्वरीय सत्ता और शैतान की सत्ता में है। शैतान की सत्ता ईश्वरीय दया के ऊपर निर्भर है, जिसे बाइबिल में कयामत तक की मोहलत के रूप में वर्णित किया गया है। ईश्वर एवं शैतान दोनों का प्राकट्य तो मनुष्य के अंतस में ही होता है और मनुष्य का यह शरीर ही दोनों की कर्मभूमि अथवा कुरुक्षेत्र है।

गीता में यह भी बताया गया है कि सात्विक एवं तामसिक वृत्तियों का संघर्ष जहाँ होता है वह क्षेत्र कहाँ है। श्रीकृष्ण ने कहा कि-

इदम् शरीरम् कौन्तेय क्षेत्रमित्यभिधीयते।

(अर्थात् यह शरीर ही वह क्षेत्र है जहाँ सात्विक एवं तामसिक वृत्तियों का संघर्ष होता है।)

उपरोक्त वर्णन से यह स्पष्ट है कि मनुष्य या प्राणिमात्र के अंतस में जब धनात्मक एवं ऋणात्मक वृत्तियों का संघर्ष हो रहा होता है और यदि इस संघर्ष में धनात्मक वृत्तियों का पराभाव होने लगता है तथा ऋणात्मक वृत्तियों का आधिक्य तो साधक के अंतस में धनात्मक वृत्तियों के उत्थान एवं ऋणात्मक वृत्तियों के विनाश हेतु ईश्वर का प्राकट्य अथवा सृजन होता है। यह प्राकट्य अथवा सृजन ईश्वर के प्रति श्रद्धा एवं अनुराग के रूप में होता है जो साधक के मन को धर्म में भली-भांति स्थिर कर देता है और उसे सत्त्व के उत्थान हेतु प्रेरित कर तमस के शमन में सहायता प्रदान करता है। यह प्राकट्य तथा सृजन वास्तव

में ईश्वरीय स्वरूप का ज्ञान है जिसकी प्राप्ति के पश्चात् वह प्राणी स्वयं परमहंस हो जाता है। वह ईश्वर सदृश हो जाता है और ऐसे पुरुष को न तो कर्म बाँध सकते हैं और न वह कर्म के फलों के प्रति आसक्त रह जाता है।

न माम् कर्माणि लिम्पन्ति न मे कर्म फले स्पृहा।
इति माम् योअभिजानाति कर्मभिर्नस बध्यते॥

(ईश्वर को न कर्मों में लिप्तता है और न उनके फलों में आसक्ति। अतः उन्हें कर्म नहीं बाँध सकते।)

ठीक इसी प्रकार शैतान का भी सृजन उसके अनुयायियों के अंतस में तब होता है जब विजातीय वृत्तियों का पराभाव हो एवं उनके उत्थान हेतु शैतान के प्राकट्य की आवश्यकता हो। सामान्यतः ईश्वर एवं शैतान दोनों का ही सृजन एक ही व्यक्ति के अंतस में अलग-अलग समय पर भी हो सकता है और एक साथ भी। यही मानव के अंतस के इस संघर्ष की बुनियाद है एवं उसके जीवन के वास्तविक द्वन्द्व का कारण है।

ऋणात्मक वृत्तियाँ कई हैं और काफी पराक्रमी हैं। काम, क्रोध, लोभ, मोह, मद, मत्सर, अहंकार, अर्थ, हिंसा, घृणा एवं धूर्तता आदि अनेकानेक वृत्तियाँ शैतान के वे योद्धा हैं जो एक-एक ही प्रलय लाने में सक्षम है। इनके बल पराक्रम एवं चरित्रों का वर्णन हम आगामी अध्यायों में करेंगे। धनात्मक वृत्तियाँ भी कई हैं और पराक्रमी भी हैं। यथा श्रद्धा-भक्ति, दया-करुणा, लज़्ज़ा-ग्लानि, सत्य-शील, स्थिरता-दृढ़ता, सहृदयता-सौम्यता, प्रीति-अनुराग एवं धर्म-विवेक आदि। यह सब भी अपार पराक्रमी हैं। इनके बल-पराक्रम एवं चरित्रों का वर्णन भी हम आगामी अध्यायों में करेंगे।

वैसे ही धनात्मक वृत्तियों को भी ईश्वर का सहयोग सहज और स्वाभाविक रूप से प्राप्त हो जाता है। इसी कारण मेरी इस पुस्तक में भी धनात्मकता की ऋणात्मक पर जीत होती है। मेरे विचार से जिसने निष्काम कर्म साध लिया वही सच्चा सफल व्यक्ति है और संतोष रूपी धन उसे ही प्राप्य है। यही वास्तविक मोक्ष है जो उसे जीते जी ही प्राप्त हो जाता है और मरने पर उसकी आत्मा परमात्मा में विलीन हो जाती है। अगर मनुष्य को तकलीफ झेलनी पड़ती है या दुःख उठाना पड़ता है तो वह स्वयं अपने कर्मों के कारण उसका हेतु है, लेकिन दोष मुकद्दर को देता है। वास्तव में तो बकौल त्रिलोकचन्द महरूम साहब मनुष्य की तकदीर भी उसके कर्मों से ही बनती है।

क्यों सबको सुनाएं हाले-अबतर अपना।
जब इसमें कुसूर हो, सरासर अपना॥
हम कोसते हैं मुकदद्र को 'नदीम'।
आमाल से बनता है, मुकदद्र अपना॥

3

काम

सर्वप्रथम शैतान के आयोजनों यानी तामसिक वृत्तियों का जिक्र ही उचित होगा और उनमें भी सबसे शक्तिशाली प्रवृत्ति 'काम' को ही प्राथमिकता देनी होगी। सभी प्राणियों में और मनुष्यों में भी काम एक नैसर्गिक प्रवृत्ति है। हर प्राणी के लिए अपनी जाति की निरंतरता रखने हेतु, प्रजनन द्वारा संतति उत्पन्न करने हेतु काम की वृत्ति आवश्यक है। ईश्वर ने प्राणियों को किसी न किसी रूप में यह क्षमता प्रदान की है। मनुष्यों में नर एवं मादा संभोग द्वारा यह कार्य संपादित करते हैं। बाइबिल के अनुसार जब आदम और हव्वा स्वर्ग में लगा भले-बुरे के ज्ञान का फल खा गये तो उन्हें सर्वप्रथम 'काम' का ही अहसास हुआ और वे ईश्वर के सामने आने में हिचकने लगे। वर्जना की यह भावना इस नैसर्गिक प्रवृत्ति के साथ सदैव से ही जुड़ी रही है। परन्तु 'काम' शब्द का वास्तविक अर्थ नर-मादा के संभोग तक ही सीमित नहीं रहता। शरीर की पाँच ज्ञानेन्द्रियों आँख, कान, नाक, जिह्वा, त्वचा एवं इनके विषय क्रमशः रूप, शब्द, गंध, रस एवं स्पर्श से जो अनुभूतियाँ प्राणी प्राप्त करता है उन्हें भोगने का नाम ही काम है। पाँच कर्मेन्द्रियों रसना, हाथ, पैर, उपस्थ एवं गुदा के सहयोग से ही प्राणी इन विषयों के सुख का उपभोग करता है। इनके प्रीतिकर अनुभवों के कारण ही मनुष्य एवं प्राणी इन सुखों को बार-बार भोगने की लालसा में पड़ जाता है और यही लालसा काम की वह शक्ति है जिसके सामने विरले पुरुष ही खड़े रह पाते हैं। सभी प्रकार के कामों में नर एवं मादा के समागम को ही प्रधान काम माना गया है क्योंकि यही सृष्टि की निरंतरता का कारण है। मनुष्यों ने

भी इसी काम को सबसे अधिक महत्त्व दिया है। आचार्य वात्सायन ने काम पर आधारित ग्रन्थ 'कामसूत्र' में प्रारम्भ में ही लिखा कि-

धर्मार्थ कामेभ्यो नमः

(अर्थात् धर्म, अर्थ एवं काम तीनों को प्रणाम।)

हिन्दू धर्म शास्त्रों के अनुसार प्रजापति ब्रह्मा ने सृष्टि के प्रारम्भ में अपनी सबसे प्रिय संतति मानव के विकास हेतु धर्म, अर्थ एवं काम नाम के तीन पुरुषार्थों की रचना की एवं मोक्ष प्राप्ति ही इन तीन पुरुषार्थों का लक्ष्य निर्धारित किया। अतः काम, धर्म और अर्थ ही के समान एक बहुत ही अहम एवं पवित्र रचना है। काम की उपयोगिता के बारे में ऋग्वेद में लिखा है कि-

यमस्य मायम्यं काम आगन समाने यौनो सदृशैय्याय।
जायेव पत्ये तन्वं रिरिच्यां विचिद् वश्हेव रथ्येव चक्रा॥

(अर्थात् स्त्री एवं पुरुष यदि रथ के दो पहियों के समान हैं, तो काम वह धुरी है जिस पर यह पहिए घूमते हैं और इसी से गृहस्थी का रथ चलता है।)

आचार्य वात्सायन ने लिखा है कि-

शतायुर्वे पुरुषोविभज्य काल मन्योअन्यानुब।
परस्परस्या नुपद्यातकं त्रिवर्गं सेवेत॥

(अर्थात् मनुष्य सौ वर्ष तक जीकर धर्म अर्थ एवं काम का इस प्रकार उपभोग करे कि तीनों परस्पर साथ रहते हुए भी एक-दूसरे का विरोध न करें।)

काम की उपयोगिता के संदर्भ में यह लिखना उचित ही होगा कि इसके बिना न तो मानव या प्राणी मात्र के शरीरों की रचना का उद्देश्य रह जायेगा और न ही इस संसार की सृष्टि या सृजन का। न किसी गंध का महत्त्व रहेगा न किसी रस का। न किसी के रूप का महत्त्व होगा न किसी शब्द का। न स्पर्श का ही आधार रहेगा और कोई संवेदना भी नहीं रहेगी। न कोई वस्तु अथवा अनुभव प्रीतिकर रहेगा और न कटु या अप्रीतिकर। पूरा संसार एवं संरचनाएँ बेमानी हो जाएंगी और इस सृष्टि का विनाश अवश्यंभावी हो जाएगा क्योंकि संतति संभव नहीं होगी।

हमने अब तक यह देखा कि काम का स्वरूप क्या है और उसका सृजन क्यों व कैसे हुआ तथा उसकी उपयोगिता क्या है। अब हम यह देखेंगे कि काम की प्रकृति क्या है? हिन्दू दर्शन के अनुसार समस्त पदार्थों एवं प्रवृत्तियों को गुण धर्म के आधार पर तीन श्रेणियों में बाँटा गया है-सत, रजस एवं तमस। काम की प्रवृत्ति रजस गुण वाली होती है। रजस गुण वाली प्रवृत्तियों व पदार्थों में विस्तार का गुण होता है। यानी अगर ऐसी प्रवृत्तियों पर नियंत्रण न किया जाये तो वे

प्रसारित होती है तथा अधोगामी हो जाती हैं। अतः काम को यदि नियंत्रित करके भोगा जाये तो वह लाभप्रद होगा तथा मनुष्य उर्ध्वगामी होगा अन्यथा वह हानिप्रद होगा तथा मनुष्य पतन की तरफ बढ़ेगा। रजस प्रवृत्ति होने से काम, काम को ही प्रेरित करता है एवं अधिकता हो जाने पर तामसिक प्रवृत्ति ग्रहण कर लेता है। अधिकता की स्थिति वाला पुरुष व्याभिचारी हो जाता है और बलात्कार, वेश्यागमन इत्यादि कोई भी जघन्य कार्य कर सकता है। हिन्दू एवं मुस्लिम राजाओं के रनिवासों और हरमों का निर्माण इसी तामसिक वृत्ति के कारण से हुआ था। काम के सभी विषयों अर्थात् रूप, रस, गंध, शब्द एवं स्पर्श में अनन्य विभिन्नताएँ हैं। इन्हीं विभिन्नताओं में माधुर्य ढूंढ़ता कामी पुरुष इस काम के पंक में धँसता चला जाता है और फिर उसका इस दलदल में से बाहर निकलना असंभव हो जाता है। मनुष्य तो क्या देवताओं, ऋषि-मुनियों एवं स्वयं ईश्वर तक को पथभ्रष्ट किया है, काम की इस प्रवृत्ति ने। आइए कुछ उदाहरण देखें काम की इन करतूतों के–

इस सृष्टि के रचियेता ब्रह्मा ने जब नारी की संरचना की तो स्वयं वे नारी की सुघड़ता को देख कर मोहित हो उससे काम निवेदन कर बैठे। ब्रह्मा के निवेदन को नारी ने यह कहते हुए ठुकरा दिया कि उसके लिए वे पिता तुल्य है एवं वह तो नर की सहभागिनी बनेगी, अतः उसी को समर्पिता है। काम-प्रेरित ब्रह्मा ने तब 'त्रिया-चरित्र' का निर्माण किया, ताकि नारी वह सब करे एवं उसे मन की गहराई में छिपा भी सके और लज्ज़ा दिखाकर पुरुष को बहला भी सके। इसी के चलते शास्त्रों में 'त्रिया-चरित्र' को पुरुष के भाग्य के समान ही, नहीं जान एवं समझ सकने वाला बताया है–

त्रिया चरित्रं, पुरुषस्य भाग्यम् देवो न जानेति कुतो मनुष्यः।

हिन्दू देवताओं में 'मन्मथ' को काम का देवता माना गया है। उसे कामदेव भी कहा जाता है। कामदेव को 'मदन' भी कहा जाता है। काम के आयोजनों को 'मदनोत्सव' कहा जाता है। शास्त्रों में कामदेव द्वारा शिव की तपस्या भंग करने हेतु प्रयत्न का जिक्र आता है। शिव एवं कामदेव के प्रसंग में कामदेव अपने आयोजनों से शिव की तपस्या भंग करने में तो सफल हो जाता है, परन्तु उनके मन में काम को प्रेरित नहीं कर पाता और शिव क्रोधित होकर अपना तृतीय नेत्र खोलकर उसे भस्म कर देते हैं। परन्तु नियंत्रित काम को तो महादेव शिव ने भी अंगीकार किया। हिमालय की पुत्री शैलजा (पार्वती) की तपस्या के सामने शिव को भी झुकना पड़ा। कालिदास की काव्य रचना 'कुमार संभवम्' शिव-पार्वती के पवित्र प्रेम-प्रसंगों पर ही लिखी गयी है।

भगवान विष्णु ने समुद्र मंथन के बाद प्राप्त चौदह रत्नों में से सब से नायाब रत्न 'लक्ष्मी' का ही वरण किया। उन्होंने अपने द्वापर युगी अवतार में कृष्ण बन कर न केवल गोपियों के साथ रास किया अपितु 16008 रानियों का रनिवास भी बनाया। राधा एवं कृष्ण का विवाहेत्तर प्रेम-प्रसंग तो इतना प्रसिद्ध हुआ कि प्रेम की भावनाओं के प्रकटन का उदाहरण बन गया। प्रेमियों के लिये यह प्रेम-प्रसंग वैसे ही अनुकरणीय है जैसे लैला-मजनूं व हीर-रांझा का प्रेम-प्रसंग है। विष्णु ने समय-समय पर काम का सहारा लेकर दानवों का नाश किया। मोहिनी रूप धारण करके उन्होंने भस्मासुर को अपने ही द्वारा भस्म करवा दिया।

देवताओं एवं देवर्षियों की बात करें तो उनके राजा इन्द्र की इन्द्रसभा का जिक्र करना आवश्यक होगा जहाँ सदैव अप्सराएँ नाच करती रहती है। वहाँ सोमरस का पान एवं गंधर्वों के गान सहित शायद ही कुछ वर्जित है। इन्द्र का दरबार वैभव की पराकाष्ठा माना जाता है। इतना सब कुछ होते हुए भी इन्द्र के चरित्र में कई ऐसे उदाहरण आते हैं जब वह धरती की सुन्दरियों पर मुग्ध हुआ और उनसे छल किया। कुंती ने निःयोग प्रथा से इन्द्र द्वारा अर्जुन को प्राप्त किया। गौतम की पत्नी अहिल्या के साथ कामासक्त इन्द्र ने छल किया व अहिल्या को गौतम का रूप धारण कर हासिल कर लिया। अहिल्या निरपराध होते हुए भी शापित हुई व शिला बन गई जिसका उद्धार भगवान राम ने अपने पाद प्रहार से किया। इन्द्र को सदैव अपना इन्द्रासन हिलता नज़र आता था। शास्त्रों के अनुसार इन्द्रासन को तपस्या के द्वारा मनुष्य, राक्षस आदि हासिल कर सकते थे। अतः इन्द्र ऐसे तपस्वियों का घोर विरोधी रहा। उसने कामदेव, मेनका, रंभा इत्यादि अप्सराओं को इसी तपस्या भंग करने के कार्य पर नियुक्त करके कई ऋषियों, राक्षसों की तपस्याएँ भंग की। विश्वामित्र की तपस्या कामदेव एवं मेनका दोनों ने मिलकर भंग की, अन्यथा शायद विश्वामित्र दूसरी सृष्टि की संरचना में सफल हो जाते और त्रिशंकु को जिन्दा स्वर्ग में पहुँचा देते। विश्वामित्र तो ऋषि थे, मनुष्य थे। परन्तु नारद तो देव-ऋषि थे। नारद भी एक राजकन्या के सौन्दर्य पर इतने मुग्ध हो गये कि उससे विवाह कर गृहस्थी बसाने की सोचने लगे। वे इस बात पर इतने आमादा हो गये कि इसके लिए श्री हरि (विष्णु) से उनका ही रूप मांग बैठे। श्री हरि ने उनके काम प्रेरित मन से छल किया व उन्हें हरि (कपि) का रूप दे दिया। राजकन्या के स्वयंवर में कपि रूपधारी नारद का अपमान हुआ, तब जाकर नारद को वस्तुस्थिति का ज्ञान हुआ। परन्तु प्रताड़ित नारद ने श्री हरि को पत्नी वियोग का श्राप दे दिया जो उनके रामावतार में चरितार्थ हुआ।

मनुष्यों पर आएँ तो अनगिनत उदाहरण मौजूद हैं, परन्तु सर्वश्रेष्ठ उदाहरण राजा नहुश के प्रसंग में मिलता है। पराक्रमी एवं धर्मात्मा राजा नहुश ने अपने जीवन में इतने पुण्य कमाए कि वे पहले मनुष्य बने जिन्हें इन्द्र का पद प्राप्त हुआ। इन्द्र को पदच्युत कर इन्द्रासन तो उन्हें मिला पर इन्द्राणी शचि ने उन्हें अपना पति मानने से इन्कार कर दिया। ऐश्वर्य के भोग से नहुश कामाहत हो गये व शचि से प्रणय निवेदन कर बैठे। शचि के मना करने पर वे उसे मजबूर करने पर आमादा हो गये। शचि ने तब अन्य देवताओं से मंत्रणा कर नहुश का पतन करने की ठान ली। निर्धारित नीति के तहत शचि ने नहुश का प्रणय निवेदन स्वीकार करते हुए शर्त रखी कि यदि नहुश सप्तऋषियों द्वारा चलित रथ में बैठ कर उसके पास आएँ तो वे उसे स्वीकार्य होंगे। नहुश को मनचाही मुराद मिली। उन्होंने येन-केन सप्त ऋषियों को अपना रथ हाँकने हेतु राजी किया और रथ पर बैठकर शचि से मिलने चल दिए। ऋषि कोई घोड़े तो थे नहीं और न रथ में जुतने का उन्हें अनुभव था। अनमने से सप्त ऋषि मंथर गति से रथ चलाने लगे। राजा नहुश को तो काम प्रेरित जल्दी मची थी। उन्होंने उतावले होकर ऋषियों को कहा–'सर्प-सर्प' (जल्दी-जल्दी) और चाबुक लगा दी। ऋषियों का सब्र टूट गया। उन्होंने नहुश को 'सर्प' ही बन जाने का श्राप दे दिया। राजा नहुश इन्द्र पद से सीधे सर्प योनि में जा गिरे।

इन उदाहरणों एवं अनेकानेक अन्य प्रसंगों से काम की वास्तविक शक्ति का परिचय तो मिलता ही है, परन्तु नसीहत भी मिलती है। नारी को शक्तिस्वरूपा कहा गया है, परन्तु नारी की वास्तविक शक्ति पुरुष की उसमें आसक्ति में ही निहित है और यह आसक्ति काम की प्रवृत्ति के कारण ही है। चाहे उपरोक्त उद्धरण में शचि हो या क्लियोपेट्रा हो या फिर हेलेन ऑफ ट्रॉय, सुंदरियाँ सदैव से ही असंभव से दिखने वाले कार्यों की प्रणेता बनी हैं और इतिहास के निर्माण में सहयोगी रही हैं।

आइए अब देखें कि इस काम की वृत्ति को नियंत्रित कैसे किया जा सकता है तथा उपयोगी कैसे बनाया जा सकता है। काम को एक तरफ तो धर्म एवं अर्थ जैसा पुरुषार्थ माना गया है और दूसरी तरफ उसे क्रोध एवं लोभ के साथ नरक के तीन द्वारों में से एक माना गया है। आर्य पद्धति में मानव के जीवन को सौ वर्षों का मानकर उसे चार बराबर भागों में बाँटा गया है। ब्रह्मचर्य आश्रम, गृहस्थ आश्रम, वानप्रस्थ आश्रम और संन्यास आश्रम। प्रत्येक आश्रम 25 वर्ष की अवधि का माना गया और प्रत्येक के कर्तव्य अलग-अलग माने गये। काम एवं अर्थ की प्राप्ति एवं भोग के आश्रम को 'गृहस्थ' आश्रम की संज्ञा दी गई। आचार्य

वात्सायन ने कहा कि मनुष्य 'ब्रह्मचर्य' आश्रम में अध्ययन कर ज्ञान अर्जित करे। 'गृहस्थाश्रम' में काम एवं अर्थ का उपभोग करे एवं 'वानप्रस्थ' तथा 'संन्यास' आश्रमों में धर्म एवं मोक्ष की प्राप्ति करे। आचार्य रामकृष्ण परमहंस का कहना है कि काम की गति को उर्ध्वमुखी कर दिया जाये तो वह पुरुषार्थ बन जाता है और अधोमुखी कर दिया जाये तो वह विकार बन जाता है। काम की गति को उर्ध्वमुखी करने से तात्पर्य है कि उसे केवल योग्य भावनाओं से जोड़ा जाए जैसे संतान उत्पत्ति एवं जन कल्याण। इसकी गति को अधोमुखी करने से तात्पर्य है इसका अनावश्यक, अनियंत्रित एवं अधिकाधिक उपभोग। अतः काम की प्रवृत्ति का नियंत्रण आवश्यक है। जिस प्रकार मदमस्त हाथी को अंकुश से नियंत्रित किया जाता है, ठीक उसी प्रकार संयम से काम को नियंत्रित किया जा सकता है। विवेक और बुद्धि के द्वारा काम को ऊर्ध्वगामी और उपयोगी बनाया जा सकता है। प्रकृति का एक नियम है कि **"अति सर्वत्र वर्जयते"** अतः काम का अतिरेक अवश्य ही हानिप्रद है, इसलिए इसके अतिरेक से सर्वथा दूर रहें। दूसरा नियम जो काम के नियंत्रण में मदद करता है वह है इसमें लिप्तता का ना होना। इससे काम के प्रति आसक्ति का भाव नहीं आ पायेगा और काम का उपभोग करते हुए भी मन उससे विरक्त रहेगा। काम को 'दमन' से रोका नहीं जा सकता, अपितु काम के 'दमन' से यह प्रवृत्ति और भड़कती है। विश्वामित्र आदि ऋषि इसके उदाहरण हैं। अतः काम प्रेरित सभी प्रकार की वासनाओं के दमन का प्रयत्न कदापि न करें, केवल इसके नियंत्रण का ही प्रयत्न करें। इस पर नियंत्रण से मेरा तात्पर्य धीरे-धीरे अनुशासित करके अंतस में उभरती काम की सभी प्रवृत्तियों का (वासनाओं का) 'शमन' करने से है। एक नियमित एवं सात्त्विक दिनचर्या इसमें काफी मददगार होती है। हमने ऊपर देखा है कि संयम से काम को नियंत्रित कर बुद्धि तथा विवेक द्वारा उसे उर्ध्वगति दी जा सकती है। स्थिरता और दृढ़ता भी इस कार्य में मदद करती है। इन पाँचों के संयुक्त नियंत्रण से काम पर विजय संभव है और वह भी बिना उसके निषेध के और उसका आवश्यक उपभोग करते हुए। ईश्वरीय अनुराग को भी यदि साथ रखा जाये तो काम द्वारा धर्म एवं मोक्ष दोनों की प्राप्ति संभव है।

आँग्ल भाषा में काम की वृत्ति को **'लस्ट'** कहा जाता है। इसके दूसरे नाम हैं **'लेचरी'**, **'सेंसुआलिटी'** तथा **'लेसिवियसनेस'**। कैथोलिक चर्च द्वारा प्रतिपादित परिभाषा के अनुसार, रतिसुख की अतीव इच्छा को **'लस्ट'** कहा जाता है ।

काम का ईश्वरीय उद्देश्य है स्त्री-पुरुष के बीच आपसी प्रेम, सहानुभूति और सामंजस्य स्थापित करना तथा संतति की प्राप्ति। ईश्वरीय उद्देश्य से ऊपर

जाकर मात्र रति सुख की इच्छा हेतु स्थापित संभोग को बाइबिल के छठे कमांडमेंट के विरुद्ध माना गया है। यह छठा कमांडमेंट कहता है कि-

'पवित्रता को भंग करने का पाप नहीं करना चाहिये।'

बुद्ध धर्म की एक कथा के अनुसार दो भिक्षु 'चू' और 'वू' एक पैगोड़े में एक सप्ताह ध्यान-साधना करने के बाद जब अपने घर आ रहे थे तो विचार-विमर्श कर रहे थे कि कैसे-कैसे लालच तथा इच्छाएं मनुष्य के मन में पैदा होते हैं और कैसे उनका सामना करना चाहिए। बात करते-करते वे एक नदी के किनारे पर आये जहाँ उन्होंने एक सुंदर युवती को नदी पार करने हेतु प्रतीक्षा करते देखा। 'चू' ने उसे अपनी बाँहों में उठा लिया और उसे लेकर नदी के पार चला आया। पीछे-पीछे 'वू' भी नदी पार आ गया। इसके बाद जब वह युवती चली गयी तो 'वू' ने 'चू' से पूछा कि तुमने उस युवती को अपनी बाँहों में उठा कर नदी पार करवाई तो तुम्हारे मन में और आत्मा में क्या एक पाप करने की इच्छा का समावेश नहीं हुआ? 'चू' ने कहा कि मैंने शुद्ध मदद करने की इच्छा से और स्वाभाविक कर्तव्य के प्रतिपादन हेतु उसे बाँहों में उठाया और नदी पार करवा दी, परन्तु तुम तो अपने मस्तिष्क और विचारों में अभी भी उसे अपनी बाँहों में उठाये हुए हो, तो पाप किसने किया?

इस कथा का तात्पर्य यह है कि कर्म नहीं, जिस भावना के साथ वह कर्म किया गया हो वह महत्त्वपूर्ण होता है। पाप कर्म करने से नहीं, भावना की खराबी से पैदा होता है।

ता-ओ-ते किंग का कहना है कि- **'संवेदनशील आत्मा' और 'जानवर शरीर' को इस प्रकार से एक साथ रखो कि वे जुदा न होने पाये।**

अपनी आत्म ऊर्जा को इस प्रकार नियंत्रित करो कि एक नवजात शिशु में परिवर्तित हो जाओ।

जब आपकी दृष्टि और सोच सुधर जायेंगे तो आपकी आत्मा पवित्र हो जायेगी।

अपनी आत्मा को शुद्ध करो, बुरी भावनाओं को बुद्धिमतापूर्ण उत्तरों से सही सिद्ध करने की कोशिश मत करो।

जो जीवन देता है वह उस पर कभी अपना हक नहीं जताता।

वह आपको वरदान तो देता है, लेकिन उसके लिये आभार प्रदर्शन या बलि नहीं माँगता।

वह आपको निर्देश तो देता है, लेकिन अपनी सत्ता या प्रभुता को नहीं जताता।

जब अज्ञान चारों तरफ से छाता है तो आप उसे पहचान नहीं पाते, जो जिन्दगी देता है और उसे पालता भी है।

काम के नियंत्रण हेतु उसके उद्दीपन का जैव रसायनिक कारण जानना आवश्यक है। हमारे दिमाग में **कार्टेक्स** नामक संरचना जिन्दगी के अनुभवों को अभिव्यक्त करती है। इस कार्टेक्स के भीतर **हाइपोथेलेमस** नामक संरचना होती है जो पिट्यूटरी ग्रंथि से अंतरंग-सम्बंध रखती है। यह **पिट्यूटरी ग्रंथि** एक हार्मोन स्त्रवित करती है जिसका नाम है **एफ.एस.एच.** यह हार्मोन नर मादा के **अंडकोशों** में एक **'एन्ड्रोजन'-'टेस्टोस्टेरोन'** का निर्माण करता है जो पुरुषोचित कामोद्दीपन को पैदा करता है। वे नर जिनमें इस रसायन 'टेस्टोस्टेरोन' का स्तर किसी भी कारण से कम होता है, उनकी कामेच्छा और कामोद्दीपन भी कम हो जाते हैं। यही **एन्ड्रोजन** 'टेस्टोस्टेरोन' मादाओं की कामेच्छा और उद्दीपन को भी प्रभावित करता है। मादाओं में भी यह रसायन **अंडकोशों** द्वारा स्त्रवित होता है। नर व मादा दोनों ही में **एड्रिनल ग्रंथि** भी इस एन्ड्रोजन का निर्माण करती है। जिस नर/मादा में 'टेस्टोस्टेरोन' का स्तर ज्यादा होता है, वे उतनी ही अधिक कामेच्छा रखते हैं एवं उतने ही अधिक काम उद्दीप्त होते हैं। 'टेस्टोस्टेरोन' का उच्च स्तर क्रोध, दर्द, घ्राण क्षमता, संवेदनशीलता आदि के आधिक्य का भी कारण होता है और मनुष्य के सम्पूर्ण बर्ताव को प्रभावित करता है। दूसरा रसायन जिनका नाम **'एस्ट्रोजन'-'प्रोजेस्टेरोन'** है, वह मादाओं की कामेच्छा और कामोद्दीपन को विपरीत रूप से प्रभावित करता है। ऐस्ट्रोजन-प्रोजेस्टेरोन भी मादा अंडकोशीय ऊतकों द्वारा स्त्रवित होता है। 'प्रोजेस्टेरोन' का आधिक्य मादाओं की कामेच्छा को कम करता है क्योंकि यह एन्ड्रोजन **'टेस्टोस्टेरोन'** के प्रभाव को रोधित करता है। अतः मादाओं में कामेच्छा और कामोद्दीपन एण्ड्रोजन/ऐस्ट्रोजन या टेस्टोस्टेरोन/प्रोजेस्टेरोन के अनुपात पर निर्भर करते हैं। काम की भावना के जनन में नर या मादा साथी की झलक तथा स्पर्श मात्र ही शरीर में रासायनिक प्रतिक्रिया उत्पन्न करते हैं। न्यूयार्क के **साइको फार्मेकोलोजिस्ट 'माइकल लिबोविज'** के अनुसार विपरीत मिथुन साथी की कल्पना, मौजूदगी और स्पर्श एक रसायन का स्त्रवण करता है जिसका नाम है **फेनिलेथायलेमाइन**। जब तक मौजूदगी का अहसास या कल्पना बनी रहती है तब तक रसायन का स्त्रवण जारी रहता है। ज्यों ही यह अहसास खत्म होता है इसका स्त्रवण रुक जाता है। इसके साथ ही सुख की अनुभूति खत्म होती है तथा निराशा एवं थकावट पैदा हो जाती है। इसलिए काम की प्रवृत्ति के तहत साथी से मिलन या मिलन की कल्पना मात्र से सुख तथा उसकी जुदाई या जुदाई की कल्पना मात्र से दुःख की अनुभूति होती है। प्रेमी युगल के शरीरों के स्पर्श व चुम्बन आदि

प्रक्रियाओं में उनके शरीरस्थ **'एपोक्राइन ग्रंथि'** से दो और रसायनों का स्त्रवण होता है जिनका नाम है **'एन्डोर्फिन'** तथा **'आक्सीटोसिन'**। यह दोनों रसायन अंग-अंग में स्फूर्ति का संचार करते हैं। आपसी लगाव की भावना को बढ़ाते हैं तथा दिमाग को शांति तथा सुकून प्रदान करते हैं। **'एन्डोर्फिन'** नामक हार्मोन त्वचा को भी सुन्दर, चिकनी तथा कान्तिमान बनाता है।

मस्तिष्क का एक छोटा-सा हिस्सा है जिसे **'लिंबिक-सिस्टम'** कहते हैं। काम में रत होने पर यह हिस्सा सक्रिय हो जाता है। इसकी सक्रियता से **'नॉरएपीनेफ्राइन'**, **'एपीनेफ्रइन'** तथा **'डोपामाइन'** नामक तीन महत्त्वपूर्ण हार्मोनों का स्त्रवण होता है। ये तीनों मिलकर मनुष्य के कामोद्दीपन तथा अन्य व्यवहारों पर नियंत्रण रखते हैं। उसका मानसिक संतुलन बनाये रखते हैं।

मनुष्य का व्यवहार दो प्रेरक तत्त्वों द्वारा प्रभावित होता है, 'दुःख-दर्द को टालना' तथा 'सुख की चाह'। कामेच्छा सुख की चाह के कारण जाग्रत होती है। काम और सुख बहुत गहरे जुड़े होते हैं। काम की तुष्टि भूख को मिटाने जैसी तुष्टि नहीं होती। मनुष्य खाना दो कारणों से खाता है, एक तो भूख मिटाने हेतु और दूसरे स्वाद की लज्जत हेतु। लेकिन कामेच्छा सिर्फ सुख की प्राप्ति की इच्छा ही होती है। कभी यदि किसी उपयुक्त व्यक्ति के साथ किसी को भी काम का पूर्ण सुख प्राप्त हुआ है तो वह बार-बार याद आता है। उसको याद करने से भी कामेच्छा फिर भड़कने लगती है और एक अजीब-सी सुखद अनुभूति होने लगती है। यही काम वासना की सुखद अनुभूति कामेच्छा का कारण है। ये सदैव ध्यान रखें कि किसी भी सुख की पूर्ति के तुरन्त बाद वह सुख समाप्त हो जाता है तथा वह अनित्य होता है। जो अनित्य है उस सुख के पीछे भागने से और भागते रहने से कुछ हासिल होने वाला नहीं। सिर्फ समय और ऊर्जा नष्ट होगी। काम को प्रेरित करने वाले समस्त कारणों को अपने व्यक्तित्व के परिपेक्ष में देखें तथा यह समझने की कोशिश करें कि कौन-सा कारण आपको सबसे अधिक प्रभावित करता है। इसके पश्चात् इन सभी कारणों से स्वयं को बचाने का यथा सम्भव प्रयत्न करें। काम पर नियंत्रण हेतु यही गुरु मंत्र है। आवश्यकतानुसार व उचित अवसर पर काम के उपभोग पर वर्जनाएं लगाना न तो आवश्यक है और न ही इस लेख की अनुशंसा है।

4

अर्थ/वित्त की अवधारणा

अब हम 'काम' के बाद 'अर्थ' पर आते हैं। जैसा कि हमने देखा 'अर्थ' को भी काम ही के समान तीन प्रमुख पुरुषार्थों में से एक माना गया है। आचार्य वात्सयायन ने काम के साथ ही अर्थ की भी अर्चना की है। यद्यपि 'अर्थ' अपने आप में न तो काम के समान कोई नैसर्गिक वृत्ति है जो प्राणियों के साथ स्वभावगत जुड़ी हो और न ही यह कोई विकार है। परन्तु फिर भी मैंने इसे तामसिक वृत्तियों के साथ ही वर्णित किया है क्योंकि सृष्टि के प्रारंभ से ही अर्थ, तामसिक वृत्तियों के पोषण का एक प्रमुख साधन रहा है। कहावत है कि 'जर, जोरू और जमीन झगड़े की जड़ होती है।' इस कहावत में 'जर' शब्द हर प्रकार की चल सम्पत्ति के लिए ही उपयुक्त हुआ है जो 'अर्थ' का ही पर्याय है। 'जमीन' व अन्य अचल सम्पत्तियाँ भी 'अर्थ' पर ही आधारित है। अर्थ के लिए उपयुक्त अन्य शब्द है 'द्रव्य' एवं 'धन' तथा 'सम्पदा' एवं 'सम्पत्ति'। उपरोक्त कहावत में 'जोरू' शब्द यद्यपि पत्नी का पर्याय है, परन्तु इसे यहाँ स्त्री जाति के पर्याय के रूप में काम में लिया गया है। कई मानव समाजों में स्त्री को भी सम्पत्ति ही समझा जाता है। अतः उपरोक्त कहावत के अनुसार इन तीनों चीजों को बल से ही हासिल किया जा सकता है एवं बल से ही कायम रखा जा सकता है। ठीक यही बात एक दूसरी कहावत में बताई गई है कि 'जिस की लाठी उसकी भैंस'। यहाँ पर भैंस पशुधन के रूप में अर्थ ही का प्रतीक माना गया है। अतः ऐसी झगड़े की जड़रूपी 'अर्थ' को विकारों की माँ मानकर मैंने तामसिक वृत्तियों के साथ वर्णित किया है।

अर्थ का स्वरूप क्या है और इसका सृजन कैसे हुआ? यह प्रश्न बहुत महत्त्वपूर्ण है क्योंकि अर्थ मानवों को अन्य प्राणियों से विभक्त कर देता है। यद्यपि

भौतिक वस्तुओं पर स्वामित्व की भावना पशु-पक्षियों में भी पायी जाती है परन्तु बहुत ही अल्प मात्रा में। पशु-पक्षियों में यह भावना अपने घरों (शरणस्थलों), प्रभाव क्षेत्रों, मादाओं एवं परिजनों पर अधिकार तक ही सीमित रह जाती है, परन्तु मानवों में यह भावना अत्यंत ही परिष्कृत होती है। बाइबिल के अनुसार ईश्वर ने मानव को यह आशीर्वाद दिया कि 'फलो-फूलो, पृथ्वी पर फैल जाओ और उसे अपने अधीन कर लो'। मानव को ईश्वर ने ऐसा करने हेतु बुद्धि एवं सामर्थ्य दिया। अपने कौशल और परिश्रम से मनुष्य ने प्रकृति का अपने हित साधन के लिए दोहन किया और अपनी जाति का विकास किया। अतः प्रकृति के समस्त साधन एवं वस्तुएँ मनुष्य की ही सम्पत्ति बन कर रह गईं। मनुष्यों एवं उनके समाजों ने पृथ्वी, प्रकृति व संसार की समस्त सम्पदाओं को अपनी सुविधा व सामर्थ्य के हिसाब से बाँट लिया। यहाँ तक कि अन्य प्राणी भी वास्तव में मनुष्यों की सम्पदा बन कर ही रह गये व मनुष्य इस सृष्टि का उपभोक्ता स्वामी बन गया।

धन को परिभाषित करना तो मुश्किल है, परन्तु यह वह वस्तु है जिसके परिमाण पर अन्य सभी वस्तुओं का मूल्य आँका जाता है एवं उन्हें खरीदा अथवा बेचा जा सकता है। इस तरह की कोई न कोई वस्तु प्रत्येक देश एवं काल में विद्यमान रही है। जब मानव ने वस्तुओं का विनिमय (क्रय-विक्रय) करना सीखा तो सर्वप्रथम तो वस्तुओं को ही धन के रूप में उपयुक्त किया। परन्तु वस्तुओं के आदान-प्रदान में आने वाली कठिनाईयों के फलस्वरूप उसे मुद्रा का निर्माण करना पड़ा। मुद्रा को लाना, ले जाना, संग्रहित करना काफी सुविधाजनक होता है तथा इसके प्रमाण पर सभी प्रकार की वस्तुओं का मूल्य आंकना भी काफी आसान है और भुगतान भी सहज। इसलिए काफी पुरातन काल से ही मूल्यवान धातुओं यथा स्वर्ण एवं रजत तथा कांस्य मुद्राओं का प्रचलन समाज में होता आ रहा है।

बाद में कागज एवं अन्य धातुओं जैसे राँगा इत्यादि की मुद्राओं का प्रचलन आरम्भ हुआ। इन कागजी एवं सस्ती धातुओं की मुद्रा का आंतरिक मूल्य इनसे खरीदी जा सकने वाली वस्तुओं के प्रमाण में कम होने से, इन मुद्राओं का प्रमाणीकरण राज्य को करना पड़ता है एवं राज्य इनकी कीमत के बराबर वस्तुओं के रूप में भुगतान हेतु उत्तरदायी होता है एवं इस हेतु वह एक सुरक्षित स्वर्ण/रजत कोष रखता है।

कंचन (सोना) को अर्थ या वित्त का पर्याय ही मान लिया गया है और इस का महत्त्व बताते हुए भर्तृहरि के नीतिशतक में कहा गया है कि-

यस्य वित्तम अस्ति, स नरः कुलीनः।

सः पंडित, सः श्रुतवान, स एव वक्ता, स च दर्शनीय।

सर्वेगुणाः कांचनमाश्रयन्ते।

(अर्थात् जिसके पास धन-दौलत है वही कुलीन व्यक्ति है। वही विद्वान है, शास्त्रों का ज्ञाता है, उत्तम वक्ता है, सुन्दर है एवं दर्शनीय है। संसार के सारे गुण सोना यानी 'कंचन' पर आश्रित हैं।)

इस संसार में धन की प्रचुरता ही मनुष्य को यश प्रदान करती है। इसलिये चाणक्य ने अर्थशास्त्र में कहा है कि-

यस्यार्थास्तस्य मित्राणि, यस्यार्थास्तस्य बान्धवाः।

यस्यार्थाः सा पुमाल्लोके यस्यार्थाः सच पण्डितः॥

(अर्थात् जहाँ धन है वहीं मित्र है, वहीं भाई-बन्धु है। जो धनवान है वही इस लोक में सम्मानित है एवं वही विद्वान व्यक्ति समझा जाता है।)

अर्थशास्त्र के अनुसार यद्यपि काम, अर्थ और धर्म नामक तीन पुरुषार्थों में धर्म सबसे शक्तिशाली है, परन्तु बिना अर्थ के तो धर्म भी निभाया नहीं जा सकता। क्योंकि,

वित्तेन रक्ष्यते धर्मो।

(अर्थात् धन से ही धर्म की रक्षा हो सकती है।)

आज के युग में तो धन की प्रधानता है और धन का संचय मानव के जीवन का प्रमुख आधार है क्योंकि विपत्ति के समय यह आवश्यक है-

आपदर्थे धनं रक्षेद्।

(अर्थात् आपत्तिकाल के लिए धन को बचाना चाहिए।)

अर्थशास्त्र में आगे कहा गया है कि-

त्यजन्ति मित्राणि धनैर्विहीनम्,

दाराश्च भृश्त्याश्च सुहृज्जनाश्च।

(अर्थात् धनहीन व्यक्ति का मित्र साथ छोड़ देते हैं और पत्नी, नौकर-चाकर और परिजन भी उसके साथ नहीं रहते।)

इसी बात को रहीमदास जी ने कुछ इस तरह से कहा-

कह रहीम सम्पत्ति सगे बनत बहुत बहुरीति

विपति कसौटी जे कसै, ते ही सांचे मीत।

ब्रह्मपुराण के एक श्लोक में धन की देवी लक्ष्मी की महिमा कुछ इस तरह से बखानी गई है-

अल्कूती मयाजनतु, सर्वो भवति पूजितः।

निर्धनं शिवोतुल्योपि, सर्विरश्यभिभूयते॥

(अर्थात् लक्ष्मी से अलंकृत व्यक्ति संसार में सबके द्वारा पूजा जाता है, परन्तु निर्धन व्यक्ति गुणों में शिव के समान होने पर भी सर्वत्र तिरस्कार ही पाता है।)

धन के महत्त्व को दर्शाते चन्द कत्आत पेशे खिदमत है जो जनाब 'नज़ीर' अकबराबादी साहब ने कहे हैं-

पैसे ही का अमीर के दिल में ख़याल है।
पैसे ही का फ़कीर भी करता सवाल है॥
पैसा ही फौज़, पैसा ही जाह-ओ-जलाल है।
पैसे ही का तमाम ये दंगो-दवाल है॥

पैसे के ढेर होने से सब सेठ साठ हैं।
पैसे के जोरो-शोर हैं पैसे के ठाठ हैं॥
पैसे के कोठे कोठियाँ छह-सात-आठ हैं।
पैसा न हो तो पैसे के फिर साठ-साठ हैं॥
पैसा न हो तो बाग-कुएँ फिर कहाँ से हों।
हलवा, कचौरी, मालपुए फिर कहाँ से हों॥
पैसा जो हो तो देव की गर्दन को बाँध लाए।
पैसा न हो तो मकड़ी के जाले से ख़ौफ खाए॥

रौनक बहार होती है पैसे से सब हसूल।
और जो न होवे चेहरे पै उड़ती है ख़ाक-धूल॥
पैसा ही सारी चीज़ है पैसा ही मर्द-मूल।
बे पैसा आदमी हैं जहाँ बीच ना कबूल॥

पैसे ने जिस मकान पर बिछाया है अपना ज़ाल।
फँसते हैं उस मकान में फरिश्तों के पर ओ बाल॥
पैसे के आगे क्या है ये महबूब खुश ज़माल।
पैसा परी को लाए परिस्तान से निकाल॥

आलम में खैर करते हैं पैसे के ज़ोर से।
जन्नत की सैर करते हैं पैसे के ज़ोर से॥
दुनिया में दीनदार कहाना भी नाम है।
पैसा जहाँ के बीच वो कायम मुकाम है॥

धन का तात्पर्य हमने देखा और उसके महत्त्व को हमने समझा। अब यह देखेंगे कि धन की प्रकृति क्या है? धन वस्तुतः रजस की अभिव्यक्ति है। रजोगुण चंचल होता है क्योंकि इसकी प्रकृति प्रसार की होती है। रजोगुणों में तीव्र आकर्षण की शक्ति होती है। इस प्रकार की प्रवृत्तियों वाला पुरुष अपने चारों तरफ स्थूल पदार्थों का अंबार लगा लेता है। धन की संग्राहक शक्ति स्थूल पदार्थों को अपने चारों ओर समेट लेती है। परन्तु अर्थ की चंचलता उसे स्थाई रूप से एक जगह रहने भी नहीं देती। इसी कारण से अंत में अर्थ दुःख का ही कारण बन जाता है। कहा गया है कि-

अर्थानां अर्जने दुःखम्, अर्जितानां रक्षणे दुःखम्।
आये दुःखम्, व्यये दुःखम्, धिगर्थं दुःख भाजनम्।।

(अर्थात् धन को कमाने में कष्ट होता है, उसकी रक्षा करने में भी कष्ट होता है। उसके आने पर भी कष्ट होता है एवं खर्च होने पर भी कष्ट होता है। अतः कष्ट के इस कारण धन को धिक्कार है।)

धन की गति के बारे में भर्तृहरि ने नीतिशतक में लिखा है कि-

दान, भोगो, नाशतिस्त्रे गतयो भवन्ति वितस्य।
यो न ददाति न भुक्ते, तस्य तृतीया गतिर्भवन्ति।।

(अर्थात् दान, भोग और नाश धन की तीन ही गतियाँ होती है। जो न दान देता है और न उपभोग करता है, उसका धन नाश को प्राप्त होता है।)

भर्तृहरि के नीतिशतक में यह कहा गया है कि धन का नाश बेतुके दान तथा विलास पर खर्च करने से हो जाता है। अतः धन को खर्च न करो तो भी नष्ट होगा और विलासिता पर खर्च करो तो भी वह नष्ट होगा। कुपात्र को दान दोगे तो भी वह नष्ट हो जाएगा और दान नहीं दोगे तो भी नष्ट हो जाएगा। अतः आवश्यक यह है कि अर्थ का अर्जन एवं संचय आवश्यकता के अनुरूप और बहुत सोच-समझ कर ही किया जाना चाहिए। इसका व्यय एवं उपयोग भी सोच समझकर किया जाना चाहिए अन्यथा इसके गलत उपयोग से अपमान, अपयश एवं प्राण हानि होने की पूरी संभावना रहती है। यदि रजोगुण को सत्त्व के साथ जोड़ दें तो उसकी गति उर्ध्व हो जाती है। अतः धन को दया, करुणा, दान एवं धर्म से जोड़ें, उससे कल्याण होगा। अगर रजोगुण को 'तमस' के साथ जोड़ दोगे तो वह अधोगामी हो जाएगा। अतः धन को काम, क्रोध, लोभ, मोह, मद एवं ईर्ष्या से ना जोड़ें अन्यथा जीवन का बर्बाद होना निश्चित है। धन-सम्पत्ति के अनर्गल संचय से बचें, क्योंकि इसकी अधिकता अन्य तामसिक वृत्तियों को निमंत्रण देती है जो

मनुष्य को नीचे गिरा देती हैं। अर्थ के उपार्जन में तो दोष नहीं, परन्तु उसके उपार्जन के तरीकों में तामसिक दोष अवश्य होते हैं।

धन तो चोरी-चकारी, लूट, धोखाधड़ी, डकैती, फिरौती आदि कई तरीकों से कमाया जा सकता है। अधर्म द्वारा अर्थ का अर्जन ही अर्थ को दूषित करता है। ऐसे अधर्म द्वारा कमाये गये धन का उपयोग भी अधर्म में ही होता है और इसी बात में अर्थ के द्वारा मनुष्य को अधोगामी करने का राज छुपा है। यह ध्रुव सत्य है कि अधर्म की कमाई गर्त में जाती है। कौटिल्य ने कहा है कि-

अन्यायोपार्जितम् वित्तं दशवर्षाणि तिष्ठति।
प्राप्तेच एकादशे वर्षे समूलं तद् विनश्यति।।

(अर्थात् अन्याय से अर्जित धन अधिक से अधिक दस वर्ष तक संचित रहता है, प्राप्ति के ग्यारहवें वर्ष से वह समूल नष्ट होना प्रारम्भ हो जाता है।)

रहीम दास जी ने इसी बात को जन-साधारण की भाषा में कुछ इस प्रकार से कहा है-

रहिमन वित्त अधर्म को जरत न लागै बार।
चोरी करि होरी रची, भई तनिक में छार।।

(अर्थात् अधर्म की कमाई उसी प्रकार स्वाहा हो जाती है जैसे प्रह्लाद को जलाने में होलिका।)

इसलिये अन्याय एवं अनुचित साधनों से किसी मनुष्य को धनोपार्जन नहीं करना चाहिए। मेहनत एवं सही साधनों द्वारा अर्जित धन ही जीवन भर साथ देता है। धन को अर्जित करने के साधनों का पवित्र होना आवश्यक है। धन अर्जित करने हेतु आर्थिक भ्रष्टाचार के उदाहरणों से मैं पाठकों का समय बर्बाद नहीं करना चाहता क्योंकि ऐसे अनेक उदाहरण अनन्तकाल से ही ज्ञात रहे हैं। कई घोटाले एवं कांड आर्थिक भ्रष्टाचार के ज्वलंत उदाहरण है, जो अन्त में एक ही चीज सिद्ध करते हैं कि भ्रष्ट साधनों से कमाया गया धन न केवल व्यर्थ जाता है, अपितु मुसीबत का कारण भी बनता है और अपयश का कारण भी। चाहे वह निक्सन का वाटरगेट कांड हो, या हर्षद मेहता का शेयर घोटाला। चाहे वह तहलका कांड हो या बोफोर्स या फिर स्पेक्ट्रम आवंटन घोटाला इन सभी में जो जलालत सम्बंधित व्यक्तियों की हुई, वह यही बात सिद्ध करती है। धन अर्जन के यह सभी गलत साधन अपराध की श्रेणी में ही आते हैं एवं ऐसे रास्तों से कमाया धन कल्याण कारक नहीं हो सकता है। कहावत है कि-

चोरी का धन मोरी में ही जाता है।

एक बहुत ही सुन्दर उक्ति इस बाबत कही गई है कि–

चोरी को धन पर ले जाए, कीड़ी संचै तीतर खाय।

(अर्थात् चोरी का धन दूसरा ही ले जाता है। कीड़ी एकत्रित करती है और तीतर खा जाता है।)

नज़ीर अकबराबादी साहब ने धन के संचय की खराबियाँ और खैरात की अच्छाईयाँ बताते हुए कई बातें कही हैं अपनी एक नज़्म में, जरा गौर फरमाएं:-

दौलत जो तेरे पास है रख याद तूं ये बात,
खा तूं भी, और की कर राह में खैरात।
देने ही से इसके, तेरा ऊँचा रहेगा हाथ,
और यां भी तेरी गुज़रेगी, सौ ऐश से औकात।
और वाँ भी तुझे सैर ये दिख-लाएगी बाबा।।

दाता की तो मुश्किल कोई अटकी नहीं रहती,
चढ़ती है पहाड़ों के ऊपर नाव सखी की ।
और तूने बख़ीली से अगर जमा उसे की,
तो याद रख ये बात कि आवेगी जब सख़्ती।
खुश्क़ी में तेरी नाव ये, डूब जायेगी बाबा।।

गर नेक कहाना है, कर इस से कुछ एहसान,
हिन्दू को खिला पूरी, मुसलमां को खिला नान।
खा तूं भी इसे शौक से और ऐश पर रख ध्यान,
जो तूं इसको न खावेगा तो ये बात यकीं जान।
इक रोज ये खंदी तुझे खा जायेगी बाबा।।

ये तो न किसी के पास रही है और न रहेगी,
जो और से करती रही, वो तुझसे करेगी।
कुछ शक नहीं इसमें, जो बढ़ी है सो घटेगी,
जब तक तूं जिएगा तुझे ये, चैन ना देगी।
और मरते हुए पर ये गज़ब लायेगी बाबा।।

तूं लाख अगर माल के संदूक भरेगा,
है ये तो यकीं आखरिश इक दिन तूं मरेगा।
फिर बाद तेरे इस पै जो कोई हाथ धरेगा,
वो नाच मजा देखेगा और ऐश करेगा।
और रूह तेरी, कब्र में चिल्लाएगी बाबा।।

धन यदि न्यायसंगत साधनों से भी कमाया गया है तब भी वह हानिकारक हो सकता है क्योंकि वह काम, क्रोध, लोभ, मोह, ईर्ष्या एवं अहंकार जैसी तामसिक वृत्तियों का जनक है। अतः बुनियादी आवश्यकताओं की पूर्ति एवं तत्पश्चात् सुपात्र को दान एवं धर्म के कार्यों हेतु ही अर्थ का उपार्जन योग्य कहा जा सकता है। बाइबिल में एक उद्धरण आता है कि ईसा मसीह के पास एक नवयुवक आया और उनसे बोला कि वे उसे अपना शिष्य बना लें क्योंकि उसने उनके द्वारा प्रतिपादित सारे नियमों (यथा हत्या मत करो, व्याभिचार मत करो, चोरी मत करो, झूठी गवाही मत दो, माता-पिता का आदर करो, पड़ौसी को प्यार करो इत्यादि) का पूर्णतः पालन किया है। परन्तु ईसा मसीह ने उससे कहा कि यदि वह पूर्ण होना चाहता है तो जाए और अपनी सारी सम्पत्ति बेच कर धन गरीबों को दे आए। परन्तु वह धनवान सम्पत्ति का मोह एवं अहंकार त्याग नहीं सका और वहाँ से चला गया। तब ईसा मसीह ने अपने शिष्यों से कहा कि धनवान के लिए स्वर्ग के राज्य में प्रवेश करना कठिन है। इस दृष्टांत से यह स्पष्ट है कि धन तामसिक वृत्तियों की जड़ है एवं इसका संचय मुसीबत का कारण। अर्थ सामान्यतः लोभ का प्रथम कारक होता है और अर्थ का संचय अहंकार का जनक। यह धन अर्जित करने वाले को विषयासक्त कर लेता है एवं मनुष्य इसके दलदल से सहजता से बाहर नहीं आ सकता। संचय से अधिक महत्त्व तो उपयोग का है। बिना उपयोग के सोना और पत्थर दोनों बराबर हैं। पड़ा रखने पर तो सोना पत्थर से भी ज्यादा हानिकारक है क्योंकि उसकी सुरक्षा की ज्यादा चिंता रहती है। यदि संग्रह ही करना है तो धन का नहीं धर्म का संग्रह करें। क्योंकि संग्रहित किया धन तो यहीं रह जाता है, परन्तु संग्रहित किया धर्म मनुष्य के साथ जाता है और उसकी कीर्ति विद्यमान रहती है। वास्तव में जो दान पुण्य करता है वही सबसे बड़ा कंजूस है क्योंकि वह मरने पर भी धन को नहीं छोड़ता, सब साथ में ले जाता है। परन्तु जो दान-पुण्य नहीं करता वह बड़ा त्यागी है, क्योंकि वह सब धन ज्यों का त्यों यहीं छोड़कर चला जाता है साथ में कुछ नहीं ले जाता। धन के लोभी ऐसे ही त्यागी हुआ करते हैं। इसलिये कहा गया है कि-

दातारं कृपणं मन्ये मृत्योप्यर्थ न मुंचति।
अदाता हि महात्यागी धन हित्वा हि गच्छति॥

(अर्थात् दान करने वाला मनुष्य ही कंजूस है और संचय करने वाला मनुष्य महान त्यागी है क्योंकि दान करने वाला मनुष्य धन को पुण्य के रूप में अपने साथ ले जाता है और मृत्युपर्यंन्त भी उसे नहीं छोड़ता।)

परन्तु वास्तव में पारमार्थिक उन्नति भी धन के अधीन नहीं है। इसलिए कहा गया है कि-

धर्मार्थं यस्य वित्तेहा वरं तस्य निरीहता।
प्रक्षालनाद्धि पंकस्य दूरादस्पर्शनं वरम्॥

(अर्थात् जो मनुष्य धर्म के लिए धन की इच्छा करता हो उसके लिये धन की इच्छा का त्याग ही उत्तम है। कारण कि कीचड़ लगाकर धोने की अपेक्षा उसका स्पर्श न करना ही उत्तम है।)

अर्थ का उपार्जन आवश्यकता के अनुसार यदि किया जाये, योग्य साधनों से किया जाये, लोभवश न किया जाये तथा उसका दुरुपयोग न किया जाये और दान-पुण्य इत्यादि हेतु सदुपयोग किया जाये तो अर्थ धर्म का हेतु बनकर मनुष्य को मोक्ष प्राप्त करवा सकता है। अतः न्यायसंगत साधनों से आवश्यकता के अनुरूप धन का अर्जन करें। अपनी आवश्यकताओं को भी निरंकुश न होने दें। यही अनुशंसित है। इनके प्रति मन को दृढ़ एवं स्थिर रखें। भुक्त शेष धन को दया, करुणा, दान-धर्म, पुण्य तथा अनुराग एवं भक्ति से जोड़ें व इन्हीं हेतु उसका सदुपयोग करें। धन के किसी भी भाग को कामनाओं की पूर्ति का साधन न बनाएँ। तामसिक वृत्तियों यथा काम, क्रोध, लोभ मोह, मद, मत्सर की पूर्ति हेतु धन का उपयोग न करें। धन यदि आवश्यकता से अधिक अर्जित हो भी जाये तो उस पर वैयक्तिक अधिकार न समझते हुए उसे गाँधी जी के बताए अनुसार न्यासी के बतौर पूरे समाज के हित में खर्च करें। आप पायेंगे कि ऐसा करने पर आपको मान, सम्मान, यश एवं संतोष प्राप्त होगा। आप व्याधियों से दूर रहेंगे, मानसिक संताप आपसे दूर रहेगा। मन को असीम शान्ति प्राप्त होगी और आप इसी जन्म में मोक्ष को प्राप्त कर लेंगे। धन के साथ लोभ की वृत्ति जुड़ी रहती है जिसका विस्तार हम एक अलग अध्याय में देखेंगे। उसी समय अर्थ उपार्जन की मनोवृत्ति और उसके अतिरेक के मनोवैज्ञानिक कारणों पर भी विचार करेंगे।

5

क्रोध

तामसिक वृत्तियों में सबसे वेगवान एवं उग्र वृत्ति का नाम है **क्रोध**। क्रोध वास्तव में प्रतिकार की भावना है, जिसका प्रकटन मार-काट, झगड़ा आदि के द्वारा किया जाता है। यह एक नैसर्गिक प्रवृत्ति है, जो लगभग सभी प्राणियों में पायी जाती है। सभ्य समाज में क्रोध को विकार के रूप में देखा जाता है। क्रोध जनित उग्र चेष्टाएँ यथा रोना, डाँटना, झगड़ना, मारना, पीटना आदि ही क्रोध का स्वरूप निर्धारित करती हैं। क्रोध की भावना के वेग के कारण क्रोधी को परिस्थितियों की वास्तविकता पर विचार करने का समय नहीं मिल पाता। अतः इसका प्रकटन सोचा-समझा हुआ नहीं होता। इसी कारण से कहा जाता है कि क्रोध अन्धा होता है। अपने इसी अन्धेपन के कारण क्रोध सामान्यतः हानिकारक होता है। क्रोध की भावना की उग्रता भी क्रोधी में स्नायुविक तनाव उत्पन्न कर उसका रक्तचाप बढ़ाती है। इस कारण से भी क्रोध हानिकारक होता है। क्योंकि क्रोध में भले-बुरे एवं उचित-अनुचित का ध्यान नहीं रहता, इस कारण इससे क्रोधी एवं क्रोध के विषय दोनों ही की हानि होती है। क्रोध क्रोधी के मन को अशांत करता है तथा क्रोध के विषय के मन में भी विक्षोभ उत्पन्न करता है। अतः अन्त में एक का क्रोध दूसरे के मन में भी क्रोध उत्पन्न कर देता है।

सामान्यतः क्रोध तब आता है जब भावनाओं को ठेस लगती है अथवा जब अपेक्षाएँ पूरी नहीं होती। क्रोध के सृजन पर यदि गौर करें तो हम पायेंगे कि जब भावनाओं को ठेस लगती है, या जब अपेक्षाएँ पूरी नहीं होती तो मनुष्य को दुःख होता है। जब मनुष्य को उस दुःख का कारण ज्ञात होता है तो फिर उसके मन में प्रतिकार की भावनाओं का उदय होता है। इन प्रतिकार की भावनाओं की उग्रता

ही उन्हें क्रोध में परिवर्तित करती है। कभी-कभी मनुष्य को स्वयं की अक्षमताओं पर भी क्रोध आता है। परंतु सामान्यतः यह भावना उनके प्रति प्रकट होती है जो स्वयं क्रोध करने वाले को अथवा किसी अन्य को हानि या पीड़ा पहुँचाता है। सामान्यतः क्रोध का उद्देश्य हानि या पीड़ा पहुँचाने वाले के मन में डर का संचार करना होता है। क्रोध को एक नैसर्गिक तामसिक वृत्ति माना गया है। तामसिक वृत्ति होने के कारण क्रोध मनुष्य को अधोगामी बनाता है। मनुष्यों में क्रोध का आर्विभाव शिशुकाल से ही देखा जा सकता है। अपनी आवश्यकताओं के प्रति शिशु भी सजग होता है। उसकी भी कई अपेक्षाएँ होती हैं जिनके पूरे न होने पर वह क्रोध प्रकट करता है। माता द्वारा उसकी उपेक्षा या उसकी आवश्यकता पूरी न होने पर वह सामान्यतः रोकर तथा हाथ-पांव पटक कर क्रोध प्रदर्शित करता है। क्रोध के आविर्भाव के कारण शारीरिक अथवा मानसिक विकार भी हो सकते हैं। बीमार मनुष्यों तथा रक्तचाप के रोगियों को क्रोध शीघ्र एवं अधिक आता है। क्रोध की मात्रा मनुष्य के संस्कारों पर भी निर्भर करती है। सुसंस्कृत मनुष्यों को क्रोध पर अनुशासन की शिक्षा होती है, अतः उन्हें शीघ्र क्रोध नहीं आता और क्रोध आने पर भी उसकी उग्रता कम होती है एवं स्वरूप विकृत नहीं होता। परन्तु असंस्कृत मनुष्य शीघ्र क्रोधित हो जाता है एवं उसके क्रोध का स्वरूप भी विकृत होता है। सुसंस्कृत मनुष्य क्रोधित होने पर भी मात्र उपदेश देकर रह जाएगा परन्तु असंस्कृत मनुष्य क्रोध का प्रकटन गाली देकर, झगड़ा करके अथवा मारपीट करके भी कर सकता है। मानसिक सन्तोष अथवा असन्तोष भी मनुष्य में क्रोध के संचार एवं उसकी मात्रा का निर्धारण करते हैं। एक-सी परिस्थितियों में इसलिए दो मनुष्यों में क्रोध का संचार समान रूप से नहीं होता एवं उसकी मात्रा भी समान नहीं होती। असंतुष्ट और संतप्त मनुष्य को क्रोध शीघ्र आता है एवं अधिक मात्रा में आता है जबकि संतुष्ट मनुष्य को क्रोध सामान्यतः नहीं आता। चित्त की व्यग्रता भी क्रोध का एक कारण बनती है। यह एक स्नायुविक दुर्बलता है जो स्वाभाविक भी हो सकती है और परिस्थितिजन्य भी। यह व्यग्रता व्यक्ति के सामान्य व्यवहार में असहिष्णुता के रूप में प्रकट होती है। ऐसा व्यक्ति सामान्य बातों को अन्यथा ले लेता है एवं तुरंत क्रोध प्रकट करने लग जाता है। ऐसा क्रोधी मजाक का विषय बन जाता है एवं लोग तथा उसके स्वयं के परिजन भी उसके क्रोध का परिहास करने लग जाते हैं। वह सभी के विनोद की सामग्री बन जाता है।

क्रोध का प्रकटन सामान्यतः तो तुरंत हो जाता है, परंतु समाज में ऐसे भी मनुष्य होते हैं जो क्रोध का प्रकटन तत्काल तो नहीं करते, लेकिन दीर्घकालिक

प्रकटन द्वारा क्रोध के कारण को पूर्णतः बरबाद या समाप्त कर देते हैं। वे क्रोध को पहले संचित करते हैं और उसे पाल-पोस कर बढ़ाते हैं तथा परिस्थितियाँ अनुकूल होने पर उसका प्रकटन करते हैं। क्रोध संचित होने पर 'वैमनस्य' अथवा वैर का स्वरूप ग्रहण कर लेता है। ऐसा वैमनस्य मनुष्यों में स्वभावगत नहीं होता, परंतु कई प्राणियों में ऐसा वैमनस्य नैसर्गिक रूप से देखा जा सकता है। उदाहरणार्थ चूहे एवं बिल्ली का जन्मजात वैमनस्य या कुत्ते और बिल्ली का जन्मजात वैमनस्य। मनुष्यों में दुष्ट एवं कुटिल लोग धैर्य से क्रोध को संचित कर उसे वैमनस्य का रूप दे देते हैं। क्रोध यदि देर तक कायम रहे और संचित किया जाए तो उसकी उग्रता तो समाप्त हो जाती है, परंतु उसके प्रकटन में लक्ष्य को पीड़ित करने की क्षमता बढ़ती जाती है। ऐसे ही संचित क्रोध का उदाहरण है कृष्ण द्वारा शिशुपाल का वध। कृष्ण की पांडवों द्वारा की गई अग्रपूजा से शिशुपाल क्रोधित हो गया और वह कृष्ण को अपशब्द कहने लगा। कृष्ण काफी देर तक उसके द्वारा कहे गये अपशब्द सुनते रहे, परन्तु जब उनका क्षोभ सहनशीलता की पराकाष्ठा पार कर गया तब उन्होंने क्रोध में शिशुपाल का वध कर दिया। उनका यह कार्य सभी के द्वारा सराहा गया। ठीक उसी प्रकार राम ने भी समुद्र पर तब क्रोध किया, जब तीन दिन तक विनयपूर्वक प्रार्थना करने पर भी समुद्र ने उनका अनुरोध नहीं माना-

विनय न मानी जलधि जड़, गये तीन दिन बीति।
बोले राम सकोप तब, बिनु भय होय न प्रीति॥

राम और कृष्ण का उपरोक्त वर्णित क्रोध 'अमर्ष' की श्रेणी में आता है और विक्षोभ की पूर्णता पर किया गया प्रशंसनीय क्रोध है। क्रोध की प्रकृति एवं स्वरूप का ज्ञान तो हमें प्राप्त हो गया, अब प्रश्न यह रह गया कि क्या क्रोध की कोई उपयोगिता भी है। अमर्ष की श्रेणी का क्रोध व्यावहारिक तो है क्योंकि ऐसे क्रोध के योग्य कारण होते हैं। परन्तु इसकी उपयोगिता तो इस बात पर निर्भर करेगी कि समाज को उसका क्या लाभ मिला। स्नायुविक दुर्बलता से जनित क्रोध अनावश्यक ही नहीं अनुपयोगी भी होता है। क्रोध को उपयोगिता के आधार पर दो श्रेणियों में बाँटा जा सकता है। 'उपयोगी क्रोध' जिसे **'परिष्कृत क्रोध'** की भी संज्ञा दी गई है एवं 'अनुपयोगी क्रोध' जो **'अपरिष्कृत क्रोध'** भी कहलाता है। तो 'क्रोध' की तामसिक वृत्ति भी सर्वथा अनुपयोगी नहीं है। वास्तव में दुष्टों के हृदय में सात्त्विक वृत्तियाँ यथा दया, विवेक एवं भय उत्पन्न करने का 'क्रोध' एक अमोघ अस्त्र है। यदि क्रोध की वृत्ति न हो तो मानव दुष्टों द्वारा पहुँचाए जाने वाले कष्टों के निराकरण का कोई उपाय ही न करे। शुद्ध प्रतिकार स्वरूप किया

गया क्रोध भी उपयोगी हो सकता है। क्रोध करने वाले को ऐसे क्रोध से भले ही कोई लाभ हो या न हो पर लोक कल्याण हेतु वह अवश्य ही उपयोगी होता है। कम से कम ऐसे क्रोध से दु:ख के कारण बने दुष्ट मनुष्य को यह तो ज्ञात हो जाता है कि उसकी दुष्टता अनुचित है एवं उसका प्रतिकार संभव है। इससे उसमें एक प्रकार के भय का संचार हो जाता है एवं वह और दुष्टता करने में हिचकने लगता है। क्रोध दु:ख एवं क्षोभजनित तो होता ही है, परन्तु कभी-कभी यह सात्त्विक वृत्तियों यथा दया एवं करुणा के साथ भी आता है। दया एवं करुणा जनित क्रोध 'परिष्कृत' श्रेणी का क्रोध है तथा सामान्यत: जन उपयोगी होता है। ऋषि वाल्मिकी ने प्राणिमात्र के प्रति करुणा से अभिभूत होकर क्रोधवश क्रौंच पक्षी के मिथुनद्वय को मारने वाले शिकारी को श्राप दिया कि-

मा निषाद प्रतिष्ठां त्वमगत: शाश्वती समा:।
यत्क्रौंच मिथुनादेकमवधी: काममोहितम्।।

करुणाजनित क्रोध के इस शाप का सौन्दर्य रामायण महाकाव्य की रचना का कारण बना क्योंकि उसी से सहसा वाल्मिकी को अपनी श्लोक रचना की क्षमता का पता चला। क्रोध यदि क्षोभ अथवा दु:ख के कारण से भी उत्पन्न हुआ है, तब भी परिष्कृत हो सकता है। ऐसा तब होता है जब वह दु:ख और क्षोभ अपने स्वयं के प्रति की गई दुष्टता या क्रूरता के कारण न होकर किसी दूसरे के या जन सामान्य के विरुद्ध किये गये अत्याचार के प्रति हो। क्रोध को उत्पन्न करने वाली भावनाएं स्वयं क्रोधी से जितनी दूर हो, उतना ही सुन्दर एवं प्रशंसनीय वह क्रोध हो जाता है, जो उन भावनाओं से जनित होता है। ऐसे क्रोध को धारण कर दुष्टों का प्रतिकार करने वाले व्यक्ति जननायक बन जाते हैं एवं ईश्वर के अवतार मान लिए जाते हैं। कंस के विरुद्ध कृष्ण की एवं रावण के विरुद्ध राम द्वारा की गई कार्यवाहियाँ इसी परिष्कृत या जन उपयोगी क्रोध की श्रेणी में आती हैं और प्रशंसनीय होने के कारण 'महाभारत' एवं 'रामायण' सदृश दो महाकाव्यों का विषय रही हैं। अपने प्रति किये गये अत्याचार से उत्पन्न हुआ क्रोध उपयोगी तो हो सकता है, परन्तु परिष्कृत अथवा प्रशंसनीय नहीं। परन्तु किसी अन्य के प्रति की गई दुष्टता से जनित क्रोध बुराई नहीं अपितु प्रशंसनीय माना जाता है एवं उपयोगी तो होता ही है। क्रोध की आवश्यकता एवं उपयोगिता के विषय में यह कहा जा सकता है कि 'क्षमा' अथवा 'धैर्य' की पराकाष्ठा पर जाने के बाद किया गया क्रोध 'उपयोगी' या 'परिष्कृत' क्रोध है एवं आवश्यक है। निरंतर की गई क्षमा केवल कायरता ही कही जा सकती है। अत्याचारी के विरुद्ध क्रोध आवश्यक है और प्रशंसनीय भी। इसी कारण से अपराधियों व अत्याचारियों के लिए 'राजदण्ड' का विधान शास्त्रों में किया गया है एवं उसे धर्मदण्ड की संज्ञा दी गई है और राजा

को धर्म का ध्वजावाहक माना गया है। वास्तव में तो परिष्कृत क्रोध न हो तो क्षमा, दया एवं करुणा तीनों श्रीहत हो जाती हैं। अतः 'उपयोगी क्रोध' क्षमा से भी बड़ा आभूषण है। ठीक इसके विपरीत अकारण, अनावश्यक एवं अनर्गल क्रोध को 'अनुपयोगी क्रोध' अथवा 'अपरिष्कृत क्रोध' की संज्ञा दी गई है। ऐसे क्रोध का सर्वश्रेष्ठ उदाहरण है, चाणक्य के जीवन के प्रारंभ में किया गया क्रोध। गंगा स्नान हेतु जाते वक्त मार्ग में स्थित कुश उसके पैर में चुभ जाते थे। इस बात से क्रोधित होकर वह कुशों को जड़ से ही समाप्त कर देने पर तुल गया। कुदाल एवं मट्ठा लाकर वह कुशों को जड़ से खोदने व जड़ों में मट्ठा देने लगा। पर उसका यह क्रोध और उसके वशीभूत होकर किये गये समस्त कार्य व्यर्थ ही गये। जब महापद्म नन्द के दरबार में उसका अपमान हुआ तो उसने क्रोधवश चोटी में गाँठ बाँधकर यह प्रतिज्ञा कर ली कि वह नंद वंश का नाश कर देगा। इस प्रतिज्ञा के बाद उसने प्रारम्भ में क्रोध के अतिरेक में अनेक बार महापद्म नंद पर चंद्रगुप्त द्वारा अनियोजित आक्रमण करवाए जो असफल हुए। अपरिमार्जित क्रोध ऐसे ही असफल होता है। बाद में चाणक्य को यह बात समझ में आ गई और उसने क्रोध को परिमार्जित किया। फिर उसे जो सफलता मिली वह सब को विदित ही है।

क्रोध की उपयोगिता तो हमने देखी, परंतु हमने यह भी देखा कि सामान्यतः क्रोध अनुपयोगी ही ज्यादा होता है। क्रोध चाहे उपयोगी हो अथवा अनुपयोगी वह क्रोधी एवं क्रोध के कारण दोनों ही के मन की शांति को अवश्य ही भंग कर देता है। अतः ऐसे इस शांति भंग कर देने वाले विकार का निरोध अत्यंत ही आवश्यक है। इसलिए व्यवहार में, नीति में और सभी धर्मों में क्रोध के शमन का उपदेश दिया जाता है। तामसिक वृत्ति होने के कारण क्रोध मनुष्य को अधोगामी बनाता है, अतः इस पर नियंत्रण अति आवश्यक है। क्रोध की आवश्यकता तो है, परन्तु उस पर विवेक एवं बुद्धि का नियंत्रण करके उसको परिष्कृत करना आवश्यक है ताकि वह उपयोगी बने एवं लोक प्रशंसा का कारण बने। क्रोध को साधना के द्वारा मिटाया नहीं जा सकता। क्रोध की यदि उपेक्षा कर दें तो वह स्वयं ही मिट जाता है। क्रोध तो समय के साथ स्वयं ही समाप्त हो जाता है। वह आगे तो तब बढ़ता है जब आप उसको सत्ता दे रहे होते हैं। जिस समय क्रोध आता है उस समय आप 'क्रोध किसको नहीं आता? अन्न खायेंगे तो क्रोध आएगा ही', ऐसा मानकर अपने में क्रोध की सत्ता को दृढ़ करते हैं।

इस प्रकार जिस समय क्रोध आया है, उस समय भी अपने में क्रोध को मानते हैं और उसका कारण ढूँढ़ते हैं और जिस समय क्रोध नहीं आया है उस समय भी अपने में क्रोध की भावना को सही मानते हैं, तब क्रोध मिटे कैसे।

क्रोध को आपने अखण्ड रूप से पकड़ रखा है, इसलिए वह आपमें बैठा है। विचार करना चाहिए कि क्रोध मनुष्य में सदैव नहीं रहता वह तो आता-जाता रहता है। परंतु मनुष्य तो सदैव रहता है। अतः क्रोध मनुष्य के अस्तित्व के साथ जुड़ा नहीं होता। वह स्थायी नहीं होता। आप उसे स्थायी मानकर उसको दूर करने का उद्यम करते हैं। इसी कारण से वह दूर नहीं होता। अतः क्रोध को कम करने के लिए उसकी सत्ता में विश्वास करना छोड़ें। यदि क्रोध आए तो उसे दया एवं करुणा से जोड़ें एवं अपने व्यक्तिगत स्वार्थ हेतु उसका कम से कम उपयोग करें। क्रोध यदि उत्पन्न होता दिखे तो उसे मुदिता, परिहास एवं शांति के द्वारा तब तक दबाने का प्रयत्न करें जब तक कि वह आवश्यक एवं उपयोगी न बन जाए। क्रोध यदि करें तो उसकी मात्रा पर नियंत्रण रखें। याद रखें कि सृष्टि का नियम है कि 'अति सर्वत्र वर्जयते'। क्रोध के स्वरूप का भी ख्याल रखें, उसे आवश्यकता के अनुरूप ही स्वरूप प्रदान करें। क्रोध आवश्यक हो तो उसे प्रकट करते वक्त उसकी लोकोपयोगिता पर भी ध्यान करें। ऐसा करने से क्रोध आपका एक सफलतम अस्त्र बन जायेगा और सबके लिए हितकारी होगा।

हिन्दू शास्त्रानुसार क्रोध की उत्पत्ति आसक्ति तथा कामना से होती है। गीता में कहा गया है कि-

ध्यायतो विषयान्पुंसः संगस्तेसूप जायते।
संगात्संजायते कामः कामात्क्रोधोऽभिजायते।।

(विषयों का चिन्तन करने वाले पुरुष की विषयों में आसक्ति हो जाती है। आसक्ति से विषयों के प्रति कामना पैदा होती है और कामना में विघ्न पड़ने से क्रोध।)

क्रोध करने के क्या प्रभाव होते हैं, इस बात का खुलासा गीता के इस श्लोक में किया गया है-

क्रोधात भवति सम्मोहः सम्मोहात् स्मृति विभ्रमः।
स्मृति भ्रंशाद् बुद्धिनाशो, बुद्धिनाशात् प्रणश्यति।।

(क्रोध से अज्ञान उत्पन्न होता है जिससे बुद्धि भ्रमित होती है और फिर नष्ट हो जाती है। बुद्धि के नष्ट होने से इंसान गलत-सलत कार्यकलाप करने लगता है।)

क्रोधो नाशते धैर्यं, क्रोधो नाशयते श्रुतम, क्रोधो सर्वस्व नाशयते।

(क्रोध धैर्य का नाश करता है। क्रोध विद्या का नाश करता है। क्रोध सर्वस्व नष्ट कर देता है, अतः क्रोध के समान कोई शत्रु नहीं हैं।)

यह दोनों बातें भी वैज्ञानिक दृष्टिकोण से खरी उतरती है। क्रोध के अतिरेक में मनुष्य के दिमाग का संतुलन बिगड़ता है और उसकी सोच सही तथा सीधी न

रहकर विचलित हो जाती है। वह परिस्थितियों का सही आकलन करने में भी सक्षम नहीं रहता और अपने क्रोधित होने के परिणामों का भी आकलन सही नहीं कर पाता। उसकी बुद्धि भ्रमित तथा नष्ट हो जाती है। वह ऐसे कदम उठा लेता है जिनके परिणामों को सुलटने में वह सक्षम नहीं और जो उसकी बर्बादी का सबब बन जाते हैं। इसलिए कहा गया है कि क्रोध से बड़ा शत्रु कोई नहीं। इसके अलावा क्रोध एक ऐसी अग्नि के समान है जो मनुष्य के शरीर में उत्पन्न हो उसके शरीर का ही नाश करती है। इस बात को गीता में इस श्लोक से प्रकट किया गया है–

क्रोध ही शत्रुः प्रथमो नराणां, देह स्थितो देह विनाशनाय।
यथा स्थितः काष्ठगतोऽपि वहिनः, सएव वह्निर्दहते च काष्ठम्।।

(जिस प्रकार काष्ठ में छिपी अग्नि पहले काष्ठ ही को जलाती है। उसी प्रकार देह में छिपी क्रोधग्नि मनुष्य की देह ही को जला देती है।)

वैज्ञानिक दृष्टिकोण से यह बात भी सर्वथा सही ठहरती है क्योंकि केटे-कोलेमाइन रसायनों से जनित त्वरित ऊर्जा के संवेग और एड्रिनोकार्टिकल रसायनों से जनित संवेग दोनों ही मनुष्य के शारीरिक तथा मानसिक संतुलन को प्रभावित करते हैं और रक्तचाप बढ़ाने से लेकर माँसपेशियों में खिंचाव तथा तनाव भी बढ़ाते हैं। यह उद्दीपन शरीर को जलाने के समान ही है। इसलिए अथर्ववेद में कहा गया है कि–

मा क्रुधः।

(क्रोध मत कर।)

क्रोध में मनुष्य का धैर्य छूट जाता है, उसकी अर्जित विद्या भी क्रोध में उसका साथ छोड़ देती है। क्रोध से कांपता पुरुष वह कार्य भी कुशलतापूर्वक नहीं कर पाता जो वह अन्यथा बड़ी आसानी से कर लेता है। इसलिए क्रोध को सब अनर्थों की जड़ बताया गया है। इसके तहत उपजी बदले की भावना के तहत वह माया के बन्धनों में और भी जकड़ जाता है। वह ऐसे क्रियाकलाप करने लगता है जो जघन्य से जघन्य होते हैं तथा जिनके करने से उसके द्वारा अर्जित धर्म का भी क्षय होने लगता है। अतः शास्त्रों में क्रोध के सर्वथा त्याग करने की बात कही गई है–

क्रोधे मूलम् अनर्थानां, क्रोधः संसार बंधनम।
धर्म क्षयकरः क्रोधः तस्मात् क्रोधं विवर्जयेत।।

(क्रोध सभी अनर्थों की जड़ है, क्रोध व्यक्ति को माया के बन्धनों में जकड़ देता है। क्रोध धर्म को भी कम करता है, अतः क्रोध का हमेशा त्याग करना चाहिए।)

काम तथा लोभ के साथ क्रोध को नर्क के तीन द्वारों में से एक बताया गया है और इसे आत्मा की अधोगति का एक मुख्य कारण माना गया है।

त्रिविधं नरकस्य द्वारं नाशनमात्मनः।

कामः क्रोधस्तथा लोभस्तस्मादेत त्रयंत्यजेत॥

(काम, क्रोध तथा लोभ ये तीनों नर्क के द्वार हैं और आत्मा को अधोगामी बनाते हैं, अतः इन तीनों को त्याग देना चाहिए।)

क्रोध की उत्पत्ति उसके विस्तार तथा शमन के कारणों एवं उपायों के मनोविज्ञान तथा **जैव रसायनिक** कारणों को समझ लेना भी यहाँ पर आवश्यक तथा उपयोगी है।

किसी व्यक्ति की कार आपकी कार के नज़दीक से ख़तरनाक रूप से गुजरती है तो आपकी भावनात्मक सोच होती है 'कुत्ते का पिल्ला' उसने मेरे टक्कर मार दी होती, 'उस हरामी को मैं कैसे यूं ही जाने दूंगा'। इस सोच से आप तनाव में आ जाते हैं, आपके हाथ कार-स्टीयरिंग पर कस जाते हैं, पाँव एक्सीलेटर पर जम जाते हैं और आप को उसका गला दबाने की इच्छा होने लगती है और आपका शरीर तथा दिमाग लड़ाई हेतु उद्यत होने लगता है। माथे पर पसीना आता है और शरीर में कम्पन्न। दिल जोर से धड़कने लगता है और चेहरे की माँसपेशियाँ खिंच जाती हैं। आप उस व्यक्ति को मारना चाहते हैं। परन्तु इस नज़दीकी ख़तरनाक पास के बाद आपका ध्यान कार चलाने पर कम हो जाता है और आपकी कार भी डगमगा जाती है। तब पीछे वाला वाहन भोंपू बजा कर आपको सचेत करता है, लेकिन आपको उस पर भी गुस्सा आता है और आप उससे भी झगड़ पड़ते हैं। तो यह है क्रोध का सोच।

इसी घटना पर दूसरी सोच यह हो सकती है कि वह मेरे इतने नज़दीक और इतने खतरनाक तरीके से वाहन गुजार कर ले गया, शायद उससे देखने में चूक हुई, शायद वह किसी बात की जल्दी में है, या कोई आपातकालीन स्थिति में है। तो आपको उस व्यक्ति पर क्रोध के बजाय दया आने लगती है और आप क्रोध के अतिरेक से होने वाले ऊपर बताये गये परिवर्तनों से बच जाते हैं। 'बेंजामिन फ्रैंकलिन' का कहना है कि-

"क्रोध बिना कारण कभी नहीं आता, पर इन कारणों में यदा-कदा ही कोई कारण सही होता है।"

क्रोध नियंत्रित भी हो सकता है और अनियंत्रित भी। यदि क्रोध **अमाइग्दला** के द्वारा उत्पादित है तो वह अनियंत्रित होगा जैसा पहले दृष्टांत में हुआ। परन्तु यदि क्रोध **निओ-कार्टेक्स** ने संचारित किया तो वह नियंत्रित होगा। इसे ठंडे दिमाग का क्रोध कहा जाता है और इस प्रकार के क्रोध के पीछे कोई अच्छा कारण भी हो सकता है। उन सारी मानसिक वृत्तियों जिनसे मनुष्य बचना चाहता है, में क्रोध सबसे महत्त्वपूर्ण

है, क्योंकि क्रोध का शमन सबसे मुश्किल होता है। क्रोध की वृत्ति मनुष्य की बुद्धि का सर्वाधिक हरण करती है और इससे अभिभूत हुआ मनुष्य क्रोध को सही ठहराने हेतु बहुत ही सुंदर एवं योग्य कारण ढूंढ़ लेता है। यह कहा जाता है कि क्रोध को नियंत्रित करने से शरीर का नुकसान होता है और इसे प्रकट कर देने से मानसिक शान्ति मिलती है। यह बात पूर्णतः सत्य नहीं। दूसरी तरफ यह भी कहा जाता है कि क्रोध का सर्वथा त्याग ही मनुष्य के लिए हितकारी है। परन्तु यह बात भी पूर्णतः सत्य नहीं। अनावश्यक और अनुपयोगी क्रोध का शमन अवश्य ही लाभप्रद होता है। क्रोध को उद्वेलित करने वाला सोच ही क्रोधित होने का मुख्य कारण होता है, अतः इस सोच को सकारात्मक बना कर क्रोध से बचा जा सकता है। एक ही परिस्थिति हेतु कई प्रकार के सोच हो सकते हैं। सकारात्मक सोच से करुणा या दया उत्पन्न होगी तो नकारात्मक सोच से क्रोध। अतः हर परिस्थिति में सोच को सकारात्मक बनाएं और जहाँ तक आवश्यक न हो क्रोध से बचें। अल्बामा के प्रसिद्ध मनोचिकित्सक 'डोल्फ जिलमैन' का कहना है कि क्रोध का सामान्य कारण है असुरक्षा या खतरे का आभास। चाहे आत्मसम्मान को हो या जान-माल को, यदि भय है तो भय का जो कारण होता है उसके प्रति क्रोध उत्पन्न होना स्वाभाविक है। अगर किसी ने आपके साथ क्रूरता से या असहृदयता से व्यवहार किया है या आपको नीचा दिखाया है तो आपके मन में उसके प्रति क्रोध की भावना जाग्रत होगी ही। यह भावना 'केटेकोलेमाइन' नामक रसायनों की संरचना करती है जो एक प्रकार की त्वरित ऊर्जा प्रेरित करते हैं जो मनुष्य के शरीर को या तो भाग जाने हेतु प्रस्तुत करते हैं या लड़ने हेतु उद्यत करती है। मनुष्य लड़ता है या भाग जाता है, यह इस बात पर निर्भर करेगा कि उसके मस्तिष्क के आकलन में खतरा कितना बड़ा है और वह उससे सुलटने में सक्षम है अथवा नहीं।

दूसरी तरफ अमाइगद्ला द्वारा संचारित एक और स्पंदन, तंत्रिका तंत्र की 'एड्रिनोकार्टिकल' शाखा के द्वारा भी सामान्य जागरूकता की स्थिति का निर्माण करता है जो ज्यादा समय तक रहती है। यह भी मनुष्य की भावनाओं को जाग्रत कर उसे गुस्सा दिखाने हेतु प्रेरित करती है और उसके आगे के क्रिया-कलापों का आधार बनती है। अगर कोई मनुष्य किसी कारणवश पहले से उद्वेलित है तो **केटेकोलेमाइन** नाम के रसायनों का प्रथम स्त्रवण हो चुका होता है और इस स्थिति में यदि कोई और परेशान या उद्वेलित करने वाली बात हो जाये तो गुस्सा भड़क सकता है।

क्रोध का अतिरेक इसी प्रकार के क्रमिक उद्वेलन से निर्मित होता है और अमाइग्दला के निरंतर संचारित स्पंदनों के कारण होता है। क्रोध को बढ़ाने वाला हर सोच क्रोध के भड़कने का एक और कारण निर्मित करता है और इसलिए यह कहा जाता है कि क्रोध केवल क्रोध ही को संचारित करता है। केटेकोलेमाइन

रसायनों के स्त्रवण के पहले दौर के समापन से पहले ही यदि दूसरा और फिर तीसरा दौर आ जाये तो वह शरीर और मस्तिष्क को इतना उद्वेलित कर देता है कि मनुष्य हिंसक हो उठता है और अपना आपा खो बैठता है। वह अपने क्रोध से उत्पन्न होने वाली परिस्थितियों और परिणामों को भी भूल जाता है और केवल बदला लेने हेतु कार्य करने लगता है। इस भावना के तहत उसको अपनी क्षमताओं की सीमाओं का भी ख्याल नहीं रहता और वह ऐसे कदम भी उठा लेता है जिन्हें सुलट सकने में वह समर्थ नहीं। क्रोध को शान्त करने का एक तरीका है उन सोचों को रोकना या अवरुद्ध करना जो केटेकोलेमाइन रसायनों का स्त्रवण करती है, क्योंकि यदि यह नहीं होगा तो क्रोध के लिये जो ऊर्जा आवश्यक है, उसका त्वरण नहीं होगा। इस सोच को यदि प्रथम चरण में ही रोक लिया जाये तो अधि क अच्छा है। इस कार्य हेतु क्रोध को तोड़ने वाली सोच का आना बहुत जरूरी है। यदि दो क्रोधित होने वाले व्यक्तियों के बीच ऐसा व्यक्ति आ जाये जिसके पास ऐसी सूचना हो जो दोनों को अन्य विषय पर सोचने को मज़बूर कर दे तो वे अपने क्रोध को भूल कर दूसरा काम करने लग जाएंगे और इसके बाद यदि उनसे वापस क्रोधित होने के लिये कहा भी जाए तो वे नहीं हो पायेंगे, क्योंकि फिर उनके पास क्रोध भड़काने वाली परिस्थितियों को समझने का समय व क्षमता लौट आती है। जो पहले अपना आपा भूल चुके थे, वे उसे वापस प्राप्त कर लेते हैं। क्रोध तोड़ सकने वाली इस सूचना के आने में यदि देर हो गई तो अतिरेक में आया इन्सान इस सूचना पर गौर ही नहीं कर सकता क्योंकि उसकी सीधी सोच समाप्त हो चुकी होती है। क्रोध के शमन का दूसरा उपाय है क्रोध जनित करने वाली परिस्थितियों से दूर चले जाना और मानसिक उद्वेलन को शांत करने हेतु लंबा अंतराल ले लेना। जैसे यदि घर की किसी बात पर क्रोध आया है तो वहाँ से निकल कर घूमने चले जाना।

इस समय भी क्रोध जनित करने वाली सोच से बाहर निकलना बहुत आवश्यक है अन्यथा क्रोध वापस भड़क सकता है। एकान्त में चले जाना, प्राकृतिक स्थलों पर चले जाना, गाना सुनने लगना, सिनेमा/टी.वी. देखने लगना, मित्र के पास चले जाना, ये सभी उपाय क्रोध को शमित करने हेतु किए जाते हैं और सफल भी होते हैं। यह सभी कार्य क्रोध की सोच को प्रसारित होने से रोकते हैं क्योंकि मस्तिष्क फिर इन दूसरे कामों में लग जाता है। एक यह उपाय भी है कि क्रोध की सोच के जनित होते ही आप उस सोच के विषय में लिखने लगें। उसके उदय के पीछे के कारणों को समझकर उन्हें लिखने लगें। इससे एक और फायदा यह होगा कि आप बाद में अपने क्रोध को और अच्छी तरह से समझने लगेंगे और उस पर नियंत्रण में भी सफल हो जायेंगे। यही अनुशंसित है।

6

लोभ तथा मोह

अब मैं एक और तामसिक वृत्ति का वर्णन करूंगा जो कि **लोभ** अथवा **मोह** के नाम से प्रसिद्ध है। लोभ एवं मोह, सहोदर भाइयों जैसे इतने समान हैं कि इनको अलग-अलग पहचान पाना भी मुश्किल है। अतः सर्वप्रथम इन दोनों ऋणात्मक वृत्तियों की अलग-अलग पहचान स्थापित करना आवश्यक है। यह कार्य भी काफी दुष्कर है, क्योंकि लोभ एवं मोह सदैव एक साथ आते हैं तथा एक-दूसरे के पूरक हैं। सामान्यतः लोभ निर्जीव वस्तुओं जैसे द्रव्य, धन, सम्पत्ति आदि के प्रति लगाव को कहा जाता है, जबकि मोह सजीव वस्तुओं जैसे पुत्र, पत्नी, मित्र, पशु, पक्षी आदि के प्रति लगाव को कहा जाता है। परन्तु सजीव एवं निर्जीव वस्तुओं के प्रति लगाव का यह भेद लोभ और मोह में स्पष्ट अन्तर नहीं कर पाता। क्योंकि निर्जीव वस्तुओं जैसे स्वयं का मकान, गाँव, शहर एवं देश से मोह हो जाना भी सामान्य बात है और सजीव वस्तुओं यथा सुन्दर स्त्रियों, नौकर चाकरों इत्यादि का लोभ हो जाना भी सामान्य बात है। यह कहा जा सकता है कि लोभ सजीव अथवा निर्जीव वस्तुओं के प्रति सामान्य लगाव का नाम है, जबकि मोह किसी विशिष्ट सजीव या निर्जीव वस्तु के प्रति लगाव का नाम है। अर्थात् लोभ 'सामान्योन्मुखी' होता है जबकि मोह 'विशेषोन्मुखी'। उदाहरणार्थ कामी पुरुष सामान्यतः सुन्दर स्त्रियों का लोभी होता है, परन्तु उसे अपनी किसी एक स्त्री से विशेष प्रेम अर्थात् मोह हो सकता है। इसी प्रकार सम्पत्ति के लोभी पुरुष को सभी प्रकार की सम्पत्तियों का लोभ होता है, परन्तु अपने पैतृक मकान अथवा दुकान आदि से उसे मोह हो सकता है। महाभारत से ही उदाहरण लें तो धृतराष्ट्र को अपने सभी पुत्रों से प्रेम था, परन्तु दुर्योधन के प्रति उसके विशेष प्रेम को मोह कहा जा सकता है। दुर्योधन के राज्य लोभ तथा धृतराष्ट्र के पुत्र मोह

के कारण ही महाभारत का युद्ध हुआ। बाइबिल एवं कुरान के आदम/हव्वा प्रसंग में आदम का हव्वा के प्रति मोह एवं उन दोनों के भले-बुरे के ज्ञान के फल के प्रति लोभ ने ही उन्हें स्वर्ग से बाहर निकाल पृथ्वी पर उतारा। रावण का सीता के प्रति मोह ही उसके राम के साथ युद्ध का कारण बना व उसकी मौत का कारण भी। ऐसे ही कई अन्य उदाहरण आपको रोज देखने को मिलते हैं जो इन दो महारथियों के पराक्रम का ज्ञान आपको करवाते हैं। लोभ एवं मोह में भेद को और स्पष्ट करने एवं इनके स्वरूप को और समझने में मायादास कथा बहुत ही उपयोगी है-

राजा मायादास को सभी प्रकार की सम्पत्तियों से बहुत लगाव था। वह लोभियों का सरदार था। उसके लोभ की पराकाष्ठा की परीक्षा लेने हेतु प्रभु ने स्वयं प्रकट होकर उससे कोई एक 'वरदान' मांगने हेतु कहा। मायादास ने वर मांगा कि वह प्रत्येक वस्तु जिसे वह छू ले, सोना बन जाये। प्रभु के तथास्तु कहते ही मायादास दौड़-दौड़कर प्रत्येक वस्तु को छूने लगा। उसने अपने पूरे महल को एवं उसमें मौजूद हर वस्तु को सोना बना डाला। अथक परिश्रम से क्लांत हो जब उसने पानी पीना चाहा तो उसे पहला झटका लगा क्योंकि उसके छूते ही पानी भी सोने का हो गया। जब उसने भोजन को छुआ तो वह भी सोना हो गया। परन्तु भूख-प्यास की व्याकुलता ने भी उसके स्वर्ण लोभ को शांत नहीं किया। वह तब तक सोना बनाता रहा जब तक कि वह निढ़ाल नहीं हो गया। उसकी पुत्री उसे निढ़ाल देखकर सांत्वना देने उसके पास आई तो प्रेमवश उसने उसे अंक में भर लिया। पुत्री तुरंत सोने की मूर्ति बन गईं, मायादास को अपनी पुत्री से विशेष प्रेम था। अब उसे पुत्री के मोह ने घेर लिया। सोना उसे पत्थर से भी बुरा लगने लगा और अपने लोभ पर उसे पश्चाताप होने लगा। वह पुत्री के मोहवश विलाप करने लगा और तड़पने लगा। उसने प्रभु से क्षमा मांगी और वरदान की वापसी का आग्रह किया। प्रभु को उस पर दया आ गई, फिर भी प्रभु ने मायादास को बताया कि वरदान की वापसी से उसके द्वारा निर्मित सारा सोना वापस पदार्थ बन जाएगा। परन्तु पुत्री के मोहवश मायादास वरदान वापसी पर कायम रहा। प्रभु की परीक्षा पूर्ण हुई, उन्होंने वरदान वापस लिया और लोभ की नश्वरता सिद्ध हो गई।

इस उद्धरण से यह भी स्पष्ट हो गया कि किसी विशेष वस्तु या प्राणी या व्यक्ति पर इस प्रकार मुग्ध रहना कि उसके सामने उससे बेहतर वस्तु के आने पर भी उससे लगाव न हटे, उस प्रेम को लुब्धता या मोह कहते हैं। अतः लोभ का किसी व्यक्ति विशेष अथवा वस्तु विशेष पर स्थिर हो जाना या एकनिष्ठ हो जाना ही मोह कहलाता है। मायादास के पुत्री मोह के समक्ष उसके लोभ द्वारा निर्मित सुवर्ण सज्जित महल भी कुछ न था। राजा धृतराष्ट्र का पुत्र लोभ दुर्योधन पर

एकनिष्ठ हुआ और मोह बन गया। श्रीकृष्ण की रण घोषणा एवं विदुर की नीति कुशलता भी उसके पुत्र मोह को तोड़ नहीं पाई। कहते हैं कि धृतराष्ट्र अंधा था, परन्तु वास्तव में वह पुत्र मोह में अंधा था। उसे एक से अधिक बार विदुर ने इस बात का अहसास कराया कि दुर्योधन जो कुछ भी कर रहा है, वह गलत है। परन्तु मोह के जाल में फँसा धृतराष्ट्र कुछ नहीं कर पाया। उसका पुत्र मोह उसकी अकर्मण्यता का कारण बना और महाभारत के युद्ध ने उससे सब कुछ छीन लिया। महाभारत के युद्ध के विनाश से उसे अहसास हुआ कि मनुष्य की वैयक्तिक सीमाओं के बाहर भी सत्य हुआ करता है, जो कि मोह से ग्रसित मनुष्य को कभी नज़र नहीं आता। मोह अंधा होता है, ऐसा इसलिए कहा जाता है। मोह ग्रसित व्यक्ति की आँखें बंद हो जाती हैं एवं तभी खुलती है जब मोह भंग होता है। श्रृंगार शतक के रचयिता राजा भर्तृहरि ने व्यसनों की पराकाष्ठा को भोगा। उन्हें अपनी पटरानी पिंगला से बहुत प्यार था। एक बार एक वेश्या ने उन्हें एक पुष्टिदायक फल दिया और कहा कि देश का राजा स्वस्थ एवं चिरायु हो, इस उद्देश्य से वह फल उसे समर्पित है। राजा ने मोहवश वह फल पिंगला को दिया ताकि उसका सौन्दर्य एवं स्वास्थ्य कायम रहे। रानी पिंगला ने अपने प्रेमी नगर कोतवाल को तथा नगर कोतवाल ने अपनी प्रेमिका उसी वेश्या को वह फल वापस कर दिया। राजा भर्तृहरि के पास वही फल जब वापस आया तो उसको सब ज्ञात हुआ और उसका मोह भंग हुआ। तब उसने तुरंत वैराग्य ग्रहण कर लिया। मोह तो एकनिष्ठ होकर स्थिर हो जाता है, परन्तु लोभ कभी भी एकनिष्ठ नहीं होता। न तो वह एक वस्तु या व्यक्ति पर स्थिर होगा और न ही उस वस्तु की या व्यक्ति/प्राणी की किसी मात्रा पर। लोभ निरंतर बढ़ता रहता है और तब तक बढ़ता रहता है जब तक कि वह लोभी की परेशानी का कारण नहीं बन जाता। लोभ के बारे में पंचतंत्र में एक कथा है कि चार ब्राह्मण पुत्र अपनी दरिद्रता से दुःखी होकर एक सिद्ध पुरुष के पास गये। सिद्ध पुरुष ने प्रत्येक को एक सिद्धवर्तिका दी और कहा कि वह हिमालय की तरफ जायें। मार्ग में जहाँ किसी के हाथ से वर्तिका गिरे वहीं खोदने से धन की प्राप्ति होगी। प्रथम के हाथ से जहाँ वर्तिका गिरी वहाँ ताँबा, द्वितीय के हाथ से जहाँ वर्तिका गिरी वहाँ चाँदी तथा तृतीय के हाथ से जहाँ वर्तिका गिरी वहाँ सोना मिला। और वह सब संतुष्ट होकर वापस चले गये। चौथा ब्राह्मण पुत्र यह सोच कर लोभ में आ गया कि अब आगे उसे अवश्य ही रत्न मिलेंगे। परन्तु आगे जाकर वह मार्ग भटक गया तथा उसे एक व्यक्ति लहू से लथपथ शरीर तथा सिर पर चक्र धारण करे मिला। उसने जैसे ही उस व्यक्ति से चक्र के बारे में पूछा, वह चक्र उसके स्वयं के मस्तक पर सवार हो गया। इससे उसे असह्य वेदना होने लगी। यह चक्र कुबेर द्वारा निर्मित था जो

हर लोभी को घेर लेता था। इससे उसे भूख, प्यास, निद्रा, मृत्यु, रोग आदि से तो मुक्ति मिल जाती थी, परन्तु निरंतर वेदना का अनुभव होता रहता था। यह चक्र प्रतीकात्मक है। अर्थात् जो व्यक्ति लोभाविष्ट हो जाता है, वह भूख-प्यास, रोग, निद्रा सब भूलकर केवल और अधिक अर्जन कर लेने हेतु व्याकुल रहता है और वेदना झेलता रहता है। इसलिए कहा गया है कि-

अतिलोभो न कर्तव्यो, लोभं नैव परित्यजेत्।
अतिलोभाभिभूतस्य, चक्रंभ्रमति मस्तके॥

(ज्यादा लोभ मत करो, लोभ का सदैव त्याग करो। अति लोभ से ग्रसित व्यक्ति के मस्तिष्क पर एक चक्र घूमता है।)

लोभ और मोह का स्वरूप समझ लेने के बाद अब हम इन दोनों प्रवृत्तियों के उदय पर विचार करेंगे। लोभ एवं मोह दोनों की बुनियादी संवेदना है-प्राप्ति का सुख। परन्तु इस प्रथम अनुभूति में लोभ या मोह पूर्णतः प्रकट नहीं होता। यह अनुभूति बार-बार उस सुख की याद दिलाती है, जो हमें उस वस्तु या व्यक्ति के प्राप्त होने से मिला।

इससे फिर उस अनुभव को दुबारा और फिर बार-बार प्राप्त करने की इच्छा होती है और बार-बार प्राप्ति की यह इच्छा उस वस्तु के प्रति जिस लगाव को उत्पन्न करती है उसे ही लोभ तथा मोह का नाम दिया गया है। यह इच्छा दो प्रकार की होती है—वस्तु के निरंतर सान्निध्य की इच्छा तथा वस्तु को दूर न होने देने तथा कायम रखने की इच्छा। जो वस्तु या व्यक्ति मनुष्य को आनन्द या सुख की अनुभूति करवाती हैं, उसके प्रति उपरोक्त दोनों इच्छाओं का होना स्वाभाविक होता है। प्राणियों के शरीर में अनुभूति हेतु पाँच ज्ञानेन्द्रियां यथा आँख, कान, नाक, जीभ एवं त्वचा बनाई गई हैं तथा पाँच ही कर्मेन्द्रियाँ यथा रसना, हाथ, पैर, उपस्थ एवं गुदा बनाई गई है। रूप, शब्द, गंध, रस एवं स्पर्श इन ज्ञानेन्द्रियों के विषय हैं। इन सभी विषयों का रुचिकर अथवा अरुचिकर अनुभव मानव के मस्तिष्क को प्रभावित करता है। इनमें से किसी का भी रुचिकर अनुभव मानव के मन में उसकी और अधिक प्राप्ति की इच्छा जाग्रत करता है। अधिक की प्राप्ति की यही इच्छा निरंतर प्राप्ति की इच्छा या कायम रखने और नष्ट न होने देने की इच्छा को जाग्रत करती है। और यही दो इच्छाएँ सामान्य प्रीतिकर या सुखकर वस्तुओं का लोभ बनकर और विशिष्ट सुखकर वस्तुओं का मोह बनकर सामने आती है। और इतनी प्रबल होकर सामने आती है, बकौल आतिश कि-

कुछ नजर आता नहीं, उसके तसव्वुर के सिवा।
हसरते दीदार ने, आँखों को अन्धा कर दिया॥

(उसे दौलत के सिवा अब कुछ नज़र आता नहीं। दौलत को देखने की इच्छा ने उसकी आँखों को अन्धा कर दिया है।)

अब हम लोभ एवं मोह की प्रवृत्ति पर विचार करेंगे। हमने देखा कि लोभ और मोह जिस वस्तु या प्राणी से हो जाता है, उसकी प्रथम अनुभूति प्रीतिकर या सुखकर होती है जो उस व्यक्ति को उस विषय में बार-बार प्रवृत्त करती है। लोभ और मोह की अंतिम अनुभूति यदि संतोष हो जाती तो दोनों खत्म हो जाते, परन्तु दुर्भाग्यवश इनकी अन्तिम अनुभूति भी असंतोष है। अतः 'लोभाविष्ट चक्रधर कथा' का नायक अंत में निरंतर वेदना तथा व्याकुलता को ही प्राप्त होता है। वास्तव में लोभ एवं मोह दोनों ही 'रजस' वृत्तियाँ हैं। रजस गुणों की प्रवृत्ति विस्तार की होती है। सभी रजोगुण आकर्षक एवं सुखकारक होते हैं। परन्तु उनमें निहित प्रसार की वृत्ति उन्हें कीचड़ सदृश बना देती है जिसमें घुसते ही मनुष्य स्वयं को आकंठ डूबा हुआ ही पाता है। भौतिक और दैहिक आकर्षण लोभ और मोह के कारक होते हैं। यह मनुष्य को स्थूल पदार्थों को समेटने हेतु प्रेरित करते हैं। इसलिए स्त्री देह का लोभी सैंकड़ों स्त्रियाँ एकत्रित कर लेता है, तो धन का लोभी करोड़ों रुपये इकट्ठा कर लेता है। फिर भी ऐसे दोनों ही पुरुष कभी भी अपने विषय से तृप्त नहीं होते। अन्त में लोभ एवं मोह दोनों मानसिक व्याधि बन जाते हैं। लोभ और मोह मानव के मन की सभी अन्य सजातीय प्रवृत्तियों का गला घोंट देते हैं। यह करुणा, दया, कृपा, साहस, विवेक, वैराग्य इत्यादि को नष्ट कर देते हैं। धन के लोभी पुरुष बहुत कृपण बन जाते हैं तथा अपने परिजनों का कष्ट देखकर भी और उनका क्रंदन सुनकर भी द्रवित नहीं होते। वे केवल आसक्त विषय का गुलाम होकर रह जाते हैं। वास्तव में वे दया का पात्र बनकर रह जाते हैं। मोह तो आत्मा तक को प्रभावित करता है। मोह से बँधी आत्माएं लगातार जन्म-जन्मांतरों के बंधन में पड़ी रहती है तथा कभी मोक्ष प्राप्त नहीं कर पाती। इस बात की सत्यता तो अभी प्रमाणित नहीं, परन्तु लोभ और मोह का शिकार व्यक्ति इस जन्म में तो उनसे छूट नहीं सकता। हमने देखा कि लोभ और मोह की प्रकृति क्या है और उनका स्वरूप क्या है। हमने यह भी देखा कि लोभ और मोह का सृजन कैसे होता है और कैसे वे मनुष्य को पतित करते हैं तथा उनका शमन क्यों आवश्यक है। अब हम यह देखेंगे कि क्या इन दोनों वृत्तियों की कोई उपयोगिता भी है। ईश्वर ने इस संसार में कोई भी ऐसी वस्तु नहीं बनाई जिसकी कोई उपयोगिता न हो। जहर माना जाने वाला संखिया भी दवा के रूप में काम आता है।

लोभ और मोह तो इस संसार की समस्त भावनाओं के मूल में अवस्थित है। वस्तु की प्राप्ति का लोभ ही मनुष्य के उद्यम का वास्तविक कारण है और 'मोह' इच्छित

वस्तु की रक्षा की प्रेरणा बनता है। वास्तव में प्रिय वस्तु की प्राप्ति की इच्छा तथा उसको कायम रखने की इच्छा तभी तक निन्दनीय होती है जब तक वह इच्छुक व्यक्ति के स्वयं के लाभ तक सीमित होती है। ज्यों ही यह इच्छाएँ सर्वजन हिताय अथवा बहुजन हिताय हो जाती हैं, यह तुरंत उपयोगी तथा प्रशंसनीय हो जाती हैं। यह तभी तक निंदनीय है जब तक इन इच्छाओं में स्वयं के द्वारा उपभोग की भावना तो हो, परन्तु उस वस्तु की रक्षा की भावना न हो। परन्तु सामान्यत: लोभी तथा मोही पुरुष को इच्छित व्यक्ति तथा वस्तु की सुरक्षा करने की इच्छा भी होती ही है। माँ का बच्चे के प्रति मोह, पति का पत्नी के प्रति मोह, पैतृक या स्वयं अर्जित सम्पदा का मोह, स्वयं के गाँव, नगर तथा देह के प्रति मोह आदि सभी में इन वस्तुओं की रक्षा की भावना तो अंतर्निहित होती ही है। यही रक्षा की इच्छा, लोभ एवं मोह का सबसे प्रशंसनीय पक्ष होता है। देश की अक्षुण्णता, अखंडता तथा सम्मान के प्रति मोह ही कई वीरों के बलिदान का कारण बना है। लोभी पुरुष भी जो धन-सम्पदा सामग्री संग्रहित करता है, उसका उपयोग भी तो कभी न कभी बहुजन हिताय होता ही है। लोभ और मोह ही माँ-बाप, भाई-बहन, पति-पत्नी, परिजन-मित्र आदि रिश्तों के माधुर्य के मूल में होता है। और इस रूप में तो यह समाज के संस्थापक, पोषणकर्ता तथा नियामक ही हैं। अत: लोभ तथा मोह दोनों ही बहुत उपयोगी तथा आवश्यक हैं। इनकी उपयोगिता तथा अनुपयोगिता भी 'अति सर्वत्र वर्जयते' के मूल मंत्र पर ही आधरित है। अत: माँ का पुत्र के प्रति मोह तभी तक उपयोगी है जब तक वह उसे सन्मार्ग पर चलाता है। अपने कुमार्गी पुत्र पर माता का मोह अनुपयोगी हो जाता है, अत: निन्दनीय है। लोभ को उर्दू शायरी में 'हिर्स' के नाम से जाना जाता है और कई खूबसूरत शेर इस वृत्ति के बारे में कहे गए हैं, जिनमें से चुनिंदा शेर पेशे खिदमत हैं।

क्या चीज है तेरी, जिसको तूं खोता है।
नुक्सां-नुक्सां पुकार कर रोता है।।
इक जर्रा भी नहीं है जब दहर में तेरा।
बेताब गमे जियाँ से क्यों होता है।।

(त्रिलोकचन्द 'महरूम')

(तुम्हारा क्या है जिसे तू खोता है, फिर क्यों नुक्सां-नुक्सां चिल्ला कर रोता है। जब संसार में एक जर्रा भी तुम्हारा नहीं तो क्यों दुनिया के न मिलने पर क्यूं गमगीन होता है।)

जमाना गर मुख़ालिफ है तेरा, बेमुद्दआ हो जा।
न दिल में मुद्दआ होगा, न मुद्दई होगी।।

(अगर जमाना मुखालिफ है तो कोई मुद्दा ही मत रख। न तुम्हारा मुद्दा होगा न तुम मुद्दई होंगे।)

है हुसूले आरजू का राज, तर्के-आरजू।
मैंने दुनिया छोड़ दी तो, मिल गई दुनिया मुझे।।
(आरजू पाने का भेद यही है कि आरजू ही छोड़ दे।)

मुहब्बत नाम है ला-हासिल-ओ-ना तमामी का।
मुहब्बत है तो दिल को फारिगे-सूदो जियाँ करले।।

(मुहब्बत तो नाम ही ना मिलने और ना खत्म होने का है अगर मुहब्बत है तो सूद और ब्याज की चिन्ता छोड़ दे।)

('सीमाब' अकबराबादी)

दुआ जाइज, खुदा बरहक, मगर माँगूं तो क्या माँगूं।
समझता हूँ कि मैं, दुनिया ब-दामाँ हो नहीं सकता।।

(त्रिलोकचन्द महरूम)

(प्रार्थना करना सही है। और देने वाला खुदा भी है। पर अगर मैं माँगू तो भी क्या माँगू। मुझे मालूम है मैं दुनिया के जाल से मुक्त नहीं हो सकता।)

बाद तर्के आरजू बैठा हूँ मैं क्या मुतमइन।
हो गई आसाँ हर इक मुश्किल ब-आसानी मेरी।।

(त्रिलोकचन्द महरूम)

(इच्छाओं को त्याग कर निश्चिंत बैठा हूँ। मेरी हर एक मुश्किल आसानी से आसान हो गईं।)

हर ना अहल के कदमों में हम झुक कर सलाम करते हैं।
इस कम्बख़्त हविस के ख़ातिर जो न किया, करते हैं।।

('जोश' मलसियानी)

(हर अस्तित्वहीन के कदमों में सलाम करता हूँ। इस कमबख़्त इच्छा के कारण सब करना पड़ता है।)

बशर के दिल में न पड़ता जो आरजू का दाग।
खुदा गवाह है कि अनमोल ये नगीना होता।।

(अगर आदमी के दिल में इच्छा का दाग नहीं लगता। तो ईश्वर जानता है कि आदमी अनमोल रत्न होता।)

अंत में हम देखेंगे कि मोह एवं लोभ का शमन कैसे किया जा सकता है। सभी विकारों से रहित होने का एक ही उपाय है और वह यह है कि आप दृढ़ता से ऐसा मान लें कि वह विकार आप में नहीं है। यदि कभी यह विकार आपको दिखे भी तो आप ऐसा सोचें कि वह आपका नहीं है। वास्तव में यह विकार आप में नहीं होते हैं। आप भूलवश उनको अपना मानते हैं। यह सभी विकार मनुष्य के अस्तित्व से जुड़े नहीं होते हैं एवं स्थायी भी नहीं होते हैं। अतः यह सिद्ध है

कि यह दोष आने-जाने वाले एवं अस्थायी हैं। काम, क्रोध, लोभ, मोह आदि विकार मनुष्य में नहीं हैं। वह तो प्रकृति में हैं। अतः प्रकृति को स्वीकार न करें। उसके साथ एवं उसमें स्थित इन विकारों के साथ कोई संबंध ना रखें। तब यह विकार स्वयं ही समाप्त हो जायेंगे। जीवात्मा सिर्फ अपने में राग, द्वेष आदि दोषों की मान्यता कर लेता है और तब उसे वे दोष स्वयं में दिखने लग जाते हैं। वास्तव में काम, क्रोध, लोभ, मोह, मद, मत्सर एवं अहंकार यह जितने भी दोष हैं, वे जीवात्मा में नहीं हैं। यदि वे उसमें होते तो वह उन्हें त्याग नहीं सकता था। इस सत्य का ज्ञान होने पर फिर लोभ एवं मोह उत्पन्न ही नहीं हो सकता। यदि लोभ और मोह प्रकट भी हो तो इनके अतिरेक से अवश्य बचें। इनके वशीभूत होकर कोई भी अन्याय न करें। लोभ और मोह की भावना को परायोन्मुखी करें। अपनों और परायों में भेद को कम करें। अर्जित तथा संग्रहित धन का दान करें। ब्रह्मा ने भी 'वृहदारण्यकोपनिषद्' में मनुष्य को 'दान' करने की प्रेरणा दी और द् द् द् इति दाम्यत्, दत्तं, दयध्वम् का उपदेश दिया। लोभ एवं मोह की भावना पर नियंत्रण करें, एकत्रित धन-सम्पदा का दान करें तथा प्राणिमात्र पर दया करें। इस सबसे लोभ एवं मोह उर्ध्वमुखी हो जाएंगे, वे मनुष्य के कल्याण का कारण बन जाएंगे, लोभ एवं मोह को कदापि काम, क्रोध, हिंसा, मद, मत्सर या अहंकार से न जुड़ने दें। ऐसा करना सर्वथा अनुचित होगा और ऐसा करने पर मनुष्य का निश्चित ही पतन होगा। अपने चित्त को उदार बनायें। अपने तथा पराये में भेद न रखें और दया, दान तथा शील, पुण्य में चित्त को प्रवृत्त करें। ऐसा करने से मनुष्य देवतातुल्य बन कर उर्ध्वगामी होता है तथा मोक्ष को प्राप्त होता है। यही लोभ और मोह की सद्गति है। इसी में लोभ की जय है और इसी में मोह की जय है।

तमाम जैव रसायनिक परिवर्तनों में खुशी तथा प्यार में जो परिवर्तन मस्तिष्क में होते हैं, वे डर एवं क्रोध की भावनाओं में आने वाले परिवर्तनों के विपरीत होते हैं। इन सब पेरा सिम्पेथेटिक परिवर्तनों, जिन्हें शिथिलीकरण प्रतिक्रिया कहते हैं, द्वारा शरीर में एक शान्ति, संतोष, सहयोग की भावना तथा लक्षणों का संचार होता है। हमारे मस्तिष्क का वह केन्द्र जो खुशी का अहसास करवाता है, वह ऋणात्मक सोच को बाधित करता है, चिन्ता/विषाद के सोच को कम करता है जिससे शरीर को सामान्यतः आराम, चैन, उत्साह, ऊर्जा आदि प्राप्त होते हैं जो बड़े ही प्रीतिकर लगते हैं। ऐसे प्रीतिकर अनुभव जब शरीर तथा दिमाग बार-बार प्राप्त करता है तो वह इनका आदी हो जाता है। वह इन्हें बार-बार प्राप्त करने हेतु लालायित हो जाता है। यही लालसा फिर ऋणात्मक भावना बनकर लोभ तथा मोह का रूप धारण कर लेती है, जिसे हमने ऊपर देखा व पढ़ा है।

7

अभिमान, पूर्वाग्रह और ईर्ष्या

इस अध्याय में हम दो और ऋणात्मक वृत्तियों का वर्णन करेंगे। ये दोनों वृत्तियां लोभ तथा मोह के समान युति से काम करती हैं। पर लोभ और मोह से भिन्न इनकी विपरीत युति होती है। ये दोनों वृत्तियां है **'मद'** अर्थात् अभिमान तथा **'मत्सर'** अर्थात् ईर्ष्या। ये दोनों साथ-साथ आते हैं, परन्तु अलग व्यक्तियों पर प्रभाव डालते हैं। इन दोनों से कोई भी व्यक्ति एक साथ प्रभावित नहीं होता। इन दोनों को समझने व दोनों में भेद करने हेतु उपयुक्त उदाहरण है दूरदर्शन पर दिखाया जाने वाला साबुन का विज्ञापन। इस विज्ञापन में एक महिला दमकती सफेद साड़ी पहने हुए अकड़ती हुई एक दूसरी महिला के पास से गुजरती है जिसकी साड़ी उतनी सफेद नहीं। दूसरी महिला अपनी साड़ी की सफेदी की तुलना पहली की अधिक सफेद साड़ी से करती है और उसके मन में प्रश्न उठता है कि मेरी साड़ी दूसरी महिला की साड़ी से कम सफेद क्यों? इस उदाहरण में एक ही विषय पर दो अलग-अलग महिलाएं अलग-अलग प्रतिक्रियाएं व्यक्त करती हैं। अधिक सफेद साड़ी वाली महिला के हाव-भाव एवं चाल में अकड़ दिखाई देती है। दूसरी महिला के हाव-भाव में निराशा तथा स्पर्धा दिखाई देती है। पहले वाली महिला की अकड़ वास्तव में अपनी साड़ी के अधिक सफेद होने का अहसास है। यह कुछ प्राप्त कर लेने का अहसास या कुछ विशेष वस्तु अपने पास होने का अहसास ही 'मद' या 'अभिमान' के नाम से जाना जाता है। दूसरी तरफ उसी विशेष वस्तु के अपने पास न होने की निराशा और उसे प्राप्त करने की स्वाभाविक इच्छा का नाम ही 'मत्सर' या 'ईर्ष्या' होता है। यही ईर्ष्या दूसरी वाली महिला के हाव-भावों से प्रकट होती है। यहाँ एक चीज की प्राप्ति व्यक्ति में उसके होने का अभिमान जाग्रत करती

है तो इसका न प्राप्त होना दूसरे व्यक्ति में हीनता तथा स्पर्धा/ईर्ष्या का सृजन करता है।

तो देखा आपने, एक विशेष वस्तु का होना एक पात्र में तो 'मद' या 'अभिमान' पैदा करता है और उसका न होना दूसरे पात्र में 'मत्सर' या 'ईर्ष्या' पैदा करता है। इसी अर्थ में 'मद' तथा 'मत्सर' की विपरीत युति है। ये एक-दूसरे के विरोधी हैं तथा अलग-अलग पात्रों में एक साथ आते हैं। परन्तु वास्तव में ये एक-दूसरे के पूरक हैं। इनका स्वरूप देखने के बाद, आइए इनका सृजन कैसे होता है, यह देखें। 'मद' या 'अभिमान' मनुष्य अथवा प्राणिमात्र के जन्म तथा स्वत्व से जुड़ी भावना है। इस भावना के तहत वह अपने अस्तित्व की पहचान अन्य प्राणियों अथवा व्यक्तियों से अलग कर पाता है। प्रथम तो वह यह समझता है कि वह कौन-सी जाति का प्राणी है। मनुष्य है, पशु है या पक्षी है। कौन से वर्ग का प्राणी है। उसके माता-पिता कौन है। उसका कुल क्या है। उसका जन्म कब तथा कहाँ हुआ है तथा उसका नाम क्या है। इन सब के द्वारा उसकी पहचान का निर्माण होता है और तब वह अपने उन गुणों को समझता है, जो उसे दूसरों से अलग करते हैं। ऐसा करते वक्त उसे अपनी विशेषताओं तथा कमियों दोनों ही का ज्ञान होता है। अपनी विशेषताओं को जान कर उसे खुशी होती है तथा अपनी कमियों को जानकर दुःख। वह और उपलब्धियाँ हासिल करना चाहता है तथा अपनी कमियों को दूर करना चाहता है। उसकी विशेषताओं यथा सौन्दर्य, रूप, रंग, सौष्ठव, स्वर, ज्ञान इत्यादि की उसकी जाति, समाज तथा परिवार में प्रशंसा होती है। इसी प्रशंसा से उसे यह अहसास होता है कि उसके पास कुछ ऐसी वस्तुएं है जो सामान्यतः सबके पास नहीं। इसी अहसास का नाम 'मद' या 'अभिमान' या 'नाज़' है। मनुष्यों को अपने रंग, रूप, यौवन, धन, सम्पत्ति, प्रभुत्व आदि सभी वस्तुओं पर नाज़ करते देखा जा सकता है। इसी नाज़ को 'स्वामी का दर्प' कहा गया है। इसे ही 'स्वाभिमान' अथवा 'आत्मसम्मान' भी कहा जाता है। उर्दू भाषा में इसे खुदी/गुरुर भी कहा गया है। वैसे तो सभी प्राणियों का यह शरीर ख़ाक (मिट्टी) है, परन्तु जब तक इस शरीर में प्राण है, तब तक तो इसका मिट्टी से अलग एक वजूद है ही। और तब तक तो इसका 'अहम्' रहेगा ही। किसी शायर ने क्या खूब कहा है कि-

ख़ाक का पुतला है तूं, उस पर तसव्वुर तेज है।
ख़ाक में मिल जायेगा और ख़ाक से परहेज़ है॥

(तुम मिट्टी से बने हो और फिर भी मिट्टी से परहेज़ करते हो।)

और फिर जवाब भी दिया है कि-

जब तलक यह ख़ाक उसके नूर से लबरेज़ है।
तब तलक इस ख़ाक को उस ख़ाक से परहेज़ है॥

(जब तक यह मिट्टी उस की रोशनी से भरी है, तब तक इस मिट्टी को उस मिट्टी से परहेज़ है।)

मानव एक सामाजिक प्राणी है। मानव समाज में श्रेष्ठता, चाहे वह किसी भी विषय में हो सम्मान का कारण बनती है। इसी प्रकार प्रभुत्व और सम्पन्नता भी आदर का कारण बनते हैं तथा महानता भी। प्रत्येक व्यक्ति यह चाहता है कि उसे आदर-सम्मान प्राप्त हो। परन्तु इसके लिए उसे श्रेष्ठता, सम्पन्नता, प्रभुत्व आदि हासिल करने पड़ते हैं। यदि मानव यह वस्तुएं हासिल कर ले तो उसे सम्मान तथा प्रतिष्ठा मिल जाती है और लोग उसका आदर करते हैं। आदर प्राप्त कर लेने पर सफल व्यक्ति को यह अहसास होता है कि वह समाज में विशिष्ट स्थान रखता है, तथा दूसरों से अलग एवं ऊपर है। उसकी यही मानसिकता उसके अंतस में 'मद' अर्थात् अभिमान का बीज बोती है जो विकसित होकर नकारात्मक हो जाता है। कौटिल्य ने अर्थशास्त्र में कहा कि-

यौवनं धन सम्पत्तिः प्रभुत्वम् विवेकिता।
एकैकं मप्थानर्थाय किमु यत्र चतुष्टयम्॥

(अर्थात् यौवन, धन-सम्पदा, सत्ता तथा महानता इसमें से एक के भी प्राप्त होने पर अभिमान आ जाता है तो उस मनुष्य का क्या जिसे चारों एक साथ मिल जाएँ!)

अब 'ईर्ष्या' के सृजन का जिक्र करेंगे। हमने देखा कि मद एवं मत्सर का सृजन एक साथ होता है। ज्यों ही किसी एक ने सफलता प्राप्त की और कुछ विशेष वस्तु अर्जित की उसको स्वयं को तो अभिमान उत्पन्न होगा और कई अन्य जो उस सफलता को प्राप्त नहीं कर सके, उनके मन में सफल व्यक्ति के प्रति 'ईर्ष्या' जाग्रत हो जाएगी। सफल व्यक्ति कई असफल व्यक्तियों की ईर्ष्या का पात्र स्वतः ही बन जाता है। यद्यपि ईर्ष्या की उत्पत्ति कई भावों के संयोग से होती है, परन्तु इसका मुख्य कारण असफलता की या अप्राप्ति की निराशा होती है इसी असफलता जनित निराशा के कारण मनुष्य प्रत्येक उस व्यक्ति से ईर्ष्या करने लगता है जो सफल रहा है। गरीबों की धनवानों से, असमर्थों की समर्थों से और निम्नवर्गीयों की उच्चवर्गीयों से ईर्ष्या के मूल में यही अप्राप्ति की निराशा होती है। ऐसा भी नहीं कि ईर्ष्या का सम्बंध सदैव किसी वस्तु की अप्राप्ति से ही होता है। अक्सर यह भी होता है कि मनुष्य अपने पास जो वस्तु होती है उसे भी दूसरों के पास देखकर ईर्ष्यालु हो जाता है। एक धनवान को अपने गरीब पड़ोसी से भी तब ईर्ष्या हो सकती है जब उसे अचानक धन प्राप्त हो जाए। यह ईर्ष्या धनी व्यक्ति के पूर्वाग्रह के कारण पैदा होती है जिसके तहत वह निर्धन को सदैव अपने से हीन मानता रहा। ऐसी पूर्वाग्रह जनित ईर्ष्या वर्गगत भी हो सकती है और

जातिगत भी। इसका सर्वश्रेष्ठ उदाहरण है, अगड़े वर्ग तथा उच्च जाति के लोगों के मन में पिछड़े वर्ग तथा निम्न जाति के लोगों के प्रति ईर्ष्या जो उन्हें प्राप्त आरक्षण की सुविधा के कारण पैदा हो गई है। वास्तव में मनुष्य स्वयं को जो प्राप्त हो गया उसे तो अपना अधिकार समझकर गौण मान लेता है। परन्तु वही वस्तु जब दूसरे को प्राप्त हो जाती है तो उसके पूर्वाग्रह उसे यह सोचने को बाध्य करते हैं कि दूसरा व्यक्ति कम योग्य होते हुए भी सिर्फ भाग्य के बल पर वह प्राप्त कर गया है। वास्तव में किसी विशिष्ट वस्तु के अपने पास होने की खुशी या मद तब तक ही कायम होता है जब तक वह वस्तु किसी दूसरे के पास नहीं है या सिर्फ-गिने चुने व्यक्तियों के पास ही है। यह खुशी या अभिमान जब खत्म होता है तो यह ईर्ष्या का कारण बन जाता है।

अब तक हमने 'मद' तथा 'मत्सर' दोनों के सृजन तथा स्वरूप की चर्चा की। अब हम इनकी उपयोगिता की चर्चा करेंगे। मद या अभिमान का प्राथमिक स्तर तो जन उपयोगी तथा प्रशंसनीय है। स्वाभिमानी होना व्यक्ति स्वयं तथा समाज दोनों के लिए उपयोगी है, क्योंकि अपनी अस्मिता को कायम रखने हेतु उसमें कुछ अच्छा कर दिखाने की भावना का उदय होता है। अन्यथा शरीर की नश्वरता को ज्ञान समझ कर मनुष्य कर्म विहीन हो जाये तो वह स्वयं का तथा समाज का अवश्य ही अहित कर बैठेगा। अतः अस्मिता की सीमा तक का अभिमान तो आवश्यक, उपयोगी तथा प्रशंसनीय है। अभिमान वास्तव में विकार तब बनता है जब इसकी अति होने लगती है। कहते हैं कि सुन्दरता अपने बांकपन के कारण मादक हो जाती है।

कनक कनक को गात है, मादकता अधिकाय।

परन्तु सौन्दर्य पर यदि कोई इतराने लगे तो सौन्दर्य की गरिमा समाप्त हो जाती है। ऊँची से ऊँची सफलता प्राप्त मनुष्य का अभिमान उसे लोक प्रशंसा से वंचित कर देता है। बहादुर शाह 'ज़फ़र' साहब का एक बहुत ही सुन्दर कतआ है कि-

ज़फ़र आदमी उसको न जानिएगा,
हो वह कितना ही साहिबे फहमो ज़का।
जिसे ऐश में यादे खुदा न रही,
जिसे तैश में ख़ौफ़े खुदा न रहा॥

(अर्थात् उसे मनुष्य न मानें चाहे वह कितना ही योग्य व बड़ा क्यों न हो। जो धन-सम्पदा जुट जाने पर और सत्ता मिल जाने पर खुदा को याद न रखे तथा गुरुर व गुस्सा आने पर खुदा से न डरे।)

तो चाहे आप 'तैश' में हो या 'ऐश' में अपने खुदा को अवश्य याद रखें तथा उसका डर अपने मन में कायम रखें क्योंकि मिर्ज़ा 'गालिब' ने कहा है कि-

अपनी हस्ती 'हुबाब' की सी है।
ये नुमाइश 'सुराब' की सी है॥

(अर्थात् अपना अस्तित्व बुलबुले जैसा है और यह काँच की प्रदर्शनी जैसा क्षणभंगुर है।)

अगर व्यर्थ में कोई अभिमान करता है तो वह सर्वथा अनुपयोगी माना जाएगा। उर्दू की एक कहावत है–

पितरम् सुलतान बूद।

(अर्थात् पुरखे सुलतान थे।)

लखनऊ के ताँगा चलाने वाले ऐसी गर्वोक्तियाँ करते थकते नहीं। शायद उन सभी के पुरखे नवाब थे तथा कुलीन थे। ऐसा अभिमान एक आडम्बर है और इसके चलते काफी अपमान झेलना पड़ सकता है। ऐसा 'थोथा चना बाजे घना' वाला चरित्र अन्त में हास्यास्पद होकर रह जाता है। अपनी योग्यता, क्षमता अथवा उपलब्धि पर हुआ अभिमान तो समझ में आता है, परन्तु अपनी जाति, कुल अथवा धर्म की उच्चता का गर्व करना अधिक उपयोगी नहीं। अपने राज्य पर अथवा देश पर गर्व करते लोगों को देखा जाता है और इसे 'राष्ट्रीयता' की भावना का नाम दिया गया है। परन्तु ऐसा गर्व तब तक ही उचित है जब तक यह राष्ट्र की उपलब्धियों से सम्बन्धित है। एक हद से ऊपर जाने पर राष्ट्रीयता की भावना टकराव एवं युद्ध का तात्कालिक कारण बन जाती है और वैमनस्य तो पैदा करती ही है। एक ही राष्ट्र के दो टुकड़े होने पर भी भारत एवं पाकिस्तान में आपसी वैमनस्य इस बात का उदाहरण है। मध्यकाल में यही अतिराष्ट्रीयता की भावना दो विश्व युद्धों का कारण बनी थी।

अभिमान की उपयोगिता की चर्चा के बाद अब ईर्ष्या की उपयोगिता पर आता हूँ। वास्तव में ईर्ष्या की कोई उपयोगिता नहीं। ईर्ष्या को चिन्ता के समान ही चिता की अग्नि माना गया है। अपने बड़प्पन का अभिमान यदि एक व्यसन है तो ईर्ष्या उस व्यसन की सहधर्मिणी। अभिमानी पुरुष न तो दूसरे के गुणों का आदर करता है न अपने गुणों से दूसरों को प्रभावित कर पाता है। इसी प्रकार ईर्ष्यालु भी अपने गुणों का विकास नहीं कर पाता है और दूसरे के गुणों के भी विनाश का प्रयत्न करते हुए समाज की हानि करता है। परंतु अभिमान तथा ईर्ष्या दोनों में एक बहुत बड़ा अन्तर है। अभिमान तो लबालब भरे प्याले की तरह छलकता रहता है और स्पष्ट दृष्टिगोचर होता है, परन्तु ईर्ष्या को दिखाया नहीं जा सकता। ईर्ष्या इतनी कुत्सित वृत्ति है कि स्वयं ईर्ष्यालु भी उसे स्वीकार नहीं कर पाता। अगर कोई कहता है कि मैं तुमसे ईर्ष्या करता हूँ तो वह वास्तव में ईर्ष्यालु है ही नहीं।

वास्तविक ईर्ष्या तो सात पर्दों में छिपाकर रखी जाती है। ऐसा इसलिए होता है कि ईर्ष्या दूसरों में घृणा तथा क्रोध पैदा करती है। इस क्रोध मिश्रित घृणा का रूप बहुत वीभत्स होता है जिसे ईर्ष्यालु देख नहीं सकता। इसमें उसे अपने अंतःकरण का रूप दिखता है। अतः ईर्ष्यालु अपनी ईर्ष्या को कभी स्वीकार नहीं कर पाता। अगर वह इसे स्वीकार करता भी है तो भय, बदला, वैर आदि के रूप में स्वीकार करता है जिनका कोई स्पष्ट कर सकने लायक कारण होता है। ईर्ष्या तभी खुलकर सामने आती है जब एक ही पात्र से ईर्ष्या रखने वाले दो ईर्ष्यालु आपस में मिलते हैं। इस मिलन से ईर्ष्यालुओं को औचित्य भी मिलता है और शान्ति भी। ईर्ष्या की उपयोगिता केवल स्पर्धा तक सीमित है जो मनुष्य को प्रेरित करती है कि वह कुछ ऐसा करे जिससे उसकी पहचान बने। उसके ऊपर वह पूरी तरह अनुपयोगी है। ईर्ष्या के बारे में भी उर्दू शायरों ने काफी कुछ कहा है। उर्दू में ईर्ष्या को 'हसद' अथवा 'बुग्ज़' कहा जाता है और रमज़ान मोहम्मद 'रम्ज़' साहब ने इसके बारे में फरमाया है कि -

निफ़ाको-इफ्तरा ओ बुग्ज़ का आलम मुआज़-अल्लाह।
न बेटा बाप से खुश है, न भाई अपनी 'सिस्टर' से॥

(नफ़रत और मतभेदों का यह आलम है मेरे खुदा कि न बेटा बाप से खुश है न भाई अपनी बहन से।) और

अदावत ने जो ले ली है, जगह महरो-मुहब्बत की।
कोई नालाँ है अपनों से, कोई उलझा है 'नेबर' से॥

(दुश्मनी ने प्यार और अपनेपन की जगह हासिल कर ली है। किसी को अपनों से शिकायत है तो कोई पड़ोसी से लड़ रहा है।)

अगर प्रेम नहीं मिटता तो फिर किसी ना किसी का तो दोष होगा ही। इसलिए 'नूह' नारवी साबह ने कहा है कि-

और तो उल्फ़त न निभने का सबब कोई
या बुराई आप में है या बुराई हम में है॥

(प्यार के न निभने का और कोई तो कारण है नहीं। या तो बुराई आप में है या फिर हम में है।)

हमने देखा कि 'मद' एवं 'मत्सर' दोनों की उपयोगिता तो नाम-मात्र की है, परन्तु उनसे होने वाली हानि बहुत है। इसलिए इन दोनों वृत्तियों का शमन आवश्यक है। ईर्ष्या तो कोई लाइलाज़ बीमारी नहीं है। प्राप्ति की आशा में प्रयत्नों का करना और उद्यम के बाद भी निष्फल होने पर उनसे दृष्टि फेर लेना ही इसका इलाज़ है क्योंकि-

हर किसी को मुकम्मिल जहाँ नहीं मिलता।
कभी जमीं तो कभी आसमाँ नहीं मिलता॥

(हर चीज आवश्यकता के अनुसार हरेक को नहीं मिलती। कभी यदि जमीं नहीं मिलती तो कभी आसमाँ नहीं मिलता।)

ईर्ष्या की भावना वास्तव में अलग से कोई एक भावना नहीं है। यह मुख्यतः तीन भावनाओं का एक सम्मिश्रण है। इसमें निराशा, डर तथा क्रोध तीनों भावनाएं समाविष्ट होती हैं। सर्वप्रथम यदि इच्छित वस्तु प्राप्त नहीं हुई तो उसकी निराशा, जिसे वह वस्तु प्राप्त हो गई है उससे भय तथा उसके प्रति क्रोध कि उसने उसे हथिया लिया, अतः मैं वंचित रह गया। इन तीनों भावनाओं के मस्तिष्क में जनन के जैव रासायनिक परिवर्तन हम इन भावनाओं के बारे में किये गये वर्णन में देखेंगे। अतः यहाँ पर इसकी चर्चा नहीं कर रहे हैं। ईर्ष्या पर नियंत्रण करने का एक बहुत आसान उपाय है कि-

जो मिल जाये उसे मुकद्दर समझ लो और जो खो गया उसे भुलाते चले जाओ, क्योंकि-

दुनियां जिसे कहते हैं, जादू का खिलौना है।
मिल जाए तो मिट्टी है, खो जाए तो सोना है॥

(ये जो दुनिया है वो एक जादू के खिलौने के समान है। जो मिल गया वो मिट्टी नज़र आता है और जो खो गया वह सोना।)

अभिमान का शमन, ईर्ष्या के शमन से मुश्किल है। जब भी मन में किसी विशेष उपलब्धि को प्राप्त कर लेने के प्रति विशिष्टता का अहसास हो तो तुरन्त अपने अस्तित्व की नश्वरता का ख्याल करें। अपने से भी अधिक विशिष्ट व्यक्ति का ध्यान करें और देखें कि समय के साथ उसका क्या हश्र हुआ। अपनी सभी सफलताओं व उपलब्धियों को ईश्वर को समर्पित कर दें। वास्तव में आपके अस्तित्व में जो कुछ भी है वह सब ईश्वर की ही देन है। न तो मनुष्य जन्म के समय कुछ साथ लाता है और न ही मृत्यु के समय कुछ साथ ले जाता है। वह तो संसार में रहते हुए भी किसी वस्तु तथा शरीर को अपनी इच्छा के अनुसार नहीं चला सकता। अतः यह स्पष्ट है कि हमारा कुछ भी नहीं। सब कुछ केवल भगवान का ही है। किसी वस्तु के अपना होने की भावना ही एक भ्रम है। अतः यह मानें कि-

त्वदीयं वस्तु गोविन्दं, तुभ्यमेव समर्पयामि।

(सभी वस्तुएँ ईश्वर तेरे द्वारा दी गयी है, अतः तुझी को समर्पित है।)

इस समर्पण से आपका अंहकार अवश्य ही समाप्त हो जाएगा क्योंकि आपका अहं ईश्वर के अहं में विलीन हो जाएगा। यही अनुशंसित है।

8

अहंकार तथा कुटिलता

इस अध्याय में हम पहले 'अहंकार' और फिर 'कुटिलता' का जिक्र करेंगे। अहंकार एक मायने में 'मद' का ही विकसित रूप है। अहंकार को भारतीय दर्शन में 'अष्टधा मूल प्रकृति' का एक तत्त्व माना गया है। पंच महाभूत तत्त्व तथा तीन प्रवृत्तियाँ मिल कर प्रकृति का निर्माण करती है। मन, बुद्धि एवं अहंकार इन्हीं तीन मूल प्रवृत्तियों से पदार्थों के गुण धर्म तथा प्राणियों का आचरण निर्धारित होता है।

भूमिरापो नलो वायुः खं मनो बुद्धिरेव च।
अहंकार इतीयं मे भिन्ना प्रकृतिरष्टधा।

(अर्थात् पृथ्वी, जल, तेज, वायु और आकाश ये पंच महाभूत तत्त्व और मन, बुद्धि तथा अहंकार यह तीन प्रवृत्तियां, आठ प्रकार के भेदों वाली अपरा अष्टधा मूल प्रकृति का निर्माण करते हैं।)

बुद्धि को 'सत्त्व' मन को 'रजस' तथा अहंकार को 'तमस' के गुणों का प्रतीक माना गया है तथा गीता में कहा गया है कि यही तीन गुण पदार्थों तथा प्राणियों को माया के बन्धन में बाँधे रखते हैं-

सत्त्वं, रजस्तम् इतिगुणाः प्रकृति संभवाः।
निर्बधंति महाबाहो देहेदेहिनमव्ययम्॥

(अर्थात् सत्त्व, रजस एवं तमस यही तीन गुण पदार्थों को तथा प्राणियों को देह एवं जन्म-जन्मांतरों के बंधनों से बांधते हैं।)

अहंकार प्राथमिक रूप में देह के प्रति अभिमान की भावना है, देह के इस अभिमान से ही प्राणी में सब दोष आते हैं। इसलिए गीता में कहा गया है कि-

देहाभिमानिनि सर्वे दोषाः प्रादुर्भवन्ति।

(अर्थात् देह के अभिमान से ही प्राणियों में समस्त राग एवं द्वेषों का प्रादुर्भाव होता है।)

अहंकार से अज्ञानी हुआ मनुष्य अपने को समस्त कार्यों का वास्तविक कर्ता मान लेता है और उनसे बंध जाता है। गीता में कहा गया है कि-

अहंकार विमूढात्मा कर्ताहमिति मन्यते।

(अर्थात् अहंकार से अंधा हुआ मनुष्य यह समझने लग जाता है कि उसके द्वारा किये गये सभी कार्यों का वास्तविक कर्ता वही है।)

अहंकार की उत्पत्ति अज्ञान से होती है। अहंकार के सृजन के सम्बन्ध में हम यह कह सकते हैं कि यह 'मद' अथवा 'अभिमान' के सृजन के समान ही होता है। अर्थात् अपनी विशिष्टताओं तथा उपलब्धियों का ज्ञान तथा उनके होने से स्वयं के सर्वोपरि हो जाने की भावना ही अहंकार का सृजन करती है। परन्तु 'मद' तथा 'अहंकार' में दो भेद सामान्यतः पाये जाते हैं। एक फर्क तो 'मात्रात्मक' है और दूसरा 'प्रमाणिकता' का। अर्थात् प्रथम तो अभिमान का अतिरेक अहंकार बनता है तथा दूसरे अहंकार का कारण कभी-कभी वास्तविक या प्रमाणिक नहीं होता। 'कूप मंडूक की मानसिकता' ही अहंकार की वास्तविक प्रकृति की द्योतक है। कुएं का मेंढ़क वास्तव में संसार का सबसे बड़ा प्राणी नहीं होता, परन्तु अपने अज्ञान के कारण वह ऐसा मानता अवश्य है।

अतः अहंकारी प्राणी की अज्ञानतावश अपनी क्षमताओं के बारे में अतिशयोक्तिपूर्ण धारणाएं बन जाती है। ऐसी धारणाएं यद्यपि पूर्णतः असत्य पर नहीं होती परन्तु एक प्रकार के अर्धसत्य पर आधरित होती हैं, जिनका निर्माण उस प्राणी का परिवेश करता है। उदाहरणार्थ कूप मंडूक के अहंकार का कारण उसका कुएँ में रहना है, जहाँ कि प्राणी ज्यादा बड़े नहीं होते। अतः अहंकार में प्राणी वास्तविकता से अनभिज्ञ होता है और अपनी क्षमताओं को अतिरंजित करता है। दूसरों की क्षमताओं का भी उसे ज्ञान नहीं होता है और उन्हें वह काफी घटा कर आंकता है। इसी कारण से अहंकारी सदैव मात खाता है। अहंकार का स्वरूप तामसिक होता है। इसी कारण से अहंकार न केवल प्रसार का गुण रखता है अपितु अधोगामी होता है। इसकी तुष्टि कदापि संभव नहीं। यदि सारा संसार भी अहंकारी के पाँवों में होगा तो भी वह तुष्ट और प्रसन्न नहीं होगा। उसका अहंकार बढ़ता ही रहता है और उसके अस्तित्व को लेकर ही खत्म होता है। इस ऋणात्मक वृत्ति ने कईयों पर सवारी की है। जब यह रावण पर सवार हुई तो रामायण का युद्ध हुआ, दुर्योधन पर सवार हुई तो महाभारत का युद्ध हुआ। अंत में यह अपने ही वाहक की मौत का कारण बनती है। जैसे रावण तथा दुर्योधन मृत्यु को प्राप्त हुए। तो अहंकार स्वयं अहंकारी का ही नुकसान करता है। अहंकार के कारण भी अहंकारी का ही नुकसान करते हैं। मुगल सम्राटों

के पास दो वस्तुएं बहुमूल्य थी, एक तो उनका रत्नजड़ित 'मयूर सिंहासन' और दूसरा 'कोहिनूर' हीरा। इन दोनों वस्तुओं पर मुगलों को बहुत नाज़ था तथा इनका वे यदा-कदा महिमामंडन करते रहते थे। मुगलों के शासन की शक्ति क्षीण होते ही यह दोनों वस्तुएं उनके पतन का कारण बन गईं, नादिरशाह दिल्ली पर आक्रमण कर न केवल इन दोनों वस्तुओं को ले गया अपितु सामान्य जन को भी लूटकर ले गया। भारत की ख़्याति उस समय 'सोने की चिड़िया' सदृश थी पर यही ख़्याति इस राष्ट्र की दुर्दशा तथा गुलामी का क़ारण बनी। कस्तूरी मृग की 'कस्तूरी' या बारहसिंघे के मुकुट सदृश सींग उनके गर्व के कारण हो सकते हैं, परन्तु यही उनकी अकाल मृत्यु का कारण बनते हैं। रानी पद्मिनी के रूप की ख़्याति ही उसके पति तथा राज्य की दुर्दशा का कारण बनी और अंत में उसे 'जौहर' द्वारा अपना बलिदान देना पड़ा। अतः सत्य तो यही है कि अहंकार का कारण बन सकने वाली कोई भी वस्तु का किसी के भी पास होना उसकी परेशानी का कारण बन जाता है। और यदि उस व्यक्ति ने इस बात का जरा भी अहंकार किया तो उसकी हानि निश्चित हो जाती है। इस संसार में श्रेष्ठता का कोई योग्य मापदंड है ही नहीं। एक क्षुद्र प्राणी मानव का अस्तित्व कहाँ और यह अनन्त ब्रह्माण्ड कहाँ? यह ब्रह्माण्ड कितना विशाल है! इसमें हमारी 'आकाशगंगा' जैसी तकरीबन दस खरब निहारिकाएं हैं। हमारी 'आकाशगंगा' निहारिका में सूर्य जैसे तथा उससे बड़े करीब दस ख़रब तारे हैं। एक सूर्य के साथ यदि सामान्यतः दस ग्रह भी मानें तो पृथ्वी जैसे सौ ख़रब ग्रह हमारी आकाशगंगा में ही मौजूद होंगे। अब आप स्वयं ही सोचें हमारा अस्तित्व इतने बड़े ब्रह्माण्ड में कहाँ है? गालिब ने सही ही कहा कि 'अपनी हस्ती हुबाब की-सी है।' तो अस्तित्व का अहंकार कितना आध ारहीन है यह बात तो समझ में आ ही गई होगी। आइंस्टीन नामक वैज्ञानिक ने 'सापेक्षता' का सिद्धांत प्रतिपादित किया। उस सिद्धांत के अनुसार वास्तविकता में बड़ा या छोटा, ऊँचा या नीचा, सत्य या झूठ कुछ भी नहीं। सब सापेक्ष या तुलनात्मक है। एक बड़ी रेखा को छोटा करना है तो उससे बड़ी एक और रेखा खींच दो, यह सापेक्षता का सुन्दर उदाहरण है। इस सिद्धांत के तहत **'पूर्ण सत्य'** कुछ भी नहीं। यही वेदांत की दार्शनिकता है। 'कणाद' ने कहा कि राई के भी अनन्त टुकड़े किये जा सकते हैं और पहाड़ के भी अनन्त, अतः राई पहाड़ है। परन्तु यह वास्तविकता नहीं क्योंकि अनंत अभी तक परिभाषित नहीं, अतः उसका आकलन संभव नहीं। 'अनंत की गलती' से ही राई पहाड़ के बराबर दिखाई दे सकती है। इसीलिए कुएं का मेंढ़क स्वयं को सबसे बड़ा समझता है। अहंकार एक सर्वथा अनुपयोगी मनोवृत्ति है। इसकी उपयोगिता केवल आत्म सम्मान के स्तर तक ही होती है। वेदों में तथा उपनिषदों में कहा गया है कि 'अहंब्रह्मास्मि' अर्थात् 'मैं

ही ब्रह्म हूँ।' अद्वैत की यह अवधारणा मानती है कि प्राणी और ब्रह्म एक ही है। वेदांत का यह 'अहम्' दैवीय अहम् है और इसकी उपयोगिता है।

परन्तु यह अहम् जब अहंकार में बदल जाता है तो प्राणी स्वयं को ईश्वर और उससे भी बड़ा मानने लगता है जो सर्वथा अनुपयोगी है। अहंकार की उपयोगिता पर तो 'अति सर्वत्र वर्जयते' का नियम भी लागू नहीं होता क्योंकि यह तो अल्प मात्रा में भी उपयोगी नहीं और स्वयं ही मद अर्थात् गर्व का अतिरेक है। अहंकार उपयोगिता के आधार पर लौकिक भी हो सकता है तथा परमार्थिक भी। 'मैं संसारी हूँ' यह अभिमान लौकिक अहंकार है तथा 'मैं साधक हूँ' यह अभिमान परमार्थिक अहंकार है। पहला वाला अहंकार मनुष्य को सांसारिक भोग वासनाओं में फांसता है। इस अहंकार से ही काम, क्रोध, बल और दर्प पैदा होते हैं।

अहंकारं, बलं, दर्पं, काम, क्रोधं च संश्रिता।

(अर्थात् अहंकार बल, दर्प, काम और क्रोध का आश्रयदाता है।)

इसलिए यह अहंकार मनुष्य को नर्क के मार्ग पर ले जाता है (पतंति नरकैशुचो) एवं अनुपयोगी है। परन्तु दूसरा अहंकार मनुष्य को सांसारिक बंधनों से मुक्त करता है, अतः वह उपयोगी है। अहंकार किसी भी प्रकार का हो, उस पर बुद्धि का नियंत्रण आवश्यक है। विवेक सदैव यह प्रयत्न करे कि अहंकार उत्पन्न ही न हो, यही सर्वोत्तम है। अपनी स्वयं की तुलना स्वयं से भी श्रेष्ठ व्यक्तियों से करें। अपनी उपलब्धियों की तुलना उनसे भी ऊँची उपलब्धियों से करें। और यदि कभी ऐसी तुलना न भी मिले तो अपने अस्तित्व की क्षुद्रता की तुलना सृष्टि की अनन्तता से करें। यदि अन्य लोग आपकी सफलताओं और उपलब्धियों के कारण आप को विशेष सम्मान दें, तो फलों से लदे वृक्ष के समान और भी झुक जाएं। सापेक्षता के सिद्धांत का सदैव ख्याल रखें। अपनी सफलताओं और उपलब्धियों को उस अक्षर, अविनाशी, परम्ब्रह्म को समर्पित करें। कभी भी अपनी उपलब्धियों का बखान न करें। दूसरे यदि करें तो भी उसे सहज़ता से लें तथा उन्हें पचाना सीखें। याद रखें कि राम और रावण दोनों के पास गर्व कर सकने लायक समस्त वस्तुएं थी। यौवन, धन, सम्पत्ति, प्रभुत्व और महानता सभी रावण के पास राम से कम नहीं थी। फर्क सिर्फ यह था कि रावण ने इनका अहंकार किया तथा राम ने कभी अहंकार नहीं किया। अतः सब कुछ प्राप्त करें, परंतु किसी भी प्राप्त वस्तु का अहंकार न करें। अहंकार, घमण्ड को उर्दू में 'गुरुर' या 'सरकसी' कहा जाता है। उर्दू शायरी में सरकसी के बारे में बहुत अच्छे शेर कहे गए हैं, जो नीचे पेश है-

कर रहे हैं दिल में पिंदारे खुदी की परवरिश।
जिसमें इक सबसे बड़ा बुत है, वो बुतखाना हैं हम।।

('सीमाब' अकबराबादी)

(जब हमारे दिल में हम अहंकार पाल रहे हैं तो हम एक बड़ी-सी मूर्ति तो वैसे ही दिल रूपी मंदिर में लिए बैठे हैं।)

सिवाय नाम के बाकी असर निशाँ से न थे।
जमीं में दब गये, झुकते जो आसमाँ से न थे॥

('सीमाब' अकबराबादी)

(सिवा नाम के उनके कोई शारीरिक निशान बाकी नहीं रहे जो कभी आसमाँ से भी खुद को बड़ा समझते थे।)

दिमागो रूह यकसाँ चाहिए इंसाने कामिल में।
ये क्या तकसीमे नाक़िस है, खुदी सर में खुदा दिल में॥

('सीमाब' अकबराबादी)

(योग्य इंसान में रूह और दिमाग में तालमेल जरूरी है। कोई भी योग्य इंसान दिमाग में अहंकार तथा दिल में ईश्वर साथ-साथ नहीं रख सकता।)

अब जहाँ में उनकी कब्रों के निशाँ मिलते नहीं।
उम्र भर जो फिक्रे-तसखीरे जहाँ करते रहे॥

(त्रिलोक चन्द 'महरूम')

(अब उनकी कब्रों में भी उनके कोई निशान मिलते नहीं जो सदा जीते जी पूरी दुनियां की फिक्र करते रहे।)

बे-फायदा है सिज़्दा-गुज़ारी, सुब्हो-शाम।
जब दिल ही झुक सका नहीं, सरे-बंदगी के साथ॥

(रोज सुबह-शाम खुदा को सिर नवाना कोई फायेदमन्द नहीं। यदि वंदना करने के साथ आपने अहंकार बनाये रखा।)

इस फ़कीरी में यह हालत मेरे इंकार की है।
बादशाही मिल जाये तो आफत हो जायें॥

('आसी' उल्दानी)

(इतनी मुफलिसी में भी मेरा अभिमान गया नहीं। अगर मैं बादशाह बन जाऊँ तो आफत आ जायेगी।)

अब तक आपने पढ़ा, काम, क्रोध, लोभ, मोह, मद, मत्सर और अहंकार का वर्णन जो कि मुख्य ऋणात्मक वृत्तियां हैं। परंतु इनके अलावा भी कई अन्य ऋणात्मक वृत्तियां हैं। कौरवों की ग्यारह अक्षौहणी सेना थी। अगर एक अक्षौहणी का नेतृत्व एक ऋणात्मक संभाले तो भी ग्यारह ऋणात्मकताएं तो होनी ही चाहिए। सात का पराक्रम तो हम देख ही चुके हैं। अब चार अन्य ऋणात्मक वृत्तियों का वर्णन करेंगे। इनमें प्रथम हम **'कुटिलता'** का पराक्रम देखेंगे। तुलसीदास जी ने कुटिल व्यक्ति के बारे में कहा है कि वे पराया काम बिगाड़ने के लिए अपना शरीर तक त्याग देते हैं।

पर अकाजु लतिग तनु परिहरही।
जिमि हिम उपल कृषि दलिगरही॥

(दुष्ट पुरुष अपने प्राण देकर भी दूसरे की हानि करते हैं। जैसे ओले स्वयं गलकर भी फसल को नुकसान करते हैं।)

और कुटिल व्यक्ति को चाहे आप कितना ही प्रेम करें और उसका चाहे कितना ही भला करें, पर वे सदैव आपकी हानि की ही चिंता करेंगे।

बायस पालहिं अति अनुरागा।
हो हि निरामिश कबहूँ कि कागा॥

(कौए को भला कितना ही दूध पिला कर प्रेम से पालो, वह कभी भी माँस खाना नहीं छोड़ सकता।)

सीताहरण में जैसे रावण अंत में स्वयं को छुपा नहीं सका, वैसे ही कुटिलता भी अन्ततः प्रकट हो ही जाती है। कपट अकेले भी किया जाता है और मिलजुल कर भी, परन्तु उसका उद्देश्य सामान्यतः बुरा ही होता है। चाणक्य राजनीति शास्त्र का महान पंडित था। उसने कुटिल व्यक्तियों को दुर्जन तथा दुष्ट बताते हुए कहा कि-

तक्षकस्य विषं दन्ते, मक्षिकायास्तु मस्तके।
वृश्चिकस्य विषं पुच्छे, सर्वांगे दुर्जने विषम्॥

(अर्थात् साँप के तो केवल दांतों में, मक्खी के मस्तक पर तथा बिच्छू की पूँछ में विष संचित होता है, परन्तु दुर्जन के सभी अंगों में विष भरा होता है।)

उसने दुर्जनों की प्रवृत्ति को आगे स्पष्ट करते हुए कहा कि -

दुर्जनस्य च सर्पस्य, वरं सर्पो न दुर्जनः
सर्पो दशति काले, तु दुर्जनस्य पदे पदे॥

(अर्थात् दुर्जन और साँप में से चुनना हो तो साँप को ही चुनें क्योंकि साँप तो अपनी रक्षा हेतु ही काटता है, परन्तु कुटिल व्यक्ति तो पग-पग पर दुःख देता है।)

चाणक्य ने आगे कहा कि दुष्टता की प्रवृत्ति पर अवस्था का भी असर नहीं होता-

वयसः परिणामेपि यः खलः एव सः।
सुपक्वमपि माधुर्य नोपयानीन्द्र वारूणम्॥

(अर्थात् दुष्टता की वृत्ति आयु प्राप्ति के साथ भी समाप्त नहीं होती। जैसे इन्द्रायण का फल पक जाने पर भी मीठा नहीं होता, उसकी कड़वाहट विद्यमान रहती है।)

कुटिलता की प्रवृत्ति समझने के बाद अब हम उसके सृजन को देखेंगे। कुटिलता या दुष्टता स्वभावगत होती है। इसका सृजन तो संस्कारगत माना जा

सकता है। परन्तु यह वंशगत नहीं है अन्यथा हिरण्यकश्यप के कुल में प्रह्लाद तथा रावण के कुल में विभीषण का जन्म नहीं होता। एक ही माता-पिता की कई संतानों में से एक का दुष्ट हो जाना प्राय: देखा जा सकता है। कुटिलता को पोषित करके भी पनपाया जा सकता है। कुटिलता के मूल में कभी ईर्ष्या, कभी द्वेष तो कभी घृणा देखी जा सकती है। सज्जन पुरुष भी किसी एक विशेष व्यक्ति के प्रति दुष्टता दिखा सकता है। इसका कारण उससे ईर्ष्या, द्वेष या वैमनस्य की भावना हो सकती है। सामान्यत: बदले की भावना के तहत कुटिलता खुल कर प्रकट होती है। कुटिलता की उपयोगिता को लेकर कहा जाता है कि युद्ध, राजनीति और प्रेम में सब कुछ जायज है। वास्तव में इसी कथन में कुटिलता की उपयोगिता का रहस्य छुपा है। कुटिलता में साधनों की पवित्रता का ख़्याल नहीं रखा जाता। कुटिल व्यक्ति के लिए परिणाम ही महत्त्वपूर्ण है, साधनों की पवित्रता नहीं। जो सफलता का पुजारी है वह कुटिलता को हथियार बना सकता है। मैक्यावेली एवं चाणक्य जैसे विद्वानों ने भी राजनीति में कुटिलता के उपयोग को उचित ठहराया है। कुटिलता दुष्ट व्यक्तियों का मुख्य अस्त्र होती है और कहा गया है कि 'जहर ही जहर को काटता है।' अत: कुटिलता को ही दुष्ट व्यक्तियों के विरुद्ध जंग में हथियार बनाया जा सकता है। वास्तव में संसार में विजातीय वृत्तियाँ इतनी बलवती है कि उन्हें सजातीय प्रवृत्तियों द्वारा और पवित्र साधनों के द्वारा जीता जा सकना आसान नहीं। इसी कारण से संसार में कुटिलता की उपयोगिता है। समय पड़ने पर देवताओं ने ही नहीं अपितु स्वयं ईश्वर ने भी कुटिलता की वृत्ति का उपयोग किया है। समुद्र मंथन के समय देवताओं ने छलपूर्वक अमृत कलश स्वयं के लिए हासिल किया। कृष्ण अवतार में कई अवसरों पर स्वयं ईश्वर ने युद्ध में विजय हेतु तथा दुष्टों के नाश हेतु छदम् तथा भेद नीति का सहारा लिया। महाभारत के युद्ध में द्रोण के वध हेतु कृष्ण ने युधिष्ठिर जैसे सत्यवादी से भी एक अर्धसत्य घोषित करवाया कि 'अश्वत्थामा हतो:, नरो वा कुंजरो वा।' जरासंध से युद्ध के समय कृष्ण ने भीम को एक तिनके को सीधी दो फाड़ करके यह इशारा किया कि जरासंध को कैसे मारा जाये, जो कि मल्ल युद्ध के नियमों के विपरीत था। महाभारत का पूरा युद्ध कुटिल साधनों के उपयोग की ही कहानी है जो एक अच्छे उद्‌देश्य को प्रतिपादित करती है कि बुरी प्रवृत्तियों के साथ युद्ध में साधनों की पवित्रता महत्त्वपूर्ण नहीं है क्योंकि यह युद्ध पवित्र साधनों से जीता नहीं जा सकता। चाणक्य ने दुष्ट व्यक्तियों से सुलटने का मार्ग बताते हुए कहा कि-

खलानां, कण्टकानां च द्विविधैव प्रतिक्रिया।
उत्थानान्मुखो भंगौ, वा दूरतो वा विसर्जनम्॥

(अर्थात् दुष्टों एवं काँटों से दो ही प्रकार का व्यवहार उचित है या तो उन्हें पैदा होते ही पूरी तरह से कुचल दें या फिर इनसे दूर ही रहें।)

यद्यपि महात्मा गाँधी, ईसा मसीह, गौतम बुद्ध आदि महापुरुषों ने दुष्टों के साथ युद्ध में भी साधनों की पवित्रता पर जोर दिया और कहा कि दुष्टता का दमन अच्छाई से किया जा सकता है। शायद यह संभव हो पर सामान्यतः यह संभव नहीं और हमेशा यह संभव नहीं। दुष्टों पर यदि क्रोध और हिंसा न की जाये तो दुष्टता तो फैलती ही है। यह बात और है कि पापों का घड़ा भरने पर फट ही जाता है। दुष्टता के प्रति की गई अहिंसा अथवा दुष्टता का प्रतिकार नहीं करना कायरता ही कही जा सकती है। क्षमा भी वीरों का ही आभूषण है, कायरों का नहीं। परन्तु कुटिलता पर नियंत्रण आवश्यक है।

अगर आपके मन में भी कभी कुटिलता के विचार आते हैं तो सर्वप्रथम यह देखें कि उस कुटिलता की कोई उपयोगिता भी है अथवा नहीं। यदि वह अनुपयोगी है और दूसरों को अनावश्यक कष्ट देने से प्रेरित है तो उसे बलपूर्वक रोकें। परन्तु यदि वह प्रतिकार स्वरूप है तथा दुष्टता के प्रति है तो उसे सोच-समझकर संपादित करें तथा सीमित रखें। उद्‌देश्य में सफल होने के बाद उसे जड़-मूल से निकाल दें। सांसारिक व्यवहार में यदि कुटिलता की प्रवृत्ति का नियंत्रित उपयोग अथवा सदुपयोग कोई व्यक्ति कर सकता है तो वह चाणक्य के समान सफल माना जा सकता है। परन्तु उद्‌देश्यहीन तथा अनुपयोगी कुटिलता अवश्य ही उसे रावण या कंस की तरह राक्षस भी घोषित करवा सकती है। अतः इस प्रकार की दुष्टता या कुटिलता से बचें। याद रखें कि बाली को मारने हेतु सतयुगी राम ने भी छदम् नीति का सहारा लिया था, परन्तु फिर भी उन्हें ईश्वर पद प्राप्त हुआ क्योंकि उनकी यह कुटिलता अच्छे उद्‌देश्य के लिए थी। बुरे उद्‌देश्य के लिए तो साधुपन की सज्जनता भी बुरी ही मानी जाती है जैसे बगुले द्वारा एक टांग पर खड़ा होने का ढोंग कर मछलियों का शिकार करना। अतः अनावश्यक छल, कपट, पाखंड, झूठ, द्वेष, धूर्तता आदि से सदैव दूर रहें एवं यदि मन में कभी ऐसी भावनाएं आएँ तो उन्हें अपने व्यक्तिगत स्वार्थ से कभी न जोड़ें क्योंकि ऐसा करने से आपका पतन निश्चित है। इन भावनाओं का उपयोग तभी आवश्यक है, जब अत्याचार या दुष्टता के विरुद्ध युद्ध चल रहा हो जैसे 'महाभारत' के समय हुआ था। कृष्ण तो अवश्य बनें पर कंस नहीं, राम तो अवश्य बनें पर रावण नहीं। यही अनुशंसित है।

9

घृणा एवं हिंसा

इस अध्याय में हम पहले 'घृणा' और फिर 'हिंसा' का जिक्र करेंगे। किसी वस्तु के उपभोग के प्रीतिकर अनुभव से उस वस्तु के प्रति लोभ, प्रेम तथा मोह जनित होता है। ठीक इसके विपरीत वस्तुओं अथवा प्राणियों से प्राप्त अप्रीतिकर अनुभव से उन वस्तुओं अथवा प्राणियों के प्रति 'घृणा' तथा नफरत उत्पन्न होती है। अतः घृणा पसंद न आने वाले व्यक्ति, प्राणी, वस्तु, अनुभव की प्रतिक्रिया स्वरूप जन्मी भावना का नाम है। उदाहरणार्थ बदबू से घृणा, कुरूपता से घृणा, कड़वाहट से घृणा, पाप से घृणा आदि-आदि। घृणा एक जन्मजात भावना नहीं है। यह स्वभावगत पैदा होती है। इसलिए हर व्यक्ति के घृणा के विषय अलग-अलग होते हैं। इस भावना को प्रयास द्वारा दबाया जा सकता है। बहुत समय तक अभ्यस्त होने पर सामान्यतः अप्रिय वस्तु भी प्रिय हो सकती है। जैसे मछलियों की गंध सामान्यतः प्रिय नहीं होती, पर मछुआरों को उस गंध का अहसास ही नहीं रहता। उनको शायद तब अप्रिय लगे जब वह गंध नही हों। यदि मछुआरे को माली के यहाँ रहने को कहा जाए तो शायद वह फूलों की गंध से परेशान हो जाए। ऐसे ही यदि किसी तेली को किसी गंधी के यहाँ सोने को कह दिया जाये तो उसे भी शायद नींद नहीं आए। इसलिए कहा जा सकता है कि हर वस्तु से हर प्राणी को घृणा नहीं होती। धर्मात्मा पापों से घृणा करता है, परन्तु पापी को उनसे घृणा नहीं अपितु मोह हो जाता है। घृणा आवश्यक नहीं कि सिर्फ बुरी या अप्रिय वस्तुओं से ही हो। घृणा तो अच्छी वस्तुओं से भी हो सकती है। अतः यह ऋणात्मक वृत्ति दोनों तरफ (अच्छे या बुरे) से लड़ती प्रतीत होती है। परन्तु घृणा की वृत्ति वास्तव में विजातीय वृत्ति ही है। यह श्रद्धा अथवा मोह की विपरीत मानसिकता है और किसी भी पक्ष को (घृणा करने वाले तथा घृणा के

विषय) लाभप्रद नहीं होती। इसका प्रभाव घृणा के कारण पर तो कम और घृणा करने वाले पर ज्यादा होता है। अक्सर जब हम अपने क्रोध को प्रकट नहीं कर पाते तो हम क्रोध के विषय से घृणा करने लगते हैं। क्रोध में तो क्रोध प्रकट करने पर मानसिक उद्वेग शान्त हो जाता है पर घृणा में मानसिक उद्वेग इतना अधिक हो जाता है कि हम घृणा के विषय पर बात करना, उसे देखना, या उसे दुबारा महसूस करना ही नहीं चाहते। घृणा कई बार केवल जातिगत, वर्णगत अथवा वर्गगत भी होती है और ऐसी घृणाएं केवल एक व्यक्ति की नहीं अपितु पूरे समाज की हानि करती हैं। जैसे मुस्लिमों की बुतपरस्तों तथा बौद्धों से घृणा। इसी घृणा के तहत कट्टरवादी मुस्लिम जहाँ-तहाँ मूर्तियाँ तोड़ते और उनका अपमान करते नजर आते हैं। घृणा की प्रवृत्ति वास्तव में संकीर्णता का प्रतिपादन करती है। उच्च वर्ण के लोगों की निम्नवर्ण के प्रति घृणा, सफेद वर्ण के लोगों की काले अथवा भूरे वर्ण के लोगों के प्रति घृणा आदि सब इसी संकीर्णता की मिसालें हैं। इस प्रकार की घृणा की जड़ में अक्सर अहंकार ही मौजूद होता है। वह अहंकार या तो अपने धर्म, समाज, वर्ग अथवा वर्ण की श्रेष्ठता का अहंकार होता है या फिर स्वयं को आर्थिक, नैतिक या शारीरिक तौर पर उच्च समझने का अहंकार। घृणा भी क्रोध के समान घृणा को ही उत्पन्न करती है। अधिक मात्रा में आने पर घृणा, क्रोध एवं वैमनस्य का भी कारण बन जाती है। पिता की अधर्म-मृत्यु से उपजी अश्वत्थामा की घृणा ने उसे पाण्डवों के विनाश का दूत बना दिया। अगर श्रीकृष्ण ने नहीं रोका होता तो वह उत्तरा के गर्भ में स्थित अभिमन्यु के पुत्र को भी मार देता और पाण्डव सर्वथा संतान विहीन हो जाते। जिस प्रवृत्ति के असर से मनुष्य अश्वत्थामा जैसा जानवर बन जाए वह अच्छी तो कभी नहीं हो सकती। घृणा की आग में भी मनुष्य वैसे ही जलता है जैसे वह चिंता की आग में जलता है। घृणा की आग तो साक्षात दावानल होती है, परन्तु घृणा की दाह्यता सदैव एक समान नहीं होती। उसकी अधिकता इस बात पर निर्भर करती है कि उसके उदय का कारण कितना प्रभावी है। अगर घृणा के विषय ने उसके पात्र का कोई बड़ा नुकसान किया है तो घृणा की मात्रा अधिक होगी अन्यथा कम।

संस्कारी मनुष्यों में घृणा कम होती है, जबकि असंस्कारियों में अधिक। हमने अब तक घृणा की प्रकृति तथा स्वरूप देखा और यह भी देखा कि इसका सृजन कैसे होता है। अब हम यह देखेंगे कि इस वृत्ति की उपयोगिता क्या है। घृणा अगर अनुपयोगी वस्तुओं अथवा अनुभवों के प्रति है तो उसे हम प्रशंसनीय मान सकते हैं। यह तब तक भी समाज के लिए नुकसानदायक नहीं जब तक कि इसके विषय सामान्य इंद्रिय विषय यथा रूप, रस, गंध, स्वाद, स्पर्श इत्यादि है। क्योंकि

किसी विषय विशेष के प्रति घृणा का असर केवल घृणा करने वाले पर ही होता है पूरे समाज पर नहीं, या घृणा के विषय पर भी नहीं। परन्तु घृणा जन उपयोगी तब ही बनती है जब यह समाज के लिए घातक व्यक्ति, संस्था, वस्तु, प्राणी इत्यादि के प्रति हो। जैसे बुरे कर्मों के प्रति घृणा, दुष्ट व्यक्तियों के प्रति घृणा, दुष्टता के प्रति घृणा इत्यादि। परन्तु फिर भी घृणा उतनी जन उपयोगी नहीं जितना क्रोध हो सकता है। क्योंकि क्रोध में उसके विषय से प्रतिकार अथवा उसके विनाश की क्षमता होती है, घृणा में नहीं। क्रोध प्रतिकार करवाता है, जबकि घृणा परे हटाती है। सामान्यतः घृणा की उपयोगिता भी व्यक्तिगत होती है। किसी भी विजातीय वृत्ति से घृणा होने से उस व्यक्ति का तो उत्थान हो सकता है, परन्तु पूरे समाज का नहीं। परन्तु व्यक्तियों से मिलकर ही समाज बनता है। अतः एक समाज के सभी व्यक्ति यदि विजातीय वृत्तियों से घृणा करने लगे तो उस समाज का उत्थान भी निश्चित है। घृणा यदि विजातीय वृत्तियों से की जाती है तब तो अच्छा है, परन्तु यदि घृणा विजातीय वृत्ति वाले व्यक्तियों अथवा प्राणियों से की जाने लगे तो उसका कोई विशेष उपयोग नहीं। इसलिए कहा जाता है कि–

घृणा पाप से करो पापियों से नहीं।
घृणा कोढ़ से करो, कोढ़ियों से नहीं॥

घृणा यदि पापियों से या रोगियों से की जाएगी तो फिर उनका उपचार कैसे होगा। निंदनीय चोर नहीं होता, चोरी करने की प्रवृत्ति होती है। इसलिए कहा जाता है कि–

चोर को नहीं चोर की माँ को मारो।

यहाँ चोर की माँ चोरी की प्रवृत्ति ही है, उसकी जन्मदात्री माँ नहीं। घृणा के आधिक्य का नाम 'वितृष्णा' भी होता है। वितृष्णा वास्तव में तृष्णा का विलोम है। अच्छी वस्तु की वैसे तो सभी को चाह होती है, परन्तु उसके आधिक्य से उस वस्तु की तृष्णा, वितृष्णा में बदल सकती है। यह वितृष्णा तब सर्वाधिक उपयोगी होगी जब चोर को चोरी से या पापी को पाप से हो जाए। इस स्थिति में ग्लानि तथा पश्चाताप होने लगता है जो विकारों को मूल से ही नष्ट कर देता है। अतः जिस रोज शैतान को अपने ही कृत्यों से घृणा हो जाएगी, उस रोज इस अच्छे-बुरे की लड़ाई का अंत हो जायेगा और सभी को जीवित मोक्ष प्राप्त हो जाएगा। परन्तु ऐसा तो कयामत के दिन तक भी संभव नहीं क्योंकि शैतान को स्वयं ईश्वर ने अपना खेल खेलने की तब तक की मोहलत जो दी है। घृणा पर अवश्य ही नियंत्रण किया जाना चाहिए। उसे निर्देशित कर उसको संतुलित कर उसे उपयोगी बनाओ तथा उसे व्यक्ति, प्राणी, वस्तु से हटा कर बुरी वृत्तियों पर केन्द्रित कर उनका समूल नाश करो इसी में भलाई है। यदि किसी व्यक्ति पर किसी कारण घृणा

आती है तो उसे सुधारने की कोशिश करें और उसमें स्थित घृणा के कारण को दूर करने का प्रयत्न करें। इससे उसका तो भला होगा और आपको आत्मिक शांति प्राप्त होगी। अगर कभी आवश्यक हो जाये तो घृणा की ऊर्जा को क्रोध में परिवर्तित करके उसका नियंत्रित उपयोग दोषी को दंडित करने में करें। इससे समाज का तो भला होगा ही, आपको भी सफलता तथा यश प्राप्त होगा। अन्यथा घृणा आपकी मानसिकता को विकृत कर सकती है। व्यक्तिगत स्वार्थ से कभी भी अच्छे व्यक्ति, वस्तु, प्राणी अथवा वृत्ति से घृणा न करें क्योंकि यह न केवल आपकी, अपितु पूरे समाज की हानि कर सकता है। जैसे दावानल पूरे जंगल को राख कर देती है, ठीक वैसे ही ऐसी घृणा पूरे समाज का नैतिक पतन कर देती है।

परानुभूति का विपरीत शब्द है घृणा/विरुचि या दुर्भावना, इस मायने में हम परानुभूति को सद्‌भावना भी कह सकते हैं। सद्‌भावना या परानुभूति, सामान्यतः अपराधियों में नहीं पायी जाती। बलात्कार करने वाले, बच्चों के साथ अनाचार करने वाले, आतंकवादी यह सभी अपराधी लेश मात्र भी परानुभूति अपने शिकार के प्रति नहीं रखते। इस सद्‌भावना के न होने से वे अपने शिकार के प्रति एक झूठी सोच बना लेते हैं। बलात्कारियों की यह सोच रहती है कि औरतें बलात्कार करवाना चाहती हैं। और अगर वे बलात्कार का विरोध कर रहीं हैं तो केवल इस लिये कि उनके साथ और भी सख़्ती से व्यवहार किया जाये। ऐसा ही उस बच्चे के माता-पिता सोचते हैं जिसके साथ वे दुर्व्यवहार कर रहे होते हैं कि इससे बच्चा सख़्त अनुशासन में रहेगा। अपराध करने वाला पहले तो अवसाद और अकेलेपन से ग्रसित होता है और फिर उसे क्रोध आने लगता है। फिर वह एक ऐसी कल्पना का सहारा लेता है जिसमें वह उस बच्चे या औरत के साथ संबंध बनाना चाहता है। लेकिन वह कल्पना साकार नहीं होती और उसको साकार करने के प्रयास में वह जबरदस्ती कर बैठता है। उस औरत या उस बच्चे के साथ ज्यादती, बलात्कार कर बैठता है। उसे तब उस औरत/बच्चे की भावनाओं की कोई परवाह नहीं रह जाती।

अपराधियों की इस श्रृंखला में जो मानसिक या मनोपराधी होता है, वह तो इतना खतरनाक होता है कि हर घृणात्मक कार्य पूरी हृदय हीनता के साथ कर सकता है। उसे अपने शिकार के तड़पने अथवा दुःखी होने से इतना आनन्द आता है कि बस पूछो मत। वह अपने शिकार के मनोभावों के साथ खेल करता है और नीरो के समान उनकी मौत की खुशी मनाता है। इन लोगों को ठंडे रक्त वाला अपराधी कहा जाता है और इनके द्वारा की गई हिंसा सोची-समझी गई और भली प्रकार संपादित की गई होती है। यही मानसिक दशा आतंकवादियों की होती है। हृदयहीनता की जैव भौतिकी यह है कि हृदयहीन व्यक्ति की लिम्बिक तंत्रिकाएं

किसी भी भावना उद्वेलित करने वाले शब्द से प्रभावित नहीं होती। उसे न हत्या शब्द सुन कर कुछ स्पन्दन होता है न प्रेम शब्द सुन कर। उनकी वर्बल कार्टेक्स और लिम्बिक दिमाग के बीच की तंत्रिकाएं, जो भावनाओं को देखने तथा समझने में सहायक होती है बिल्कुल काम नहीं करती। उनकी अमाइग्दला तथा उससे जुड़ी तंत्रिका तंत्र की सभी क्रियायें बन्द हो जाती हैं और लिम्बिक दिमाग से भावनाओं को समझने की शक्ति खत्म हो जाती है। ऐसे लोगों को डरावनी परिस्थितियों में डर और करुणाजन्य परिस्थितियों में करुणा दोनों ही नहीं उपजती। बिजली का झटका देने पर भी उन्हें डर या घबराहट/परेशानी नहीं होती, दर्द नहीं होता। बचपन में यदि किसी के दिमाग में किसी जाति विशेष या धर्म विशेष के लिये दुराव भर दिया जाये, जैसे मुस्लिम आतंकवादियों के दिमाग में हिन्दुओं अथवा ईसाईयों या यहूदियों और यहूदियों के दिमाग में मुस्लिमों के लिए भर दिया जाता है, तो बड़े होकर वे उस जाति/धर्म विशेष के कट्टर शत्रु बन जाते हैं। एक धर्म/जाति विशेष के साथ का लगाव आगे चलकर दूसरे धर्मों/जातियों के साथ 'दुराव' और गहराने पर 'घृणा' पैदा करता है। ऐसा विशेषतया तब होता है जब दोनों जातियों अथवा धर्मों में सैद्धान्तिक विलगाव हो या फिर राजनैतिक या किसी भौगोलिक कारण से दुश्मनी रही हो।

पूर्वाग्रह/दुराव का जन्म तो बचपन में होता है, लेकिन उस पूर्वाग्रह/ दुराव को सही सिद्ध करने के कारण मनुष्य युवा होने पर ढूँढ़ लेता है। इसका सबसे सटीक उदाहरण रंग भेद का है। गोरी चमड़ी वालों को काली व भूरी चमड़ी वालों से दुराव रहता ही है। इसके पीछे गौर वर्ण वालों में मौजूद गोरे रंग के होने से श्रेष्ठ होने की भावना है। यह भावना गौर वर्ण वालों के दिल में जन्म के तुरंत बाद ही से आनी शुरू हो जाती है और पारिवारिक संस्कारों से गहराती जाती है। ऐसे ही काले रंग वालों में गौर वर्णी बालकों को देख कर एक हीनता की भावना घर कर लेती है जो समाज में होने वाली प्रताड़नाओं के साथ बढ़ती जाती है। इस प्रकार गौर वर्ण/श्याम वर्ण के लोग एक-दूसरे से प्रतिस्पर्धा, दुराव तथा घृणा रखने लग जाते हैं जिसे वर्ण भेद के नाम से जाना जाता है।

मानसिक अनुशासन से इस दुराव/दुर्भावना को कम किया जा सकता है, लेकिन एक बार मन में आ जाने पर यह बिल्कुल दूर नहीं हो सकती। यह पक्षपात के रूप में उनके दिमाग में सदैव रहेगी। कोई भी धर्मावलम्बी अगर सरकार में नियुक्ति करेगा तो अन्य धर्म के लोगों की अपेक्षा अपने धर्म के लोगों को प्राथमिकता देगा। जातिवाद, क्षेत्रवाद और धर्म के प्रति अपनत्व यह सब सामाजिक समस्यायें इसी पक्षपात के कारण पैदा होती है। इस झुकाव के चलते आदमी अगर स्वयं कुछ नहीं भी करेगा तो भी किसी दूसरे को झुकाव के साथ

कार्य करने की छदम् अनुमति दे देगा। ऐसा कई नेताओं ने/अधिकारियों ने अपने झुकाव के चलते किया है और उनकी छद्म अनुमति से अन्य लोगों ने अत्याचार/ अनाचार/दुराचार/ज्यादतियां आदि की हैं। पक्षपात के चलते सामने होते हुए अनाचारों से विमुख होना या आँख फेर कर बैठना स्वयं अपने आप में अपराध है। परन्तु इस बात का इन लोगों पर कोई असर नहीं होता। भेदभाव और दुर्व्यवहार इन दोनों ही चीजों के लिए यही पक्षपात की भावना कार्य करती है। इसी पक्षपात के कारण मनुष्य के मन में 'प्रन्याय' की स्थिति उत्पन्न होती है जिसके चलते वह न्याय करने में समर्थ नहीं रह जाता। इस पूर्वाग्रह की भावना को पूर्णतः खत्म नहीं किया जा सकता लेकिन इस पर स्वतः अंकुश लगाया जा सकता है और बाहर से नियंत्रण भी किया जा सकता है। यही अनुशंसित भी है।

अब हम हिंसा की प्रवृत्ति पर आते हैं। हिंसा की वृत्ति जन्मजात तथा स्वभावगत दोनों प्रकार से सृजित होती है। पशुओं तथा जंगली जानवरों में हिंसा की वृत्ति जन्मजात होती है। परन्तु मनुष्यों में यह जन्मजात से अधिक, स्वभावगत होती है। ईश्वर ने आवश्यकता के अनुसार हर प्राणी का शरीर बनाया। शेर क्योंकि हिंस्र स्वभाव का होता है, इसलिए उसे सशक्त शरीर, पैने दांत तथा नाखून दिए, परन्तु मृग का स्वभाव चंचल तथा भीरू होता है अतः उसे हिंसा हेतु कुछ भी नहीं दिया गया। मानव को सर्वोच्च कृति बनाने हेतु ईश्वर ने उसे बुद्धि तथा योग्यता दी और उसकी हिंसा की वृत्ति को कम कर दिया। थोड़ी-थोड़ी मात्रा में हिंसा प्रत्येक प्राणी करता ही है, फिर चाहे वह मृग ही क्यों न हो। हिंसा वह वृत्ति है जिसके तहत प्राणी अन्य प्राणियों अथवा वनस्पतियों की हत्या या नाश करता है। जीव मात्र के प्रति दया की विपरीत मानसिकता को ही हिंसा का नाम दिया गया है। स्वभावगत हिंसा को 'क्रूरता' का भी नाम दिया गया है, जो विशेष जाति के प्राणियों तथा विशेष वर्ग की वनस्पतियों में नैसर्गिक रूप से पायी जाती है। क्योंकि हिंसा की वृत्ति बहुधा पशुओं में पायी जाती है, अतः मानवों में उपलब्ध होने पर इस भावना को 'पशुता' की संज्ञा भी दी जाती है। हिंसा की वृत्ति में हिंसक को अपने शिकार के प्रति दया की कोई भावना नहीं रहती। कहा जाता है कि, **घोड़ा यदि घास से यारी करेगा तो खाएगा क्या?**

अतः भोजन और भोक्ता में कोई दोस्ती संभव है ही नहीं। मानव भी प्राथमिक रूप में एक पशु ही है। उसने स्वयं की बुद्धि को परिष्कृत कर, अपनी पशुओं से एक अलग पहचान बना ली परन्तु क्या हिंसा की प्रवृत्ति से वह पूर्णतः विलग हो सका? इसका उत्तर है-नहीं। वास्तव में वह ज़ब अविकसित था तब तो उसकी हिंसा के हथियार साधारण थे यथा नाखून, पत्थर इत्यादि, परन्तु विकास के साथ-साथ उसके हथियार परिष्कृत तथा और अधिक मारक होने लगे। उसकी

क्रूरता, बर्बरता इत्यादि पाशविक वृत्तियाँ तो वास्तव में बढ़ती ही गईं। उसने अपनी बुद्धि का उपयोग भी प्रकृति के सभी साधनों के दोहन में किया। आजकल वह संपूर्ण चराचर जगत पर हिंसा करता है। जंगलों का काटना तथा फसलों का काटना वनस्पतियों पर हिंसा है। बैल, गाय, भैंस, बकरी, सुअर, मुर्गी आदि को दूध, अण्डे तथा माँस के लिए उपयुक्त करना इन प्राणियों के प्रति हिंसा है।

घोड़ा, बैल, गधा, ऊँट, खच्चर, याक, कुत्ता इत्यादि पर सवारी करना तथा उन्हें भार ढ़ोने पर लगाना भी उनके प्रति हिंसा ही है। शेर, चीता, भालू, हाथी आदि जंगली जानवरों को चिड़ियाघरों में कैद करना तथा सर्कसों में उनके करतब दिखाना भी एक प्रकार की हिंसा ही है। सारांश में यदि देखा जाये तो मानव का सम्पूर्ण विकास ही इसी प्रकार की विभिन्न हिंसाओं में निहित रहा है। अब तो मानव अपने साथियों के प्रति जातिगत, धर्मगत, वर्गगत, वर्णगत तथा क्षेत्रगत हिंसाओं में गले तक डूबा मानवता को कलंकित कर रहा है। लेकिन मानव से ईश्वर ने यह अपेक्षा नहीं की थी। ईश्वर ने मानव से तो यह अपेक्षा की थी कि वह दूसरे प्राणियों की भी रक्षा करेगा। मानवता का सबसे बड़ा धर्म ही अहिंसा है। (**अहिंसा परमोधर्मः**) ईश्वर ने तो राक्षसों का भी एक ही धर्म नियत किया था कि दया करो। **दं इति दयधवम्** इसलिए कहा गया है कि–

दया धर्म का मूल है, पाप मूल अभिमान।

समर्थ प्राणी यदि दया नहीं करेगा तो फिर निरीह प्राणियों को बचाएगा कौन? सम्राट अशोक युवावस्था में बहुत क्रूर था। राज्य की प्राप्ति हेतु उसने अपने 99 भाईयों को मार डाला। हिंसा उसके सिर पर सवार हो गई। वह मगध का सम्राट बना तब कलिंग के राज्य की स्वतंत्रता उसकी आँख की किरकिरी बन गई, वह कलिंग को जीतने हेतु बेचैन हो गया। उसने कलिंग की जीत दोनों पक्षों के एक लाख सैनिकों का वध होने पर हासिल की। वह साक्षात 'काल' बन गया। पर कलिंग जीत के बाद लाशों के ढेर पर खड़ा अशोक स्वयं में एक रिक्तता देखने लगा क्योंकि कलिंग के राज्य में अब उसके लिए हासिल कर लेने जैसा कुछ बचा ही नहीं था। वहाँ उसके लिये एकमात्र घृणा ही बची थी। ऐसे वक्त में आचार्य उपगुप्त द्वारा दिखाया गया अहिंसा का मार्ग उसे अमृत सदृश लगा तथा वह 'अमन का फरिश्ता' बन गया।

सम्राट 'नीरो' हिंसा की वृत्ति में शैतान के समकक्ष था। उसने व्यक्तियों को तब मारा जब वे सोच भी नहीं सकते थे कि मौत उनको उसी समय खत्म कर देगी। वह ऐसी दर्दनाक मौतों पर हँसता था तथा कहता था कि–

मृत्यु आनन्द के अतिरेक में मनुष्य को जकड़ लेती है।

उसने तो तब बांसुरी बजाई जब रोम जल रहा था। नीरो वास्तव में बीमार मानसिकता से ग्रसित था तथा हिंसा की पाश्विक वृत्ति का एक आदर्श उदाहरण था। हिंसा का यही रूप सबसे अधिक निंदनीय है। डाकू अंगुलीमाल केवल इसलिए मनुष्यों को मारता था कि उसके गले में पड़ी मानव अंगुलियों की माला लंबी हो सके। अर्थात् व्यर्थ की हिंसा! एक सनकी व्यक्ति द्वारा अपनी सनक पूरी करने हेतु हिंसा! जैसे तालिबान तथा अलकायदा का वर्ल्ड ट्रेड सेंटर पर किया गया अमानवीय आक्रमण। अपने इस रूप में हिंसा को 'दरिंदगी' कहा जाता है तथा ऐसे हिंसक इंसानों को 'दरिंदा'। धार्मिक उन्माद में ऐसी 'दरिंदगी' आजकल 'आतंकवाद' के रूप में पूरे विश्व में फैली हुई है और व्यक्ति नहीं अपितु पूरे के पूरे राष्ट्र तथा उनकी सरकारें इसकी पोषक बन गई हैं। केवल मात्र एक राजनैतिक उद्देश्य हेतु मानवता को कलंकित करते ऐसे राष्ट्र, उनकी सरकारें तथा वहाँ के नागरिक सभी बर्बरता तथा हिंसा के जीवित प्रमाण हैं। हिंसा शैतान का सबसे खतरनाक अस्त्र है और इसके चलने के बाद शैतान ईश्वर से अवश्य कहता होगा कि-

फरियाद है किसलिए, दरे-यज्दाँ पर।
इल्जाम क्यूँ तराशते हो शैताँ पर॥
यज्दाँ ने किये, कभी ना शैताँ ने किये।
इंसाँ ने किये हैं सितम जो इंसां पर॥

(त्रिलोकचन्द महरूम)

(ईश्वर के दरबार में क्यों पुकार करते हो,
शैतान पर क्यों दोष मढ़ते हो।
न तो कभी ईश्वर ने किये हैं और न शैतान ने,
उतने सितम इंसान पर, जितने इंसान ने किये हैं।)

इंसान ने दरिदों के चलन सीख लिये।
अतवारे-रजा-ए-अहरमन सीख लिये॥
अपने इल्मो हुनर पै खुश है नादान।
बर्बादिए-दो जहाँ के फन सीख लिए है॥

(त्रिलोकचन्द महरूम)

(इंसान ने दरिदों के कार्य करने सीख लिये हैं,
दरिंदगी और घृणा के सारे तौर-तरीके सीख लिये हैं।
अपने ज्ञान और निपुणता पर वह नादान खुश है,
उसे नहीं मालूम कि उसने स्वयं के विनाश का तरीका सीख लिया है।)

हमने अब तक देखा कि हिंसा की प्रवृत्ति का स्वरूप क्या है, उसकी प्रकृति

क्या है, उसका सृजन कैसे होता है तथा उसने संसार में कैसे-कैसे प्रपंच रचाए हैं। अब हम देखेंगे कि क्या हिंसा की कोई उपयोगिता भी है। मान लीजिए, अगर हिंसा की वृत्ति नहीं होती तो क्या शेर मृगों का शिकार करता? क्या मानव प्राणियों अथवा वनस्पतियों पर किसी भी प्रकार की हिंसा करता? और क्या प्रकृति में भूकम्प, बाढ़, प्रलय, महामारी इत्यादि आती? इन सभी प्रश्नों का उत्तर है-नहीं। और इसी उत्तर में हिंसा की उपयोगिता छुपी है। मरण धर्मा इस सृष्टि में सभी वस्तुएं नाशवान हैं। प्रकृति में भोज्य एवं भोक्ता का एक बेहतरीन सामंजस्य है। शेर द्वारा मृगों के शिकार व मृगों द्वारा वनस्पतियों का उपयोग इसी पर्यावरणीय-सामंजस्य के उदाहरण हैं। इसे स्वयं ईश्वर ने बनाया है। समस्त प्राकृतिक विपदायें यथा बाढ़, तूफान, भूकम्प, महामारी आदि सब ईश्वर ने बनाई हैं। यह ईश्वरीय हिंसाएँ वास्तव में सृष्टि के नियमन के साधन हैं जिनसे प्रकृति का संतुलन बना रहता है। तो हिंसा की भी उपयोगिता तो है। यह सर्वथा अनुपयोगी तो नहीं। तब इसमें गलत क्या है? इसमें गलत है बिना सोचे-समझे की गई हिंसा। अपने प्राकृतिक स्वार्थ यथा भोजन प्राप्त करने हेतु की गई हिंसा तो सार्थक है, परन्तु अप्राकृतिक हिंसा सार्थक नहीं। अनावश्यक हिंसा भी सार्थक नहीं तथा हिंसा का अतिरेक भी विनाशकारी है। सर्वाधिक सार्थक हिंसा है, अच्छे उद्देश्य हेतु दुष्ट व्यक्तियों, प्राणियों तथा वृत्तियों के प्रति की गई हिंसा। इससे आपको आत्मतुष्टि तथा लोक प्रशंसा दोनों प्राप्त होते हैं। लेकिन सामान्य परिस्थितियों में तो प्राणिमात्र के प्रति की गई दया ही कल्याणमयी है। इस संसार के सभी प्राणियों (चर) तथा पदार्थों (अचर) में ईश्वर का अस्तित्व है। वही भोज्य है तथा वही भोक्ता। उसने भोजन की आवश्यकता का निर्माण किया है तथा उसी ने भोजन का भी निर्माण।

उसी ने मृत्यु का निर्माण किया है। अतः प्राकृतिक मौत तो हिंसा नहीं। उसी ने दुष्टता की वृत्ति बनाई है और उसी ने हिंसा का निर्माण किया। तो जहर यदि जहर को काटने में काम लिया जाये तो उसमें भी कुछ अनुचित नहीं। अनुचित तब है जब जहर का प्रयोग स्वार्थवश किया जाये, अनावश्यक किया जाये तथा बिना किसी औचित्य के लिए किया जाये। अतः हिंसा को सामान्यतः रोकें तथा उचित अवसरों पर उसका उपयोग करें। महाभारत में बहुत हिंसा हुई पर फिर भी उसे धर्मयुद्ध कहा गया। रामायण के युद्ध में भी हिंसा हुई पर उसे भी धर्मयुद्ध कहा गया। इसे सदैव याद रखें तथा धर्म के पालन हेतु यदि आवश्यक हो तभी हिंसा करें अन्यथा नहीं। यही अनुशंसित है।

10

आलस्य/उदासीनता

अब अन्त में एक ऐसी ऋणात्मकता का जिक्र करूंगा, जो दिखती तो एकदम निठल्ला है, परन्तु बहुत पराक्रमी है। जिसके हाथों में हथियार तो नहीं, परन्तु जिसके वार घातक हैं। वह वृत्ति है, 'आलस्य' या 'प्रमाद'। कार्यों को न करने की मानसिकता का नाम ही प्रमाद तथा आलस्य है। गीता में इसे 'अकर्मण्यता' का नाम दिया गया है। यह भी मानव मन की एक स्वाभाविक वृत्ति है कि कर्म तो बिल्कुल न करना पड़े और फल आशा से भी अधिक प्राप्त हो जाए। यानी **हींग लगे न फिटकरी, रंग चोखो आ जाए।** आलसियों की साधना भी हठ योग से कम नहीं होती। कोई आलसी खाना पड़े होने पर भी और भूख लगी होने पर भी, खाना केवल इसलिए नहीं खाता कि खाना उठाकर मुँह में रखने का कष्ट कौन करे। दूसरा आलसी उस कुत्ते को भी इसलिए नहीं हटाता जो उसका मुँह चाट रहा है कि इतनी जेहमत कौन करे। आलसी अगर कहीं बैठ गया तो फिर उठने की जेहमत नहीं करता। आलसियों के बारे में कहा जा सकता है कि-

अपने आलस्य को हम हरगिज भुला सकते नहीं।
सिर कटा सकते हैं लेकिन सिर हिला सकते नहीं॥

और उनके दर्शन एवं कार्य पद्धति को इस प्रकार व्यक्त किया जा सकता है कि-

आज करे सो काल कर, काल करे सो परसों।
जल्दी-जल्दी क्या करता है, जीना है अभी बरसों॥

यह नकारात्मक वृत्ति यदि वीर को ग्रसित कर ले तो उसकी वीरता खत्म कर देगी, उद्यमी से उसका उद्यम छीन लेगी और धनी से उसका धन छीन लेगी।

सजातीय वृत्तियों की समस्त सेना को केवल यह ऋणात्मक वृत्ति बिना लड़े ही क्षण मात्र में हरा देगी क्योंकि इसके आते ही सम्पूर्ण सेना हाथ पर हाथ धर कर बैठ जाएगी, युद्ध को जहमत समझेगी और हँसते-हँसते आत्मसमर्पण कर देगी। आलस्य यह सब करेगा और आप को लगेगा भी नहीं कि कुछ हुआ। कर्महीन तथा आलसी मनुष्य उस शेखचिल्ली के समान है जिसे अपनी हानि से भी कोई परहेज नहीं होता केवल कर्म करने से घृणा होती है। अकर्मण्यता का रोग तो यदि चोर को भी लग जाए तो वह उसे भी बर्बाद कर देगा। 'रहीमदास' जी ने कहा है कि-

करमहीन रहिमन लखौ, धँसो बड़े घर चोर।
चिन्तत ही बड़ लाभ के, जागत ह्वैगो भोर॥

आलस्य की भावना के तहत मनुष्य कर्म से उदास हो जाता है और व्यर्थ में समय बर्बाद करने लगता है। वह समय का उपयोग ही सच्चा लाभ है, यह बात भूल जाता है। कर्महीनता की यही वृत्ति मनुष्य को भाग्यवादी बनाती है। इसकी अधिकता में मनुष्य बिना कुछ करे ही समस्त फल चाहने लगता है। चोरी, डकैती, ठगी इत्यादि कर्मों की प्रेरक शक्ति आलस्य की यही प्रवृत्ति है। मनुष्य यह सोचता है कि वह स्वयं मेहनत करके क्यों कमाए। दूसरे के द्वारा की गई कमाई को ही क्यों न हड़प ले। आसान कमाई की इसी वृत्ति के तहत मनुष्य लॉटरी खरीदता है, जुआ खेलता है, घुड़दौड़ में बाजी लगाता है, वर्ग पहेलियाँ हल करता है तथा चोरी, डकैती आदि करता है। परन्तु इन सब कामों में भी उसे कुछ तो करना ही पड़ता है। सोते हुए शेर के मुँह में शिकार स्वयं तो प्रविष्ट हो नहीं सकता। परन्तु आलसी तो यही चाहता है। इसलिए आलस्य की कोई उपयोगिता नहीं है तथा यह नकारात्मक वृत्ति मानी गई है। यदि कोई व्यक्ति अपंग होने के कारण कार्य न करे तो समझ में आ सकता है। परन्तु सक्षम होते हुए भी कोई यदि मात्र आलस्य के कारण काम न करे तो उसकी तो ईश्वर भी मदद नहीं कर पायेगा।

आलसी मनुष्य तो अपंग से भी बदतर स्थिति को प्राप्त होता है। अपंग तो फिर भी दया, करुणा तथा दान का अधिकारी होता है, परन्तु आलसी तो इनमें से किसी भी वस्तु की पात्रता नहीं रखता। आलस्य की क्या कोई उपयोगिता हो सकती है? शारीरिक तथा मानसिक आराम ही आलस्य की एकमात्र उपयोगिता है। अधिक कार्य करने से तन तथा मन दोनों थक जाते हैं। इसके पश्चात् आराम करना तथा निद्रा लेना आवश्यक हो जाता है। कहा गया है कि-

युक्ताहार विहारस्य, युक्त चेष्टस्य कर्मसु।
युक्त स्वप्नाव बोधस्य, योगो भवति दुःख हा॥

(अर्थात् परिमित आहार, परिमित कार्य, परिमित चेष्टा और परिमित निद्रा से ही योग सिद्ध होता है।)

अतः उचित समय पर तथा उचित मात्रा में नींद लेना आवश्यक है। अन्यथा शरीर तो बीमार हो जाएगा और मस्तिष्क अशान्त। निद्रा आलस्य का ही लक्षण है और इसी रूप में आलस्य की प्राणियों के लिए उपयोगिता भी है। परन्तु आवश्यकता से अधिक आराम तथा निद्रा ही आलस्य को जन्म देती है। अतः इससे बचना आवश्यक है। कर्म करना भी शरीर के लिए उतना ही आवश्यक है, जितना आराम करना। अकर्मण्यता की मानसिकता से दूर रहना ही श्रेयस्कर है। कर्म ही पूजा है। यह बात सदैव ध्यान रखें। गीता में कहा गया है कि-

'मा कर्मफल हेतु भूर्भाते, संगोसत्त्व कर्मणि।'

(अर्थात् फल में आसक्ति न रखने से तात्पर्य यह नहीं कि कर्म में श्रद्धा छोड़ दो)

चाणक्य ने कहा है कि-

आलस्योपहता विद्या।

(अर्थात् आलस्य से विद्या नष्ट हो जाती है।)

आलस्य से विद्या ही नहीं धन, पुण्य सभी गुण नष्ट हो जाते हैं, अतः इससे बचें। जवाहर लाल नेहरू रात के समय केवल पाँच घंटे सोते थे और शेष समय में वे काम करते थे। इसलिए उन्होंने कहा कि 'आराम हराम है'। आराम की उपयोगिता भी तभी तक है जब तक कि वह शारीरिक तथा मानसिक स्वास्थ्य हेतु आवश्यक हो। उसके बाद वही प्रकृति का नियम कि 'अति सर्वत्र वर्जयते।' आलस्य की मानसिकता आलसी को ही घेरती है। जो कर्म में श्रद्धा रखता है उसे आलस्य नहीं घेर सकता। अतः आलस्य से बचने हेतु निरंतर कर्म का चिंतन करें तथा उससे होने वाले लाभ को ध्यान में रखे। याद रखें कि-

समय लाभ सम लाभ नहीं, समय चूक समय चूक।
चतुरन चित रहिमन लगी, समय चूक की हूक॥

इसलिए चतुरता इसी में है कि आलस्य से यथासंभव बचें तथा समय का सदुपयोग करें। आलस्य का एक महत्त्वपूर्ण कारण है उदासीनता। वह एक मात्र भावना जिससे मनुष्य सदैव बचना चाहता है वह है उदासीनता। उदासीनता को दूर करने हेतु मनुष्य सभी प्रयत्न करता है। उदासीनता के कारण मनुष्य अपनी सारी खुशियाँ और सुख तथा सफलताएँ दरकिनार कर केवल अपनी हानि और विफलताओं के बारे में सोचता है और उन हानियों तथा विफलताओं से जूझने के उपाय भी नहीं सोच पाता। जब मनुष्य शोकग्रस्त होता है तो वह कुछ समय के

वास्ते सारे काम छोड़ देता हैं और केवल शोक मनाता है। परन्तु शोक मनाना एक विशेष परिस्थिति है और कुछ समय के लिए उपस्थित होती है, जबकि उदासीनता विशेष परिस्थिति नहीं अपितु रोग है। शोक की सांसारिक उपयोगिता है, परन्तु उदासीनता सर्वथा अनुपयोगी है।

उदासीनता में व्यक्ति हीनता की भावना से ग्रस्त हो जाता है, स्वयं को सर्वथा असमर्थ तथा व्यर्थ समझने लगता है, स्वयं से घृणा करने लगता है। उसकी मानसिक शक्ति का ह्रास हो जाता है, हर बात पर वह संदेह करता है, अपने को अलग-थलग महसूस करता है। किसी भी चीज पर ध्यान केन्द्रित नहीं कर सकता, बात-बात पर उलझन महसूस करता है। याद्दाश्त क्षीण हो जाती है। उसके मस्तिष्क में अराजकता और भटकन आ जाती है, विकार आ जाते हैं। उसकी नींद उड़ जाती है और वह स्वयं को असहाय तथा पंगु समझने लगता है। उसे न खाना खाने में रस आता है और न किसी अन्य वस्तु में। उसकी आशा का दीपक बुझ जाता है और वह निराशा के गर्त में उतर जाता है। उसका जीवन सिर्फ दर्द बनकर रह जाता है और वह आत्महत्या करने की सोचने लग जाता है। उदासीनता अब गहन अवसाद में बदल जाती है। उसे अस्पताल की शरण में जाना पड़ता है और मनोचिकित्सक से सलाह लेनी पड़ती है। प्रोजेक नामक औषधि इस बीमारी की चिकित्सा में सहायक होती है जिसमें फ्लूओक्सटीन नामक लवण के साथ दूसरे भी कई ऐसे लवण होते हैं जो इस रोग की दवा का काम करते हैं।

परन्तु हम यहाँ पर अवसाद की बजाय उदासीनता की चर्चा कर रहे हैं, जिसके लिए दवा से ज्यादा आत्म नियंत्रण की अधिक अहमियत है। पीड़ित व्यक्ति यदि चाहे तो स्वयं उसका इलाज कर सकता है। कई आत्म नियंत्रण के तरीके इलाज करने की अपेक्षा बीमारी को बढ़ा देते हैं। इनमें से एक तरीका है अलगाव का तरीका जो इस बीमारी को और गहरा देता है। इस बीमारी से सुलटने का सबसे आसान तथा प्रचलित तरीका है मिलनसारिता का। मिलने-जुलने, मनोरंजन के साधन अपनाने से उदासीनता अवश्य ही कम होती है। परन्तु यह तरीका सर्वथा कारगर नहीं है। व्यक्ति इससे कुछ समय के लिये उदासीनता को भूल सकता है। परन्तु यह भी हो सकता है कि वह भीड़ में भी अकेला रह जाये, हंसी-ठट्ठे के बीच भी उदास रह जाये। उदासीनता की चिन्ता उदासीनता को भीड़ और हंसी-ठट्ठे के बीच भी बढ़ा सकती है, उसकी अवधि को लम्बा कर सकती है। अतः उदासीनता का इलाज उसका कारण ढूंढकर उसका समाधान निकालने से होता है। उन स्थितियों को बदलना पड़ता है जिनके कारण उदासीनता की अवस्था आई। उदासीनता की मानसिकता, उसकी सोच शृंखला को बदलना

पड़ता है। यह 'वैचारिक इलाज' उदासीनता के इलाज का उतना ही कारगर तरीका है जितना दवा से इलाज। पहले तो सारे नकारात्मक सोच को निकाल कर उसे सकारात्मक सोच में तब्दील करना पड़ता है। नकारात्मक सोच शृंखला को चुनौती देनी पड़ती है, उसकी वैधता पर प्रश्न उठाने पड़ते हैं और उसके विरोध हेतु सकारात्मक विचार मन में लाने पड़ते हैं। दूसरी तरफ ध्यान बांटने के लिए मनोरंजन के कई तरीके अपनाने पड़ते हैं। यह काम मुश्किल है क्योंकि उदासीनता भी अमाइग्दला की अनियंत्रित क्रिया है और स्वतः जनित होती है। मस्तिष्क उसके आने के कारण को समझ सके, उस पर मन्थन कर सके, यह संभव नहीं है क्योंकि अमाइग्दला का यह स्पन्दन दिमाग के सोच और समझ तथा नियत्रंण वाले भाग की तरफ जाता ही नहीं। अतः उदासीनता की प्रवृत्ति अचानक आपको घेरती है। महाभारत युद्ध में इसी उदासीनता ने अर्जुन जैसे वीर योद्धा को तब घेरा जब दोनों तरफ की सेनाएं आपस में युद्ध करने को प्रस्तुत थीं और आमने-सामने थीं। कृष्ण ने तब उसे 'निष्काम कर्मयोग' का उपदेश दिया और उसकी अकर्मण्यता को अयोग्य ठहराते हुए आवश्यक क्षत्रिय कर्म (युद्ध) संपादित करने को कहा। यही कर्मयोग का उपदेश गीता का सार तत्त्व बना। कई लोग कहते हैं कि मनुष्य को अपनी नकारात्मक भावनाओं को दबाना नहीं चाहिए, अतः यदि व्यक्ति को उदासीनता या दुःख/अवसाद घेरे तो रो लेना चाहिए। वे कहते हैं कि दुःख को कम करने का प्राकृतिक उपाय है रो लेना।

यद्यपि रो लेने से थोड़ी देर की सांत्वना मिल सकती है, परन्तु रोना दुःख के कारण को तो समाप्त नहीं कर सकता। रोने से भावना द्रवित होती है, परन्तु दृढ़ भी होती है और दीर्घकालीन भी हो सकती है। कोई भी ध्यान परिवर्तन का उपाय रोने से ज्यादा कारगर होता है। अतः रोना उदासीनता को दूर करने का उपाय है, यह धारणा केवल मात्र भ्रम है।

कई बार व्यक्ति दुःख में इतना उदासीन हो जाता है कि दुःख के कारण को भूलने हेतु उसे मस्तिष्क पर हल्के बिजली के झटके दिये जाते हैं। इससे बीमार की याद्दाश्त थोड़े समय के लिए गुम हो जाती है। अब व्यक्ति को अपनी उदासीनता और दुःख का कारण ही याद नहीं रहता और वह बेहतर महसूस करने लगता है।

परन्तु यह उपाय तभी अपनाने योग्य है जब उदासीनता गहरा कर अवसाद की पराकाष्ठा पर पहुँच जाती है। सामान्य स्थिति की उदासीनता को दूर करने हेतु ध्यान बँटाने का उपाय सर्वश्रेष्ठ साधन है। कोई ऐसा काम करना जिससे व्यक्ति का मन बहले जैसे किसी मनपंसद खेल में भाग लेना या उसे देखना, मनपंसद

हास्य फिल्म या धारावाहिक देखना या गाने को सुनना। कोई अच्छी पुस्तक को पढ़ना या मित्र मंडली में बैठ कर हँसी-ठट्ठे करना। हल्की कसरत या व्यायाम करना भी एक अच्छा ध्यान बंटाने का साधन है। मस्तिष्क के सोच की ख़राबी को दूर करने के हर व्यक्ति के अपने-अपने तरीके होते हैं। अतः वह तरीका अपनाया जाये जो आपके खुद के मस्तिष्क को सफलतापूर्वक राहत देता हो। क्योंकि उदासीनता मस्तिष्क की कम जागरूकता वाली स्थिति है, अतः हल्की कसरत या व्यायाम जो मस्तिष्क को अधिक जागरूक बनाता है इसको कम या दूर कर सकता है। परन्तु शारीरिक शिथिलीकरण और मानसिक शिथिलीकरण वाली क्रियायें मेडिटेशन, शवासन, योगनिद्रा जो तनाव नियंत्रण के लिए प्रभावी हैं, उदासीनता के निराकरण में प्रभावी नहीं होती। काम चेष्टाएं तथा संभोग, स्त्री मित्रों का साथ, शराबखोरी, आदि व्यसन पुरुषों के लिए उदासीनता हटाने हेतु आजमाए जाने वाले प्रचलित तरीके हैं। इनमें शराब पीना तो वास्तव में उदासीनता को गहरा कर सकता है क्योंकि शराब पीना केन्द्रीय तंत्रिका तंत्र को अवसादित करता है। दूसरे व्यसन व्यक्ति को चारित्रिक पतन की ओर ले जाते हैं तथा बदनामी के कारण बन सकते हैं। स्त्रियों में अपने लिये कुछ भेंट प्राप्त करना या खरीददारी करना, चाहे वह अवास्तविक हो या खाने-पीने की व्यवस्था करना उदासीनता दूर करने के आम तरीके हैं। लेकिन अधिक खरीददारी या खाना-पीना महंगा सौदा है और अंत में शारीरिक या आर्थिक परेशानी का कारण बन सकता है।

उदासीनता का वास्तविक इलाज है चीजों और घटनाओं को समझने देखने के नज़रिये में बदलाव लाना। यदि आपको किसी भी प्रकार की कोई हानि हुई है तो उसे सकारात्मक सोच के साथ कुबूल करें। अपनी हानि की तुलना उन्हीं कारणों से हो सकने वाली बड़ी हानि या किसी और को हो चुकी बड़ी हानि से करें। ऐसी निम्नात्मक तुलनाएं आश्चर्यजनक रूप से कारगर सिद्ध होती हैं।

इनसे आपको एक संतोष की अनुभूति होती है कि चलो मैं उतनी बड़ी हानि से तो बचा। किसी दूसरे की मदद करना जिसे मदद आवश्यक हो, एक बहुत ही आत्मिक संतोष देने वाली चीज है। ऐसा करने से न केवल आपकी उदासीनता की सोच में तब्दीली आती है, अपितु उदासीनता के साथ गहराता आपका नाता भी रुकता है और खुशी प्राप्त होती है। धार्मिक अनुष्ठान जैसे प्रार्थना, पूजा, उपासना, यज्ञ, कथा आदि का सम्पादन भी एक अच्छा तरीका है, उदासीनता से लड़ने का।

कुछ लोग यद्यपि उदासीनता के शिकार होते हैं, उसे पूर्णतः छिपाने का प्रयत्न करते हैं। यहाँ तक कि वे उदासीनता से ग्रसित होने के बावजूद हँसते-खिलखिलाते

और बहुत सुखी नज़र आते हैं। ऐसा वे इसलिए करते हैं कि इसमें उनको बड़प्पन और महानता नज़र आती है। ऐसा वे इसलिए कर पाते हैं क्योंकि वे अपनी आत्मिक ऊर्जा (आत्मबल) तथा शारीरिक ऊर्जा का उपयोग भावनाओं के शमन/दमन हेतु करते हैं। शारीरिक विज्ञान की भाषा में ऐसा करने हेतु आपको अपने मस्तिष्क के बायें-सामने के हिस्से को ज्यादा सजग करना पड़ता है। मनुष्य के दिमाग का बायां हिस्सा सकारात्मक भावनाओं का हिस्सा है, जबकि उसके दिमाग का दायां हिस्सा नकारात्मक भावनाओं का हिस्सा है। जिसके दिमाग का बायां अग्र हिस्सा ज्यादा सजग या क्रियाशील होगा उसे सकारात्मक भावनाओं का ज्यादा जोर रहेगा और वह उदासीनता से दूर रह पायेगा। अतः यदि आप प्रयास द्वारा अपने दिमाग के बायें प्रीफ्रंटल लोब की क्रियात्मकता, जागरूकता बढ़ा सकते हैं तो आप स्वयं को किसी भी प्रकार की नकारात्मक सोच और उदासीनता से भी बचा सकते हैं। ऐसा आप लगातार सकारात्मक सोच रखकर और नकारात्मक सोच को दबाकर संभव कर सकते हैं। यह एक बहुत ही कारगर तरीका/उपाय है जिसमें बिना किसी दवा के सहारे के आप उदासीनता का इलाज कर लेते हैं।

11

चिन्ता/अवसाद

अब हम चिन्ता/अवसाद की वृत्तियों पर चर्चा करेंगे। चिन्ता एक प्रकार से, इस बात की कल्पना है कि भविष्य में आपके या आपके किसी प्रिय व्यक्ति के साथ क्या गलत हो सकता है और उससे बचने के वास्ते क्या किया जाना चाहिए। चिन्ता का असल उद्देश्य है यह जानना कि जिन्दगी की बुरी संभावनाओं और खतरों का समाधान क्या हो सकता है या उनसे कैसे बचा जा सकता है। लेकिन चिन्ता की अति से ग्रस्त होने पर व्यक्ति चिन्ता करने के इस उद्देश्य को तो भूल जाता है और मात्र चिन्तित रह कर विषाद से घिर जाता है। उसकी चिन्ताएं किसी भी कारण से (वास्तविक या काल्पनिक) पैदा हो सकती हैं और पूर्णतः अनियन्त्रित हो जाती हैं। यह चिन्ता बिना किसी कारण के भी हो सकती है। ऐसी चिन्ताएं मनुष्य को तनावग्रस्त, भयग्रस्त और प्रताड़ित कर सकती हैं। जैसे मरने की व्यर्थ चिन्ता में ग्रस्त मनुष्य हर बात में मौत का भय देखने लगता है। हृदयघात की चिन्ता में ग्रस्त मनुष्य हर समय हृदयघात के लक्षण अपने शरीर में देखने लगता है। कीटाणुओं से तथा कीटाणुजनित बीमारियों की चिन्ता से ग्रस्त मनुष्य कई ऐसे अनावश्यक सफाई के काम करने लगता है जैसे दिन में कई बार आधा घन्टे तक स्नान, बीसियों बार पाँच-पाँच मिनट तक रगड़-रगड़कर हाथ धोना, बैठने के स्थान को या घर के आँगन को दिन में पाँच-पाँच बार रगड़ कर धोना और फिनाइल से साफ करना, इत्यादि। चिन्ता की जैव रसायनिक संरचना बताती है कि व्यर्थ की चिन्ता से ग्रस्त हो मनुष्य अवसादग्रस्त हो जाता है। ऐसी चिन्ता पूरी जिन्दगी का अभिशाप बन जाती है और इससे ग्रस्त मनुष्य कभी भी सुखी नहीं रह सकता। चिन्ताएं हमेशा मस्तिष्क के कानों में व्यक्त होती हैं न कि

उसकी आँखों में। यानी कि उनको शब्दों में तो व्यक्त किया जा सकता है, लेकिन उनका कोई आकार नहीं होता। यह वह सत्य है जिसके आधार पर चिन्ताओं को नियंत्रित किया जा सकता है। अनिद्रा के रोगियों के उपचार को ढूंढ़ते वक्त 'बोर्कोवेक' तथा साथियों ने पाया कि चिन्ता शरीर में दो प्रकार से व्यक्त होती है। पहला प्रकार है चिन्ताग्रस्त सोच जो मात्र वैचारिक होता है और दूसरा है शारीरिक या जैविक जिसके लक्षण हैं दिल की धड़कन का बढ़ जाना, पसीना आना और माँसपेशियों में खिंचाव। लेकिन उन्होंने पाया कि अनिद्रा में मुख्य समस्या शारीरिक जैविक लक्षणों के कारण नहीं आती, बल्कि चिन्ताग्रस्त सोच या मानसिक/वैचारिक कारणों से आती हैं। उनको यह चिन्ताग्रस्त सोच सोने नहीं देती। जो चीज नींद लाने में उनकी मदद करती है, वह है इस चिन्ताग्रस्त सोच से उन्हें दूर करना। वे चिन्ता करने से बाज नहीं आते, भले ही वे कितने ही निद्रामग्न हो रहे हों और इसलिए वे सो नहीं पाते। अतः इंसान अपनी चिन्ताओं से मुक्त हो सकता है यदि वह मात्र अपनी चिन्ताओं पर से ध्यान हटा ले। पर हर मनुष्य इतना साधारण-सा यह काम भी कर नहीं पाता। ऐसा लगता है मानो चिन्ता करने के कई फायदे भी हैं जिनके लोभवश मनुष्य अपनी चिन्ताएं छोड़ नहीं पाता। हमने देखा कि चिन्ता करने का वास्तविक उद्देश्य भविष्य की दुर्घटनाओं, खतरों से बचने का उपाय ढूंढ़ना है तथा उनके निराकरण के तरीके निकालना है। और इसी उद्देश्य में चिन्ता करने के फायदे छुपे हुए हैं। परन्तु चिन्ता करना और सोचना दोनों एक ही वस्तु नहीं। नए समाधान और समस्याओं से सुलटने के तरीके कभी भी अधिक चिन्ता से समझ नहीं आते, बल्कि उचित व गहरे सोच से स्पष्ट होते हैं। चिन्ता करने वाला केवल समस्याओं के काल्पनिक खतरों में खो जाता है और उसकी स्पष्ट सोचने की क्षमता खत्म हो जाती है। चिन्ताग्रस्त व्यक्ति उन चीजों में भी समस्या देखने लगता है जिनमें अन्य सामान्य मनुष्यों को कोई खतरा, डर अथवा समस्या नज़र नहीं आती।

चिन्ता करना चिन्ताग्रस्त व्यक्ति की आदत बन जाती है, उसका लगाव बन जाती है। 'बोर्कोविक' ने पाया कि चिन्ता करने की लत का एक और फायदा यह है कि जब आदमी चिन्ताओं में डूबा होता है, तो उसमें चिन्ता के पहले सोच के साथ आये शारीरिक लक्षण जैसे दिल की धड़कन का बढ़ना, शारीरिक कम्पन, पसीना आना इत्यादि कम हो जाते हैं और उसको लगता है कि चिन्ता करने से उसका तनाव कम हो रहा है। कई बार तो चिन्ता करते-करते मनुष्य चिन्तन के पहले कारण/सोच से बहुत दूर चला जाता है और चिन्ता के कई दौरों के चरम से गुजरता हुआ अपनी शुरुआती चिन्ता से तो बिल्कुल मुक्त हो जाता है और

किसी अन्य चिन्ता के विषय में इतना खो जाता है कि पहली चिन्ता पर उसे खुद को हँसी आती है। इसलिये चिन्ता करना पहली चिन्ता से उत्पन्न हुए तनाव को खत्म करने का माध्यम बन जाता है। परन्तु वास्तव में यह समस्या का समाधान नहीं है क्योंकि तब तक वह किसी दूसरी चिन्ता में उलझ चुका होता है। चिन्ताग्रस्त व्यक्ति चिन्ता करने से स्वयं को रोक नहीं पाता और खुश रह नहीं पाता। चिन्ता करना अमाइग्दला की निचले दर्जे की अभिव्यक्ति है अतः यह स्वतः हो जाती है और मस्तिष्क की नियंत्रित अभिव्यक्ति न होने से इस पर रोक लगाना आसान नहीं है।

चिन्ता से मुक्ति का पहला उपाय है खुद को चिन्ता के उत्पन्न होने के कारणों से अवगत या जागरूक करना। अतः आप स्वयं के बर्ताव को देखें और यह ढूँढ़ें कि अक्सर किन कारणों से आपको चिन्ता होती है। प्रयास करने से व्यक्ति अपनी चिन्ता के कारणों को चिन्हित कर सकता है। जितना जल्द हो सके, आप अपनी चिन्ता के कारणों को जान लें ताकि वह कारण आपको चिन्तन चक्र में आगे की स्थितियों की तरफ न ले जा सके। ज्योंही कोई भी चिन्ता का कारण उत्पन्न हो, आपको उससे मुक्ति हेतु उपाय प्रारम्भ कर देने चाहिए। चिन्ता मुक्ति का जो भी तरीका आप के लिए उचित बैठता हो वही तरीका अपनाएं। रोज इस तरीके को सिद्ध करने हेतु प्रयास करें। यद्यपि मात्र चिन्ता मुक्ति का तरीका पूर्ण उपचार नहीं होता, परन्तु उपचार में आपकी मदद अवश्य करेगा। इसके साथ-साथ आपको चिन्ता के सोच से लड़ना भी सीखना पड़ेगा अन्यथा चिन्ता का चक्र बार-बार आपके दिमाग को परेशान करेगा। यह विचार करें कि क्या जिस चीज या घटना के होने का आपको डर लगता है, उसका हो सकना वास्तव में संभव है। यदि है भी तो उसके चरितार्थ हो जाने की संभावना कितनी है? अगर संभावना है तो वे कौन से उपाय है जिनसे इस संभावना को टाला जा सकता है या खत्म किया जा सकता है। क्या मात्र चिन्ता करने से उस होनी की संभावना पर असर पड़ेगा? इस विचार से आपको बहुत मदद मिलेगी क्योंकि चिन्ता के बार-बार पड़ने वाले दौरों से और उनको रोक न पाने से या उनके आने का विरोध न करने से चिन्ता का दौर और गहरा हो सकता है। वह आपको चिन्ता चक्र के अन्दर घसीटने में ज्यादा सक्षम हो सकता है। जिन व्यक्तियों में चिन्ता का कारण बढ़ कर डर का कारण बन गया है, उन्हें इससे मुक्ति हेतु दवा लेने का साधन अपनाना चाहिए और ध्यान आदि चिन्ता मुक्ति के साधन भी साथ-साथ अपनाने चाहिए।

अब हम 'अवसाद' या 'विषाद' की भावना की बात करेंगे। अवसाद या विषाद चिन्ता के लम्बे समय तक रहने तथा उसके गहराने के कारण पैदा होता

है। शोधकर्ताओं के मुताबिक अकेलापन 'अवसाद' के बहुत बड़े कारण के रूप में उभर रहा है। फिनलैंड के शोधकर्ताओं के मुताबिक अकेले रहने वाले लोगों के अवसाद का शिकार होने का खतरा उन लोगों से 80 फीसदी ज्यादा होता है जो परिवार या रिश्तेदारों के साथ जीवन बिता रहे हैं।

यह शोध हमारे लिए इसलिए महत्त्वपूर्ण है क्योंकि भारत में अकेले रहने वाले लोगों की संख्या में इज़ाफ़ा हो रहा है। बुजुर्गों के अकेलेपन का सबसे बड़ा कारण बच्चों का आत्मनिर्भर हो जाना अथवा जीवनसाथी का गुज़र जाना है। बुजुर्गों में अकेलेपन की समस्याओं से तो लोग कमोबेश अवगत थे, लेकिन यह पहली बार हुआ है कि कामकाजी आयु वर्ग के लोगों में अकेलेपन के चलते अवसाद के लक्षण सामने आए हों। शोधकर्ताओं ने कामकाजी महिलाओं के मामले में अवसाद के लिए अकेलेपन के अलावा शिक्षा तथा आय की कमी को जिम्मेदार पाया जबकि कामकाजी पुरुषों में ऐसा कामकाज के ख़राब माहौल तथा निजी और सार्वजनिक जीवन में सहयोग न मिल पाने तथा शराबखोरी की प्रवृत्ति के कारण भी हुआ।

शोधकर्ताओं ने इसके लिए 3500 कामकाजी महिलाओं और पुरुषों पर तकरीबन 7 वर्षों तक निगरानी रखी। उन्होंने उनके जीवन का मनोवैज्ञानिक, सामाजिक और स्वास्थ्यगत आधार पर आकलन किया। इसमें उनकी धूम्रपान और शराब पीने संबंधी आदतें शामिल थीं। शोधकर्ता 'लारा पुल्की राबाक' के मुताबिक, 'हमारे अध्ययन से पता चला कि अकेले रहने वाले लोगों को अवसाद की बीमारी होने की आशंका बहुत अधिक है। यह भी पता लगा कि अकेले रहने वाली महिलाओं और पुरुषों में अवसाद होने की आशंका एक समान होती है। इस खतरे के पीछे खराब घरेलू जीवन और पर्याप्त सामाजिक सुरक्षा का न होना प्रमुख कारण रहा।' शोधकर्ताओं के मुताबिक दुनिया भर में अवसाद की बीमारी में हो रहे तेज इज़ाफ़े के पीछे के कारण इस शोध से स्पष्ट हो सकते हैं। उनके मुताबिक इसके लिए अकेलेपन की गहन अनुभूति, विश्वास की कमी अथवा अकेले रहने से नित नई पैदा होने वाली परेशानियां बड़ी वजह हो सकती है।

अवसाद गहराने से पहले का लक्षण है मनुष्य में 'उदासी' की भावना का उदय। ऐसी भावना जिससे लोग भागना चाहते हैं वो है उदासी। लोग अपनी उदासी को दूर करने हेतु अजीब-अजीब प्रयास करते हैं। सभी प्रकार की उदासीनताएँ बचने योग्य नहीं होती। उदासी का भी अपना फायदा होता है। किसी भी नुकसान के कारण जनित उदासी मनुष्य को उदासी आने के कारण पर सोचने को मजबूर करती है। जिसके कारण से मनुष्य अपने दूसरे सोचों और शौकों को

छोड़कर उदासी के कारण को खत्म करने हेतु एकाग्र हो जाता है। उसकी दूसरी सभी व्यस्तताएँ थोड़े समय के लिए गौण हो जाती है। इससे संरक्षित हुई ऊर्जा को वह मनुष्य अपने मानसिक सामन्जस्य हेतु उपयुक्त कर पाता है। वह नये सिरे से जीवन जीने हेतु और उस नुकसान की भरपाई अन्य तरीकों से करने हेतु तैयार हो जाता है। जब मनुष्य शोकाकुल होता है तो यह जरूरी नहीं कि वह अवसादित भी हो। शोकाकुल और उदासीन होने की तो थोड़ी उपयोगिता है, परन्तु अवसादित होने की कोई उपयोगिता नहीं। अवसादित होने पर मनुष्य की मानसिकता में कई खतरनाक बदलाव आते हैं। जैसे-आत्म श्लाघा, मूल्यहीनता, नीरसता, निराशा, अकेलापन और तनाव। इसमें याददाश्त का कमजोर होना, उलझन/दुविधा, मस्तिष्क में सोच की अराज़कता, मस्तिष्क में एकाग्रता की क्षमता का नष्ट होना, नींद न आना, एक ऐसी सोच का निर्माण जिसमें किसी प्रकार के कोई भी आनन्द या रस की अनुभूति ना हो। रिक्तता/खालीपन, प्रसन्नता की समाप्ति, अजीब अस्थिरता, स्वाद की समाप्ति, आशा की समाप्ति, अबूझ-सा डर तथा आत्महत्या कर लेने की इच्छा, आदि भावनाएं भी सम्मिलित होती हैं। इससे निजी जिन्दगी पंगु होकर रह जाती है। अवसाद के इलाज के वास्ते मनोचिकित्सक के पास जाना बहुत जरूरी है। लेकिन जब भी कोई मनुष्य अवसाद से घिरता है तो उसे अकेले रहने से बचना होगा। ज्यादा से ज्यादा सामाजिक बनना होगा। सभा, समारोहों, मित्र-मंडलियों इत्यादि में जाना होगा ताकि उसकी अवसाद की मानसिकता में रोक लग सके। यह सोच श्रृंखला यदि टूटती नहीं है तो अवसाद गहराता चला जाता है। 'स्टेनफोर्ड विश्वविद्यालय' की वैज्ञानिक 'सूसन नोलेन हेक्स्मा' जिसने अवसादग्रस्त व्यक्तियों की त्रासदी पर अध्ययन किया है, के अनुसार अवसादित व्यक्ति अपनी ऋणात्मक सोच को यह कह कर सही ठहराता है कि वह तो स्वयं को बेहतर समझने की कोशिश कर रहा है। अतः उसे अपनी उदासीनता को अपनाने से रोकना होता है, नहीं तो वह और ज्यादा अवसादित हो जायेगा। पुरुषों की बजाय महिलाओं में अवसाद की सोच ज्यादा जल्दी गहराती है तथा पुरुषों की अपेक्षा महिलाओं में अवसाद ग्रस्त होने की संभावना भी दो गुनी होती है।

'मानसिक संज्ञान चिकित्सा' जिसमें अवसाद के रोगी की 'वैचारिक सोच' को बदला जाता है, को अवसाद की चिकित्सा में काफी उपयोगी पाया गया है। इसके अलावा 'ध्यान चिकित्सा' भी बहुत उपयोगी होती है। जो भी सोच अवसाद की मानसिकता का मुख्य कारण है उसको खत्म करना या बदलना, उसकी वैध ता पर प्रश्न उठाना और दूसरी धनात्मक सोचों को उस सोच की जगह स्थापित करना ही इन चिकित्सा पद्धतियों की मूल में निहित होता है। इसके साथ-साथ

समय पर ध्यान बाँटने हेतु खुशी के साधन जुटाना भी इस चिकित्सा का आवश्यक हिस्सा होता है। स्वयं अवसादित व्यक्ति खुद के लिये उपयुक्त ध्यान बाँटने के साधन भी नहीं ढूँढ पाता। क्योंकि अवसाद की यह एक अन्तर्निहित प्रवृत्ति होती है कि वह स्वयं को कायम रखना चाहता है। अतः अवसादित व्यक्ति को यदि अपना ध्यान बाँटने के साधन खुद चुनने हेतु कहा जाये तो वह कोई न कोई और दुःखी होने का ही साधन खोज लेता है। 'टेक्सास विश्वविद्यालय' के मनोवैज्ञानिक 'रिचर्ड वेंजलाफ' के अनुसार अवसाद की मानसिकता से ग्रस्त व्यक्ति को कोई अच्छा ध्यान बाँटने का साधन ढूँढ़ने में विशेष प्रयत्न करने पड़ते हैं और इस बात की सावधानी बरतनी पड़ती है कि जो साधन वह खोजे उससे कहीं फिर उसे उदास न होना पड़े। अप्रत्याशित रूप से अवसादित मानसिकता से ग्रस्त व्यक्ति एक अवसाद के विषय से, अपने दिमाग को दूर करने के प्रयत्न में दूसरे अवसाद का विषय खोज लेता है जो उसकी ऋणात्मक सोच को बढ़ा देता है।

एक चिकित्सा सिद्धान्त यह मानता है कि रो लेने से अवसाद ग्रसित मन हल्का हो जाता है। लेकिन यह विचार भ्रमात्मक है, बल्कि रोने से अक्सर अवसाद गहरा जाता है। विद्युतीय झटकों की चिकित्सा गहरे अवसाद के मामलों की चिकित्सा में सफल हो जाती है क्योंकि यह थोड़ी देर के लिये याद्दाश्त खो जाने में परिणित होती है जो अवसाद की विचार श्रृंखला को तोड़ देती है। इसके कारण बीमार यह भूल जाता है कि वह किस कारण से चिन्ता/अवसादग्रस्त था। वास्तव में यह चिकित्सा ध्यान बँटाने की चिकित्सा जैसा ही परिणाम देती है। ध्यान परिवर्तित करने वाली घटनाएँ जैसे कोई हँसी-मज़ाक वाली फिल्म देखना या टी.वी. सीरियल देखना या कोई क्रिकेट/फुटबॉल का मैच देखना, अच्छी किताब पढ़ना, सैर करने जाना इत्यादि इस अवसादित सोच को तोड़ने का अच्छा साधन होती है। हल्की कसरत करना भी एक अच्छा ध्यान बँटाने का साधन है। कसरत करना मस्तिष्क की जैव भौतिक संरचना को बदल देता है। अगर अवसाद निम्न जागरूकता की स्थिति है तो कसरत करने से वह उच्च जागरूकता की स्थिति में बदल जाती है। इसके विपरीत मस्तिष्क की जागरूकता को कम करने वाले उपचार यथा योग, निद्रा आदि, यहाँ तक कि ध्यान भी अवसाद के इलाज में कारगर नहीं होते। यह क्रियायें तनाव को दूर करने में कारगर होती हैं। इसी प्रकार इन्द्रिय सुखों की प्राप्ति और शराबखोरी जिसे लोग-बाग सामान्यतः अवसाद के इलाज में कारगर मानते हैं, वह भी वास्तव में कारगर नहीं होती अपितु यह उल्टा नुकसानदायक हो जाती हैं। शराब केन्द्रीय तंत्रिका तंत्र को उल्टा अवसादित ही करती है। अवसाद की एक बहुत ही सफल इलाज पद्धति है वैचारिक

बदलाव। इसके तहत चीजों और घटनाओं को देखने का दृष्टिकोण या नज़रिया बदलना पड़ता है। अगर कोई नुकसान हुआ है तो उसे सकारात्मक दृष्टि से देखना होता है। इसके लिये आपको अपने से ज्यादा घाटे में रहे लोगों से स्वयं की तुलना करनी चाहिये और यह सोच कर संतोष लेना चाहिये कि उन लोगों से आपको कम घाटा हुआ है। ऐसी निम्नात्मक तुलनाएं आश्चर्यजनक रूप से आपको खुशी देने वाली होती हैं और जो घाटा आपके मन को अवसादित कर रहा होता है वह अचानक आपको छोटा लगने लगता है और उतना खराब नहीं लगता जितना वह पहले लग रहा होता है। एक दूसरी इलाज पद्धति जिससे आप अवसादग्रस्त होने से बच सकते हैं, वह है परानुभूति की भावना या सहानुभूति की सोच के साथ उन लोगों की मदद करना जिनको मदद की आवश्यकता है। क्योंकि अवसाद उदासीन सोच और उसके गहराने से जनित होता है, अतः स्वयं को दूसरे जरूरतमंदों की मदद में व्यस्त रखने से आप को एक खास संतोष मिलता है और आप अपने अवसाद से उबर जाते हैं। अन्त में कई लोग दार्शनिकता में भी अवसाद का इलाज ढूँढ लेते हैं और वे अच्छे या बुरे सभी कार्यों तथा उनके परिणामों को ईश्वर/भाग्य को समर्पित कर खुद उनसे अवसादित नहीं होते। बुरा होने पर भाग्य का दोष और अच्छा होने पर ईश्वर का आशीर्वाद। यही है गीता का निष्काम कर्म योग जो आपको कभी फलों में लिप्त नहीं रहने का और सिर्फ कर्म करने का उपदेश देता है।

12

तनाव

आज के मानव की, मशीन युग के मानव की सबसे बड़ी मानसिक व्याधि है तनाव। यह समस्या विश्वव्यापी समस्या है। यह किसी व्यक्ति विशेष की समस्या नहीं अपितु सामान्य समस्या है। लेकिन तनाव की अब तक कोई सार्वभौमिक परिभाषा नहीं बनाई गई है। कई व्यावहारिक परिभाषाएँ अवश्य प्रचलन में हैं। मनुष्य दैनिक जीवन से कई अपेक्षाएं रखता है, उसकी प्रतिदिन कई आवश्यकताएँ होती हैं और कई समस्याओं का समाधान उसे प्रतिदिन खोजना होता है। जबकि उसके पास उपलब्ध विभिन्न स्रोत इन अपेक्षाओं, आवश्यकताओं और समस्याओं की पूर्ति तथा समाधान में सक्षम नहीं होते। इन अपेक्षाओं, आवश्यकताओं तथा समस्याओं का आधिक्य और स्रोतों की कमी के कारण से तनाव उत्पन्न होता है। तो हम तनाव को यों परिभाषित कर सकते हैं कि –

''दैनिक जीवन की अपेक्षाओं, आवश्यकताओं तथा समस्याओं की जब मनुष्य अपने पास उपलब्ध स्रोतों व साधनों से पूर्ति या समाधान नहीं कर पाता तो जो दबाव उसके मानस पर आता है उसे तनाव कहते हैं।''

यह परिभाषा भी तनाव के कई कारणों को स्पष्ट नहीं करती जैसे भय से जनित तनाव या बीमारी से जनित तनाव। अतः यह कोई सार्वभौमिक परिभाषा नहीं, लेकिन फिर भी एक बहुत अच्छी परिभाषा है और व्यावहारिक रूप से श्रेष्ठ परिभाषा है। तनाव को चिकित्सा शास्त्र में भी परिभाषित किया गया है और यह परिभाषा है–

''तनाव सभी अविशिष्ट भागों चाहे वह शारीरिक अथवा मानसिक हों या काल्पनिक अथवा वास्तविक हों, के लिए व्यक्त की गई विशिष्ट प्रतिक्रिया है।''

ऐसी ही एक और परिभाषा के अनुसार-

"तनाव, मात्र एक ऊर्जा है, लेकिन जितनी कोई व्यक्ति प्रयुक्त कर सकता है उससे अधिक ऊर्जा है।"

यह परिभाषाएं सर्वमान्य परिभाषाएं हैं और तनाव के सभी कारणों यथा शारीरिक/मानसिक तथा वास्तविक/काल्पनिक को स्पष्ट करती हैं। विज्ञान यह भी कहता है कि तनाव का सृजन एड्रिनेलिन हार्मोन्स के स्त्रवण से होता है। यह हार्मोन दो तरह के होते हैं, एक **एपिनेफ्राइन** और दूसरा **नोरएपिनेफ्राइन**। इस वैज्ञानिक स्पष्टीकरण को सार्वभौमिक मान्यता प्राप्त है। मनुष्य जब तनाव की अनुभूति करता है तो उसके शरीर में **ऐड्रिनेलाइन स्टिमुलेटिंग हार्मोन** का स्त्रवण होता है जो एड्रिनेलिन ग्रंथियों को एड्रिनेलिन हार्मोन्स के स्त्रवण हेतु प्रेरित करता है। इन एड्रिनेलाइन हार्मोन्स की अधिकता ही तनाव का मुख्य कारण है। कुछ व्यक्तियों में इन एड्रिनेलाइन हार्मोन्स का स्त्रवण अधिक होता है तो कुछ में कम। जिनमें आनुवांशिक और उपार्जित कारणों से इसका अधिक स्त्रवण होता है उनकी धमनियाँ सिकुड़ जाती हैं और उनके हृदय की ओर जाने वाले रक्त की मात्रा कम हो जाती है, अतः उनका रक्तचाप बढ़ जाता है और नाड़ी की गति भी बढ़ जाती है। ऐसे लोगों के हृदय आघात होने की संभावना ज्यादा होती है। किसी भी प्रकार की अनुभूति, दिमाग में थेलेमस और आमाइग्दला नामक संरचना द्वारा निर्मित होती है। देखने से उत्पन्न हुआ नाड़ी स्पंदन पहले रेटिना से थेलेमस तक जाता है जहाँ उसका अनुवाद मस्तिष्क को समझ में आ सकने वाली भाषा में होता है। फिर वह संदेश मस्तिष्क की दृष्टि-कार्टेक्स तक जाता है जहाँ इस पर मनन होता है, इसके मायने समझे जाते हैं और उस पर दी जाने वाली प्रतिक्रिया निर्धारित की जाती है। अगर यह प्रतिक्रिया भावनात्मक है तो फिर एक स्पंदन अमाइग्दला को भेजा जाता है जो भावना के केन्द्रों को नियंत्रित करता है। लेकिन इस सोची-समझी प्रतिक्रिया के अलावा, थेलेमस से इन्द्रिय अनुभूति के स्पंदन का एक हिस्सा सीधे आमाइग्दला को चला जाता है और उसके कारण आमाइग्दला तुरंत ही प्रतिक्रिया व्यक्त करने हेतु भावना केन्द्रों को उत्तेजित कर देता है और वे सक्रिय हो जाते हैं।

इस कारण से शरीर की एक प्रतिक्रिया सोची-समझी होती है तो दूसरी तुरंत फुरत और गैर सोची-समझी। ऐड्रिनल ग्रन्थि एक नाड़ी केन्द्र है जो दो हार्मोन्स, एपिनेफ्राइन और नोरएपिनेफ्राइन का स्त्रवण करती है। ये हार्मोन शरीर को आपातकालीन प्रतिक्रिया दिखाने हेतु तैयार करते हैं। ये हार्मोन वेगस तंत्रिका को उद्दीपित करते हैं जो मस्तिष्क से संदेश को हृदय तक ले जाती है, धमनियों तक

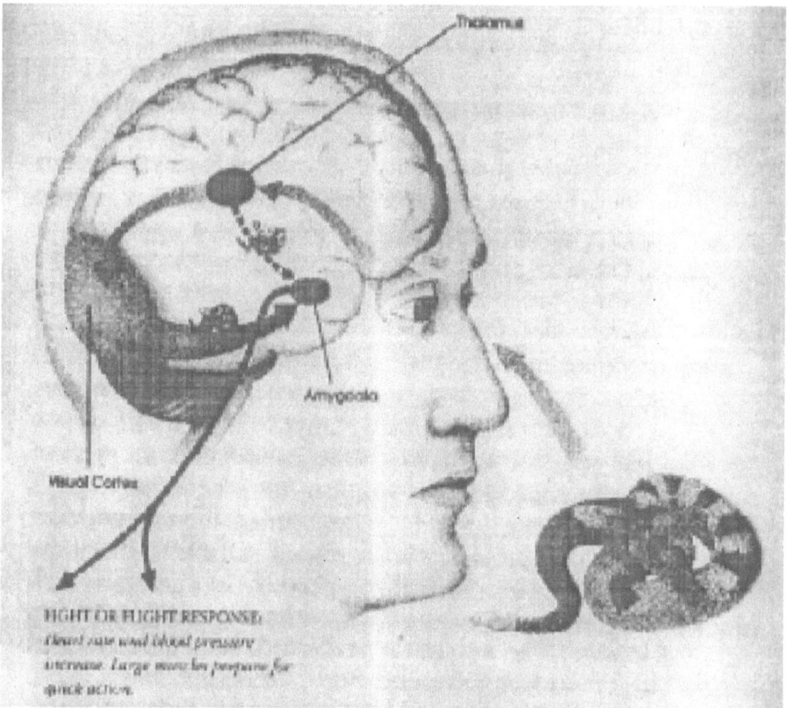

ले जाती है। यही वेगस तंत्रिका भावनात्मक प्रतिक्रिया की याद्दाश्त को वापस अमाइग्दला में ले जाती है तथा अमाइग्दला भविष्य के वास्ते इसे संरक्षित कर लेती है। यही संरक्षित प्रतिक्रियाएं भविष्य में होने वाले समान अनुभवों के प्रति शरीर द्वारा व्यक्त की जाने वाली तुरंत-फुरत प्रतिक्रियाओं का निर्माण करती है। वापस तनाव जनित होने पर थेलेमस से सीधे अमाइग्दला तक आने वाले स्पंदन के तहत अमाइग्दला तुरंत-फुरत गैर सोची-समझी प्रतिक्रिया व्यक्त करने हेतु भावना केन्द्रों को प्रेरित कर देती है। जबकि सोची-समझी प्रतिक्रिया बाद में ही व्यक्त हो पाती है। मानव शरीर में तनाव से जुड़े हार्मोन का नाम है कोर्टिसोल। तनाव उत्पन्न होते ही इस हार्मोन का स्तर हमारे शरीर में बढ़ जाता है। इस हार्मोन का उच्चतर स्तर अधिक तनाव और अत्यधिक तनाव का कारण बनता है जो काफी हानिकारक है। कार्टिसोल एक प्रकार का एड्रिनेलाइन हार्मोन है जो पिटयूटरी ग्रंथि द्वारा स्रावित होता है। नफ़रत या तिरस्कार भी तनाव सृजित कर सकती है जबकि वह आपके प्रति दूसरों की भावना है जिससे हमारे अहं को चोट पहुँचती है। दोस्ती/प्यार तनाव को घटाता है। कठिन वक्त पर किसी को मदद

करना और किसी से मदद लेना दोनों ही तनाव घटाते हैं। परिजनों के साथ रहने से तनाव कम हो जाता है क्योंकि मुसीबत के समय वे ढ़ांढ़स बँधाते हैं, मदद करते हैं। ऐड्रिनेलाइन हार्मोन्स को यदि खत्म किया जा सके तो तनाव को कम किया जा सकता है। एक हार्मोन, एन्डोर्फिन तनाव को कम करता है और सुरक्षा की भावना को बलवती बनाता है। उसके स्त्रवण से तनाव कम हो सकता है। दूसरा हार्मोन खुशी का हार्मोन है जिसका नाम आक्सीटॉसिन है और इस हार्मोन का स्रवण भी तनाव कम करता है। इन हार्मोनों की वृद्धि खुशी की मानसिकता रखने से हो सकती है। अतः तनाव का इलाज खुशी की मानसिकता रखने से ही संभव है।

तनाव के विभिन्न कारणों को दो वर्गों में विभाजित किया जा सकता है।

(1) **बाह्य कारक** ये हमारे बाहर तथा आसपास होते हैं।

(2) **आन्तरिक कारक** ये हमारे अन्दर उपस्थित होते हैं।

मनुष्य का जीवन कई क्षेत्रों में बँटा होता है जो उसकी शख्सियत के अन्दर भी विद्यमान होते हैं जैसे **अहम् का क्षेत्र** या **स्वास्थ्य का क्षेत्र** तथा **आध्यात्मिक क्षेत्र** और उसके आसपास भी विद्यमान होते हैं जैसे **परिवार का क्षेत्र**, **सामाजिक क्षेत्र**, **प्रेम और समर्थन क्षेत्र**, **कार्य क्षेत्र** तथा **वित्त क्षेत्र**। जीवन के इन सभी क्षेत्रों का महत्त्व समझना मनुष्य के लिए आवश्यक होता है और महत्त्व समझने के बाद यथा आवश्यकतानुसार इन पर ध्यान भी देना पड़ता है। वे लोग जो इन क्षेत्रों का ध्यान रखने अथवा महत्त्व समझने में असफल हो जाते हैं, उन्हें अवश्य ही तनाव झेलना पड़ता है। इन सभी क्षेत्रों के बीच सामंजस्य और संतुलन भी बैठाना आवश्यक होता है अन्यथा जो क्षेत्र नजरअंदाज हुआ, वही तनाव का कारण बन जाता है।

तनाव एक मानसिक रोग है और इसका सीधा सम्बन्ध किसी भी व्यक्ति के सोच और व्यक्तित्व से होता है। इस आधार पर विशेषज्ञों ने व्यक्तियों को दो श्रेणियों में विभक्त किया है। एक श्रेणी उन लोगों की है जो जल्दी तनावग्रस्त हो जाते हैं। इन लोगों की काम करने की गति तेज होती है, इनके पास समय की सदैव कमी रहती है और धैर्य रखना इनके बस की बात नहीं। ये लोग आत्म केन्द्रित होते हैं और अपनी समझ के विपरीत आचरण को सहन नहीं कर सकते। इनके कई पूर्वाग्रह होते हैं और यह शासन करने की प्रवृत्ति रखते हैं। प्रतिस्पर्धा हेतु सदैव तत्पर होते हैं और अक्सर बेचैन रहते हैं। गुस्सा इनकी नाक पर बैठा होता है। बहुत संवेदनशील होते हैं और हर बात को दिल से जोड़ बैठते हैं तथा नकारात्मक विचारों की श्रृंखला बना लेते हैं। इनका अहम का क्षेत्र ऋणात्मक विकास रखता है और अहम् की तुष्टि हेतु ये अन्याय भी कर डालते हैं।

दूसरे प्रकार के लोग जल्दी तनावग्रस्त नहीं होते, धैर्यवान होते हैं। उनके पास सोचने-समझने का समय होता है और ये सहज गति से काम करते हैं। ये लोग आत्म केन्द्रित भी नहीं होते और दूसरे के विचारों का आदर करते हैं, उन पर विचार करते हैं और सही होने पर मानते भी हैं। ये अपनी सोच के विपरीत आचरण और आलोचना को सहज में लेते हैं और विरोध को शांत करने में भी सक्षम होते हैं। अपनी उपलब्धियों के बारे में चर्चा आवश्यकता पड़ने पर ही करते हैं और मात्र वर्चस्व दिखाने के लिये नहीं करते। इनका रवैया लचीला होता है, विरोधियों को भी ये संदेह का लाभ देते हैं और सबका सहयोग करते हैं। ये अपने अधिकारों को और विचारों को थोपना पसंद नहीं करते और **सामूहिक प्रयत्नों** की भावना को प्रोत्साहन देते हैं। ये सिर्फ अहम् की तुष्टि हेतु किसी का नुकसान नहीं करते। इनमें हीन भावना भी विद्यमान नहीं होती।

प्रथम प्रकार के विचारों या शख़्सियत वाले व्यक्ति अधिकतर तनाव से ग्रस्त रहते हैं, लेकिन दूसरी शख़्सियत वाले व्यक्ति तनावग्रस्त नहीं रहते। ऐसा नहीं है कि हर व्यक्ति इन दो श्रेणियों में से एक का होगा। दोनों प्रकार के गुण ही प्रायः हर व्यक्ति में मिलते हैं। कौन-सी श्रेणी के कितने गुण किसी व्यक्ति में है यह तथ्य इस बात को निर्धारित करता है कि वह तनाव के प्रति कितना उन्मुख होगा और कब तनावग्रस्त हो जाएगा। तनावोन्मुखी न होने के लिये द्वितीय श्रेणी के जितने गुण आप हासिल कर सकें उतना ही अच्छा होगा, उतनी ही आपकी शख़्सियत सकारात्मक होती चली जायेगी। प्रथम श्रेणी के गुणों को ज्यादा रखने वाला व्यक्ति नकारात्मक शख़्सियत का स्वामी होगा और स्वयं अपना नुकसान कर लेगा।

अब हम यह देखते हैं कि तनाव की कितनी श्रेणियाँ हो सकती हैं। अगर कोई व्यक्ति यह कहे कि वह तनाव शून्य है तो यह एक अतिशयोक्ति होगी। तनाव-शून्य की स्थिति हासिल करना न केवल असंभव है बल्कि अनावश्यक भी। तनाव-शून्य व्यक्ति का समाज में रहना तथा कुशलता पूर्वक जीवनयापन करना असंभव है। अगर जिम्मेदारियों का अहसास नहीं होगा और उनका दबाव नहीं होगा तो व्यक्ति समाज तो क्या परिवार में भी नहीं निभ सकता। इसलिये तनाव शून्यता की श्रेणी तो संभव है ही नहीं। दूसरी तरफ तनाव को मापने का कोई मापदंड भी नहीं है। इसलिए माप के अनुसार श्रेणियाँ बनाई भी नहीं जा सकती। फिर भी 'न्यूनतम' और 'अत्यधिक' की दो श्रेणियाँ तो बनी-बनाई ही हैं। इनके बीच 'सामान्य' और 'अधिक' तनाव की दो और श्रेणियाँ भी बन सकती है। तो तनाव की मात्रा के हिसाब से व्यक्तियों को चार मुख्य श्रेणियों में बाँटा जा सकता है।

1. न्यूनतम तनावग्रस्त व्यक्ति : इस श्रेणी में वे व्यक्ति आते हैं जो पूर्णतः आध्यात्मिक हो चुके होते हैं और जिनकी नाम मात्र की भी सांसारिक जिम्मेदारियाँ नहीं होती। समाज में रहते हुए इस स्थिति को प्राप्त कर लेना आसान काम नहीं। आजकल के तो संत भी इस स्थिति को प्राप्त नहीं होते। इस श्रेणी को हासिल करने वाला व्यक्ति समाज के लिये लगभग अनुपयोगी हो जाता है और उसका योगदान भी लगभग शून्य हो जाता है। वह स्वान्तः सुखाय जीवनयापन करता है और दूसरी कोई भी जिम्मेदारी ओढ़ना नहीं चाहता। उसे नाम, प्रसिद्धि आदि सांसारिक सफलताओं की कोई चाह नहीं होती। वह ईश्वर के प्रति समर्पित हो केवल साधना में रत रहना चाहता है। इस श्रेणी के लोग अब लुप्तप्रायः हैं।

2. सामान्य तनावग्रस्त व्यक्ति : यह व्यक्तिगत तनाव का वह स्तर है जिसे समाज में रहने के हिसाब से आदर्श माना जा सकता है। ऐसा इंसान जो कुछ भी उसके पास होता है उससे संतुष्ट रहता है, अपनी सभी जिम्मेदारियों को पूरा करता है, सबके साथ मिलजुल कर रहता है और परिस्थितियों के अनुकूल स्वयं को ढ़ाल लेता है। समाज तथा परिवार के प्रति उसका योगदान भी प्रशंसनीय होता है और उससे नाते-रिश्तेदार, परिजन, दोस्त, सहकर्मी तथा पड़ोसी तक भी खुश रहते हैं। अभी भी समाज में पाँच से दस प्रतिशत तक की संख्या तक के लोग तनाव के इस प्रशंसनीय स्तर पर जीवनयापन करते हैं और उनका तनाव प्रबंधन भी कमाल का होता है। यह लोग तनाव प्रबंधन के हिसाब से आदर्श हैं तथा अनुकरणीय हैं।

3. अधिक तनावग्रस्त व्यक्ति : आज लगभग सभी व्यक्तियों के लक्ष्य उनकी क्षमताओं से कहीं अधिक ऊँचे तथा अव्यवस्थित होते हैं। इन लक्ष्यों की प्राप्ति हेतु उनको लगातार प्रयत्न करना होता है। इसके बावजूद कहीं न कहीं उन्हें असफलता मिलती है, निराशा मिलती है। ऊँचे आयाम और ऊँची सफलताएँ हासिल करने के प्रयत्नों में इंसान पहले ही धुल गया होता है और इसके बाद मिली असफलता की निराशा से वह निचुड़ जाता है। उसे यह लगता है कि वह एक रेस का घोड़ा है जो दौड़ में दूसरों से पिछड़ गया है। ऐसे सभी व्यक्ति पूरा जीवन अधिक तनाव में जीते हैं और कभी संतुष्ट नहीं रहते।

आधुनिक समाज के 60 से 70 प्रतिशत लोग तनाव की इसी श्रेणी में जी रहे होते हैं। तनाव के प्रबंधन की इन्हीं लोगों को सर्वाधिक जरूरत होती है। अन्यथा उन्हें बीमारियाँ घेर लेती हैं। पर यह वह वर्ग है जो यदि थोड़ा-सा सावधान रहे तो इन बीमारियों से बच सकता है और तनाव को भी सामान्य स्तर पर ला सकता है। इनके ऊपर भी अत्यधिक तनाव वाला एक और वर्ग है।

4. अत्यधिक तनावग्रस्त व्यक्ति : इस श्रेणी के तनाव से ग्रस्त सभी व्यक्ति दुर्भाग्यशाली होते हैं। इनके जीवन में हर क्षेत्र से इन्हें तनाव मिलता है। कहीं से भी सुख और शान्ति नहीं मिलती। प्रेम और समर्थन का क्षेत्र भी कोरा रह जाता है। अध्यात्म के क्षेत्र में ये घुसते ही नहीं। इनका योगदान भी नकारात्मक हो जाता है और ये कुछ भी नहीं संभाल पाते। अवसाद और हृदय-जन्य बीमारियों से ग्रस्त हो जाते हैं। ये अपनी इच्छा के विपरीत आचरण कर गलतियाँ करने लगते हैं और इन की सोच सीधी अथवा सही नहीं रह पाती। ये अपने कार्यों से ही अपना नुकसान करने लगते हैं।

क्या व्यक्ति के तनाव स्तर की कोई उपयोगिता भी है? आइए अब यह देखें—व्यक्ति का कार्य निष्पादन और उसका तनाव स्तर आपस में कुछ इस प्रकार संबधित होते हैं कि एक हद तक तनाव बढ़ने के साथ-साथ उसका निष्पादन बढ़ता है, उसकी क्षमता भी बढ़ती है। परन्तु **सामान्य के तनाव स्तर** पर आने के पश्चात् तनाव बढ़ने से उसका कार्य निष्पादन और क्षमता दोनों कम होने लगते हैं और तनाव के सर्वाधिक स्तर पर व्यक्ति का कार्य निष्पादन और क्षमता न्यूनतम हो जाती है।

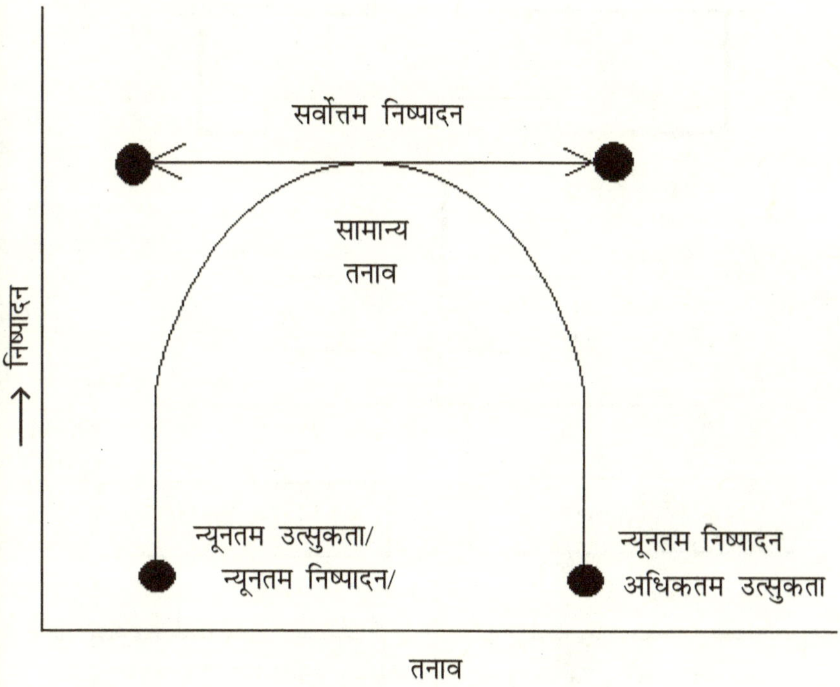

अतः तनाव का सामान्य स्तर, व्यक्ति तथा समाज दोनों की जरूरत है और यह सफल पारिवारिक, सामाजिक तथा व्यक्तिगत जीवन का आधार है। तनाव का शून्य या न्यूनतम स्तर तथा बहुत अधिक या अत्यधिक स्तर व्यक्ति, परिवार और समाज तीनों ही के लिये उपयोगी और उचित नहीं।

तनाव को समझने तथा इसके उत्पन्न होने के कारणों के विश्लेषण की तनाव प्रबंधन में बहुत महत्त्वपूर्ण भूमिका है। तनाव प्रबंधन की किसी भी सर्वांगीण पद्धति का यदि खाका खींचा जाये तो वो कुछ इस प्रकार का होगा।

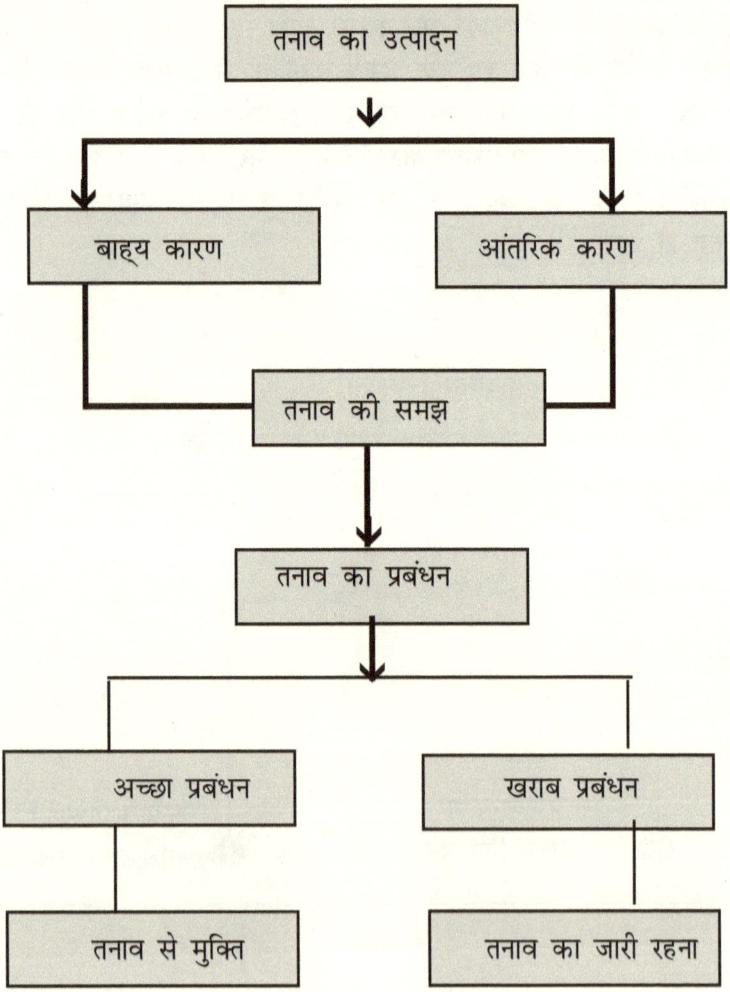

तनाव मुक्ति के पहले कदम के तहत तनाव पैदा होने के कारणों तथा तनाव के लक्षणों को पहचानना होता है और उनका विश्लेषण करना होता है।

तनाव देने वाले **बाह्य कारकों** की तो एक बहुत लंबी सूची बनाई जा सकती है। ये ऐसे कारक अथवा घटनाएँ हैं जो हमारे चारों तरफ वातावरण में मौजूद हैं। यदि हम इन से निपटने के बेहतर तरीके जानते हों तो हम इन से होने वाले तनाव से बच सकते हैं। इन कारकों या घटनाओं से सर्वथा बचा नहीं जा सकता क्योंकि यह हमारे नियंत्रण से बाहर होती हैं। ये कारक समाज और परिवार से, व्यवसाय से, वित्तीय स्थिति से, पर्यावरण से, सरकार और राजनीति से, शरीर अथवा मस्तिष्क से, नैतिक मूल्यों के हनन से और आसपास में कहीं से भी पैदा हो सकते हैं। इस विषय में जीवन के विभिन्न तनाव जनित करने वाले क्षेत्रों को हम पहले देख चुके हैं। बाह्य कारकों से जनित तनाव को पहले कदम पर पहचानना होता है, फिर इन को मन में स्वीकारना होता है। उसके पश्चात् उन परिस्थितियों में सुधार करने का प्रयत्न करना होता है जिनसे यह कारक जनित हो रहे हैं। बाह्य कारकों में से कुछ ऐसे कारक भी हो सकते हैं जिनसे यथासंभव बचना होता है क्योंकि उनमें सुधार करना संभव नहीं होता। सुधार तथा बचाव के कदमों से बाह्य कारकों द्वारा जनित तनाव की मात्रा बहुत कम हो सकती है। कई तनाव के बाह्य कारक ऐसे होते हैं जो मात्र नज़रअंदाज कर देने से ही निपटाये जा सकते हैं। लेकिन फिर भी कई ऐसे कारक हैं जिन्हें न तो नज़रअंदाज किया जा सकता है, न स्वीकार किया जा सकता है और न ही उन से बचा जा सकता है। इनसे लड़ना होता है क्योंकि इनसे निपटने का और कोई विकल्प होता ही नहीं। इन सब कदमों को अपनाने से तनाव के बाह्य कारकों से सफलतापूर्वक सुलटा जा सकता है। इन कदमों की थोड़ी और जानकारी आवश्यक है, जो निम्न प्रकार है-

पहचानना : बाह्य तनाव कारकों की पहचान कर लेना उनसे निपटने का प्रथम कदम है। यदि व्यक्ति इस बात को मन में समझ ले कि भारतीय समाज में अक्सर सभी काम देरी से ही होते हैं तो काम में हो रही देरी से उसे कम तनाव होगा। यदि वह प्रकृति के चक्र और समय के चक्र को समझ ले तो मौसम तथा उम्र की अवस्था से होने वाले तनावों से बच सकता है। अगर वह आसपास में मौजूद व्यक्तियों की व्यावहारिक कमियों को भली प्रकार समझ ले तो उनके व्यवहार से जनित होने वाले तनाव से वह बच सकता है। अतः तनाव के बाह्य कारकों की सिर्फ पहचान मात्र उनके निराकरण में बहुत मददगार सिद्ध होती है।

नज़रअंदाज करना : तनाव के कई बाह्य कारक जीवन की मौलिक आवश्यकताओं से सम्बंधित नहीं होते। इनकी व्यक्तिगत जीवन में कोई महत्त्वपूर्ण

भूमिका नहीं होती। जैसे खेल में स्थानीय या राष्ट्रीय टीम की हार या जीत, राजनैतिक भ्रष्टाचार आदि। अतः इनको यथासंभव नज़रअंदाज कर देना चाहिये। इन मामलों में अनावश्यक जागरूकता और दख़लअंदाजी का प्रयास न करना ही तनाव से बचने का सर्वोत्तम रास्ता है।

बचाव करना : तनाव के कई बाह्य कारकों से कोशिश करके बचना चाहिए। जैसे अक्खड़ पड़ोसी या सहकर्मी। इनको सुधारा तो जा नहीं सकता, अतः इनसे बचना ही बेहतर है। इनके साथ जितना कम सम्पर्क रखा जाये उतना ही बेहतर है। यदि कोई बैंक आपको वांछित स्तर की सेवाएं नहीं दे पा रहा तो वहाँ से अपने खाते बंद कर दूसरे अच्छे बैंक में खाते खोल लेना ही श्रेयस्कर है।

स्वीकार करना : तनाव के बहुत से बाह्य कारकों से छुटकारा आपके व्यक्तिगत प्रयत्नों से संभव नहीं होता। जैसे व्यवस्था में भ्रष्टाचार, समाज के देखने का नज़रिया, व्यक्तिगत स्वार्थ आदि। इनको बदला नहीं जा सकता। इनके साथ जीना होता है, अतः इन्हें स्वीकार कर लेने में ही भलाई है। इस स्वीकृति से आप इनसे होने वाले तनाव से काफी हद तक बच सकते हैं।

सुधारना : तनाव के बहुत से बाह्य कारक ऐसे होते हैं जिन्हें आसानी से सुधारा जा सकता है, जैसे दफ्तर में लेट पहुँचने से होने वाला तनाव। देर से उठना या देर से सोना यदि इस देरी का कारण है तो आप अपनी आदतों को बदल कर आसानी से इस तनाव से बच सकते हैं। आपके बच्चे की तबीयत खराब रहती है और इसका कारण उसकी गलत आदत है तो उसकी उस आदत को सुधारने से आपका तनाव दूर हो सकता है।

लड़ना : कुछ ऐसी परिस्थितियाँ भी हैं जिनको न तो नजरअंदाज किया जा सकता है, न उनसे बचा जा सकता है और न उनको सुधारा जा सकता है। ये परिस्थितियाँ स्वीकार करने योग्य भी नहीं होती। जैसे कोई व्यक्ति आपसे रकम उधार लेकर मुकर जाता है। तो उस ऋण की वसूली हेतु आपको कानूनी लड़ाई लड़नी ही होगी। इस प्रकार के बाह्य कारकों से सुलटने का कोई और विकल्प बचता ही नहीं तो फिर क्या करें? परन्तु इतना अवश्य ध्यान रखें कि जब तक दूसरा विकल्प मौजूद हो इस लड़ने वाले विकल्प को न आजमाएं।

तनाव के बाह्य कारकों में कई ऐसे कारक होते हैं जिनकी पहले से कोई अपेक्षा नहीं की जा सकती। उनकी कल्पना भी नहीं की जा सकती। इन परिस्थितियों को झेलने का पहले कोई अनुभव भी नहीं होता। यह परिस्थितियों की नवीनता तथा आकस्मिकता बहुत ज्यादा तनाव पैदा कर सकती है। इन परिस्थितियों को धीरज से समझना चाहिये और उनका विश्लेषण करना चाहिए

तथा उसके पश्चात् उनके निराकरण के मार्ग का चयन उपरोक्त वर्णित साधनों में से करना चाहिये।

लेकिन तनाव मात्र बाह्य कारकों से ही पैदा नहीं होता। रिचर्ड.ई.कालिंस के अनुसार तनाव का वास्तविक जनन अंतः परिस्थितियों के कारण से होता है। **जेनिफर एबल** जो एक मनोचिकित्सक हैं, का कहना है कि कुछ व्यक्ति तनाव के बहुत से बाह्य कारकों के विद्यमान होने के बावजूद तनाव का अनुभव नहीं करते क्योंकि तनाव के बाह्य कारकों को वे दूसरे नजरिये से देखते हैं और उनके प्रति उनकी प्रतिक्रिया भी संयमित होती है। **रिचर्ड कालिंस** जो हृदय संस्थान ओमाहा, नेब्रास्का में निदेशक रहे हैं, का कहना है कि हर व्यक्ति तनाव की परिस्थितियों के प्रति समान शारीरिक और मानसिक प्रतिक्रिया नहीं दर्शाता। **कालिंस** के अनुसार, कुछ व्यक्ति काँच के समान होते हैं और जब तनाव रूपी हथौड़ा उन पर चलता है तो वे सदैव के लिए टूट जाते हैं। कुछ लोग लकड़ी के समान होते हैं और तनाव रूपी हथौड़ा चलने पर उन पर गहरा दाग तो पड़ता है, परन्तु वे टूटते नहीं और कुछ व्यक्ति रूई के तकिये के समान होते हैं, जो तनाव का हथौड़ा लगने पर फूल जाते हैं और दूसरा वार सहने हेतु तैयार हो जाते हैं। तनाव उनका कुछ भी नहीं बिगाड़ पाता। कालिंस के अनुसार अच्छी बात ये है कि तनाव के प्रति लोगों का यह नज़रिया आनुवांशिक या स्वाभाविक नहीं होता अपितु यह अर्जित किया होता है, अतः इस नजरिये को बदला जा सकता है। प्रयत्न करने पर सीखा जा सकता है और प्रयत्नों से भुलाया भी जा सकता है। डा.जेनिफर एबल का कहना है कि आप तनाव से बिल्कुल मुक्त तो नहीं हो सकते, लेकिन तनावग्रस्त रहने के समय को अवश्य कम कर सकते हैं। जिनके पास तनाव उत्पन्न होने के बहुत से बाह्य कारक हैं, वे उनके बारे में हमेशा सोचें तो तनाव बढ़ेगा। इसकी अपेक्षा वे उस सोच को स्थगित तथा सीमित कर दें तो तनाव से उत्पन्न शारीरिक प्रतिक्रिया भी स्थगित और सीमित हो जाएगी और तनाव जनित हार्मोन शरीर को कम नुकसान कर पायेंगे। अगर तनाव के बाह्य कारकों का समाधान समझने में आता है तो ठीक और नहीं तो चिन्ता क्यों? तनाव के आन्तरिक कारकों में सबसे महत्त्वपूर्ण व्यक्ति की **मानसिक अवस्था** होती है। इसको 'आन्तरिक अभ्यस्तता' के नाम से भी जाना जाता है।

किसी भी व्यक्ति की मानसिक अवस्था का निर्माण अनेक प्रकार के प्रभावों से होता है। व्यक्ति की माँ, पिता, उसका समस्त परिवार, उसके स्कूल का परिवेश और शिक्षा, उसके दोस्त तथा रिश्तेदार, उसकी जाति तथा समाज, उसकी आर्थिक स्थिति तथा जीवन का स्तर, उसका धर्म, उसकी आध्यात्मिकता, संसार

में रहते हुए उसके द्वारा अर्जित अनुभव आदि उसकी मानसिकता को प्रभावित करते हैं। व्यक्ति की मानसिकता से मतलब है उसकी पसंद, नापसंद, उसके नैतिक तथा सांसारिक मूल्य, उसके संस्कार, उसकी प्राथमिकताएं, उसकी महत्त्वाकांक्षाएं, उसका अहम, उसकी व्यवहार कुशलता, उसकी प्रकृति तथा रवैया अथवा विचार, उसकी कार्य संपादन की शैली और निपुणता, उसके लगाव और पूर्वाग्रह आदि। व्यक्ति के दुःख तथा सुख उसकी मानसिक अवस्था से ही निर्धारित होते हैं। वैसे तो नवजात शिशु के भी अपने संस्कार होते हैं, पर फिर भी यह माना जाता है कि उसकी अपनी कोई मानसिकता नहीं होती। क्योंकि उसकी उस समय तक की कोई अनुभूति नहीं होती। फिर धीरे-धीरे समय के साथ उसकी मानसिकता बनती है। उसी मानसिकता के आधार पर वह सभी घटनाओं के प्रति अपनी सोच बनाता है और व्यवहार तय करता है, अपने विचार प्रकट करता है। इसी के चलते उसे तनाव होता है। यदि वह तनाव पैदा करने वाली मानसिकता को बदल सके तो फिर तनाव से बच सकता है। प्रश्न यह है कि क्या इस मानसिकता को बदला जा सकता है? इस प्रश्न का उत्तर है- हाँ! निरंतर प्रयत्नों से मानसिकता को बदला जा सकता है। जैन दर्शन में एक शब्द आता है, 'अनेकान्त' जिसके मायने है 'एक से अधिक विचारों का सिद्धान्त'। यह सिद्धान्त कहता है कि हर व्यक्ति को अपने तरीके से सोचने और व्यवहार करने का पूरा अधिकार है। इसका तात्पर्य यह हुआ कि किसी भी विषय तथा वस्तु के बारे में हर व्यक्ति की एक अलग सोच हो सकती है, अलग विचार हो सकते हैं। यह विचार उस व्यक्ति की मानसिकता से उत्पन्न होते हैं और इसलिये इन विचारों तथा सोचों को निरपेक्ष रूप से सही या गलत नहीं कहा जा सकता। हर विचार अपने हिसाब से सही है। फर्क इन व्यक्तियों की मानसिक अवस्था के कारण आया है। यदि आप अनेकान्त के सिद्धान्त की अनुपालना करेंगे, तो आप अपनी आन्तरिक अवस्था को बहुत आसानी से बदल सकते हैं। आप दूसरों को और अधिक स्पष्ट रूप से समझने में सक्षम होंगे और उनके सोचने के तरीकों का अच्छी तरह से विश्लेषण करने में सक्षम होंगे। आप दूसरे के विचारों को स्वीकार करने के योग्य भी होंगे। यदि स्वीकार नहीं करेंगे, तो कम से कम उन्हें समझने में सक्षम होंगे। इससे निश्चित रूप से कम तनाव पैदा होगा। तनाव प्रबन्धन में 'अनेकान्त' महानतम सिद्धान्त है। यदि भिन्न विचारों के दो लोग एक साथ रहना चाहते हैं, काम करना चाहते हैं तो उनके विचारों और सोच में अन्तर होगा। दो व्यक्ति एक-सा नहीं सोच सकते। सोचों का यह भेद दोनों व्यक्तियों को 'देने और लेने' के समझौते की जरूरत की ओर ले जाता है। दोनों को अपनी

कुछ जरूरतों को छोड़ना पड़ता है, कुछ विचारों को छोड़ना पड़ता है ताकि दूसरे के विचारों या जरूरतों को पूरा किया जा सके। यह एक स्वस्थ समाज का नियम है। त्याग जरूरी है। यदि सम्बन्धों में हर रोज विवाद होंगे और दोनों ही अपने विचारों पर अड़ियल होंगे तो यह सम्बन्ध बहुत-सा तनाव पैदा करेगा या टूट जाएगा। यह सच है कि समाज या समूह के सभी सदस्यों को यह सिद्धान्त समझना चाहिए। तनाव के आन्तरिक कारणों के प्रबंधन हेतु व्यक्ति को अपनी भावनाओं को नियंत्रित करना सीखना पड़ता है। उसे अपनी समस्त ऋणात्मक भावनाएँ जो तनाव जनित करती है, जैसे लोभ, मोह, कामेच्छा, क्रोध, मद/अहंकार, मत्सर/ईर्ष्या, चिन्ता, अवसाद, आलस्य, अनिच्छा, घृणा, हिंसा आदि को जाग्रत होने से और बढ़ने से रोकना पड़ता है। अगर ये जाग्रत हो गईं और बढ़ गईं तो तनाव बढ़ जाना स्वाभाविक है। इन भावनाओं को उनके प्रथम उद्वेग पर ही रोक लेना चाहिए। अन्यथा इनका वेग बढ़ने पर ये नियंत्रण के बाहर जाकर अनिष्ट करवा सकती हैं। व्यक्ति को अपनी धनात्मक भावनाओं पर भी नियंत्रण करना पड़ता है। उसे इन धनात्मक भावनाओं के अतिरेक से बचना होता है। धनात्मक भावनाएँ यथा दया/करुणा, परानुभूति/सहानुभूति, श्रद्धा/भक्ति, अहिंसा, विवेक/वैराग्य, स्थिरता/दृढ़ता वैसे तो मनुष्य के लिये अच्छी मानी जाती हैं। परन्तु इनका अतिरेक होने से तनाव पैदा हो सकता है। अतः इन धनात्मक भावनाओं के उदय तथा विकास पर ही विवेक द्वारा उन्हें नियंत्रित करना पड़ता है और उनका उपयोग भी आवश्यकता के अनुरूप ही करना होता है। इसके अतिरिक्त अन्य व्यक्ति जो आपके जीवन में हैं तथा व्यवहार में हैं, उनकी धनात्मक और ऋणात्मक दोनों प्रकार की भावनाओं पर भी नजर रखनी पड़ती है और उन्हें समझना पड़ता है। वरना वे व्यक्ति के लिये तनाव जनित करने का बाह्य कारण बन सकती है। इस प्रकार अपनी तथा दूसरों की समस्त भावनाओं की अच्छी समझ के द्वारा आप तनाव से लगभग पूरी तरह बच सकते हैं। अपने शरीर की तथा रोगों के लक्षणों की अच्छी समझ द्वारा आप शारीरिक कष्टों, रोगों आदि से होने वाले तनावों से भी काफी हद तक बच सकते हैं। इसलिये इस पुस्तक में समस्त भावनाओं का विस्तृत विवरण किया गया है जो पाठक के लिये तनाव सहित जीवन जीने में काफी मददगार होगा।

13

मुदिता/प्रेम/अनुराग

अब तक हमने सिर्फ ऋणात्मक विजातीय वृत्तियों की शक्ति-सामर्थ्य, उपयोगिता-अनुपयोगिता की जानकारी प्राप्त की। अब हम धनात्मक सजातीय वृत्तियों के बाबत चर्चा करेंगे। ये वृत्तियां हैं दृढ़ता-स्थिरता, श्रद्धा-भक्ति, करुणा-दया, लज्ज़ा-ग्लानि, सत्य-शील, विवेक-वैराग्य, क्षमता-साहस आदि। अब हम एक-एक कर इनके प्रकृति-स्वरूप, सृजन, उपयोगिता-अनुपयोगिता आदि का वर्णन करेंगे तथा इनके महत्त्व को समझेंगे। सजातीय वृत्तियाँ किस प्रकार से विजातीय वृत्तियों पर जीत पा सकती हैं, यह भी चर्चा करेंगे।

सर्वप्रथम मुदिता तथा प्रेम की भावना का ही वर्णन उचित रहेगा। मुदिता, उदासीनता की विपरीत भावना का नाम है। यहाँ तक कि मुदिता की भावना मन को अवसादित होने से रोकती है। अगर आप यह सोचेंगे कि भविष्य बहुत अच्छा लग रहा है तो यह सोच आपके मन में आयेगा ही नहीं कि भविष्य खराब नज़र आता है। अतः निराशा और अवसाद से ग्रसित लोगों को यही सलाह दी जाती है कि वे खुश रहें और खुश रहने के लिए सब कुछ करें। उन्हें भूलकर भी कभी दुःख करने वाली परिस्थिति में जाना ही नहीं चाहिये। दुःख को कम करने के लिए कुछ लोग यह कहते हैं कि व्यक्ति को जी भर कर रो लेना चाहिए। लेकिन वैज्ञानिकों की सोच बिल्कुल विपरीत है। उनका मानना है कि रोना सिर्फ दुःख की अनुभूति को दृढ़ करता है और दुःख को और लम्बी अवधि का बना देता है। कुछ लोग यह भी मानते हैं कि दैहिक और भौतिक सुखों में डूबकर अवसाद से उबरा जा सकता है, पर यह भी सत्य नहीं। यद्यपि ये सब चीजें थोड़े समय के लिये दिल अवश्य बहला देती हैं। कुछ लोग शराब पीने से गम गलत हो जाने की बात करते हैं पर इसका तो बिल्कुल उल्टा परिणाम आता है क्योंकि शराब केन्द्रीय तंत्रिका तंत्र को

अवसादित ही करती है। वास्तव में अवसाद का तोड़ तो मानसिकता में बदलाव ही है। जिसमें मनुष्य वस्तुओं और घटनाओं को मुदिता के नज़रिये से देखना आरम्भ कर देता है। जब हानि में भी कुछ लाभ ही नज़र आने लगे तो समझो वह सोच बदल चुकी है।

एक प्राणी का दूसरे प्राणी के प्रति स्नेह या मोह प्रेम के नाम से जाना जाता है। इसके विपरीत किसी वस्तु के प्रति किसी व्यक्ति का मोह, लोभ के नाम से जाना जाता है। वस्तुतः मूल रूप में लोभ और प्रेम दोनों एक-सी भावनाएं हैं। किसी सुन्दर स्त्री को देखकर उस पर मोहित हो जाना ही प्रेम है और उन परिस्थितियों पर यह कहा जाता है कि वह स्त्री उस व्यक्ति के मन को लुभा गईं। अंग्रेजी में प्रेम शब्द को 'लव' और लैटिन में उसे 'लुबेट' कहते हैं जिसका संबंध संस्कृत के शब्द लोभ और उसकी धातु लुभ् से स्पष्ट है। एक प्रेमी की मनोवृत्ति प्रेयसी पर प्रभाव डालने की होती है, जो प्रेम के बढ़ने के साथ-साथ बढ़ती जाती है। प्रेमी की भावना और आतुरता यह रहती है कि प्रेयसी को उसके प्रेम की सूचना मिल जाये और प्रेयसी भी उसे प्रेम करने लगे। वास्तव में इकतरफा प्रेम असफल प्रेम होता है और सफल प्रेम के बारे में कहा जाता है कि वह दोनों तरफ बराबर होता है। सफल प्रेम की तुलना शमा और परवाने की चाहत से की जाती है क्योंकि परवाना जल जाने की परवाह न करके भी शमा के पास जाता है और शमा उम्र भर के लिए जलती और पिघलती है। प्रेमियों की इस प्रवृत्ति के मूल में आशिक की ही बदहवासी होती है।

एक अदना-सा करिश्मा है ये उसके इश्क का।
मर गया हूँ और मरने का गुमाँ होता नहीं।।

(यह उसके प्रेम का एक छोटा-सा करिश्मा है कि मैं मर गया हूँ, लेकिन मुझे मरने का अहसास नहीं हो रहा।)

उसके जान व इमान दोनों फंस जाते हैं और वह बेचारा इश्क को खुदा का इताब समझने लगता है। आशिक की इसी मानसिकता पर 'जिगर' मुरादाबादी साहब ने लिखा है कि-

पहले बुतों के इश्क़ में ईमान पर बनी।
फिर ऐसी आ बनी कि मेरी जान पर बनी।।

(हसीनाओं से इश्क में पहले तो आशिक ईमान से जाता है और फिर उसकी जान पर बन आती है।)

और किसी शायर ने यह भी कहा है कि-

बुतों के इश्क़ से बढ़कर अज़ाब क्या होगा।
किसी पे और खुदा का इताब क्या होगा।।

(हसीनाओं से इश्क कर लेने से बढ़कर मुसीबत क्या होगी। खुदा का इससे बड़ा प्रकोप और क्या होगा।)

इसी बाबत 'जिगर' मुरादाबादी साहब ने फरमाया है कि -

नाला होता है, आह होती है।
क्या बुरी चीज चाह होती है।।

(शिकायत होती है, निराशा होती है। इश्क एक बहुत ही खराब चीज होती है।)

और जनाब 'रौनक' साहब ने फरमाया है कि-

दर्दो-ग़म, रंजो-अलम, हसरते-यासो-हिमी।
और उल्फत में धरा क्या है, मुसीबत के सिवा।।

इसके विपरीत दुतरफा इश्क़ में भी मोहब्बत करने वालों का अंजाम ज्यादातर ऐसा होता है कि दुनिया उनके इश्क को नाकाम कर देती है और वे ग़मज़दा हो जाते हैं। इसलिए किसी शायर ने कहा है कि-

इनसे भी पहले मुहब्बत का यही अंजाम था।
कैस भी नाशाद था, फरहाद भी नाकाम था।।

(इश्क का नतीजा आज के पहले भी यही था। कैस (मजनूं) भी बहुत दुःखी रहा और फरहाद भी असफल रहा।)

और यह भी कहा है कि-

मुहब्बत करने वालों को जो देखा तो बुरा देखा।
किसी की आंख में आँसू, किसी को ग़मज़दा देखा।।

(जिसने भी इश्क किया उसका हाल बुरा हुआ। कोई रोता नज़र आया तो कोई गमगीन रहा।)

लेकिन दुतरफा इश्क में जब सफलता प्राप्त नहीं होती तो आशिक और माशूक के हालात कुछ ऐसे हो जाते हैं कि कहना पड़ता है-

आग भर दी है मुहब्बत ने मेरी रग-रग में।
मेरा तो खून भी दोज़ख का शरारा निकला।।

(इश्क ने मेरी नस-नस में आग-सी भर दी है। मेरा तो खून भी नर्क का अंगारा निकला।)

मुहब्बत में नहीं है फर्क़ जीने और मरने का।
उसी को देखकर जीते हैं, जिस काफ़िर पे दम निकले।।

(इश्क में जीने तथा मरने में कोई फर्क नहीं रह जाता, आशिक उसी को देखकर जीता है जिस पर वह जान न्यौछावर करता है।)

इब्तिदा वो थी कि जीने के लिए मरता था मैं।
इंतिहा यह है कि मरने की भी हसरत न रही।।

(शुरुआत यह थी कि मैं जिंदगी जीने के लिये मरता था और अंत ये है कि अब मरने की इच्छा भी नहीं।)

मरने से बढ़कर करुणा का विषय दूसरा नहीं हो सकता। यहां तक कि शत्रु के मरने पर भी लोग यही कहते हैं कि- बेचारा बहुत अच्छा था, तो प्रिय की सहानुभूति हासिल करने के लिए अगर आशिक मरणासन्न होने की बात करे तो जायज़ ही है। यदि प्रेमी इस बात से आश्वस्त हो जाये कि उसके मरणासन्न होने की खबर से प्रेमिका की सहानुभूति उसे मिल जायेगी तो वह जरूर ही ऐसा करेगा। प्रेमी के लिए वास्तव में ऐसी स्थिति तब उत्पन्न होती है जब उसका तिरस्कार करते हुए प्रेयसी किसी अन्य के प्रति अनुरक्त हो जाती है और प्रेमी के प्रति उसकी विरक्ति सिद्ध हो जाती है। तब प्रेमी निराश हो जाता है और यह कहता है कि -

अब यह जाना किसे कहते हैं आना दिल का।
हम हंसी खेल समझे थे लगाना दिल का॥

(अब समझ आया कि किसे कहते हैं किसी पे दिल का आना। मैं तो अन्यथा इश्क को मज़ाक समझता था।)

और बक़ौल 'मीर'-तक़ी-मीर साहब-

तदबीर मेरे इश्क़ की क्या फायदा तबीब।
अब जान ही के साथ ये, आज़ार जाएगा॥

(डाक्टर साहब मेरे इश्क़ की बीमारी के इलाज करने से क्या फायदा? अब तो यह मर्ज़ मरने पर ही ख़त्म होगा।)

यदि फिर भी कोई प्रेमी सच्चा प्रेमी होता है तो प्रीत को नहीं छोड़ता और अपने आप को बर्बादी की तरफ मुख़ातिब कर देता है। वह यह कहता है कि -

दिल है तो उसी का, जिगर है तो उसी का।
अपने को राहे इश्क़ में बर्बाद जो कर दे॥

(दिल और कलेजा सिर्फ उसी का प्रशंसनीय है जो खुद को इश्क़ के लिये पूरी तरह बर्बाद कर दे।)

वैसे भी प्रेम के स्वरूप पर विचार करें तो उसमें आत्मतुष्टि का विधान भी नहीं होता। कृष्ण के मथुरा से चले जाने पर राधा और गोपियों की कृष्ण से किसी प्रकार की कोई तुष्टि होने की सम्भावना ही समाप्त हो गई थी, परन्तु फिर भी उनका कृष्ण के प्रति प्रेम बरकरार रहा।

'आक्सीटोसिन' नामक हार्मोन और 'एंडोर्फिन' नामक हार्मोन प्रेम की भावना के मूल कारक है। मस्तिष्क का 'लिम्बिक सिस्टम्' इन हार्मोनों के स्त्रवण का केन्द्र होता हैं। एक और हार्मोन जो प्रेम की भावना को विकसित करता है, वह है 'प्रोलेक्टिन'।

यह हार्मोन मादाओं में अपने शिशु के प्रति प्रेम गहनता से उत्पन्न करता है। फ्राँस के प्रसूति विशेषज्ञ 'माइकल ओडेन्ट' ने अपनी पुस्तक 'सांइटिफिकेशन ऑफ लव' में स्पष्ट किया है कि इसी हार्मोन की वजह से माँ के स्तनों में बच्चे के लिए दुग्ध का सृजन होता है और वह उसे स्तनपान करवा सकती है। क्योंकि यह 'दूध इंजेक्शन रिफ्लैक्स' को प्रेरित करता है। माँ के शिशु के प्रति इस प्रेम को ममता या ममत्व कहा जाता है। जिस माता के रक्त में गर्भावस्था के दौरान जितना अधिक ऑक्सीटॉसिन होता है, वह उतना ही अधिक अपने बच्चे को चाहती है, उसकी देखभाल करती है, प्यार करती है। ऑक्सीटॉसिन और एन्डोर्फिन दोनों ही हार्मोनों का स्त्रवण 'ऐपोक्राइन ग्रन्थि' द्वारा भी किया जाता है। यह दोनों ही हार्मोन अंग-अंग में स्फूर्ति, मस्तिष्क में खुशी और शांति जनित करते हैं। नर मादा के प्रेम में काम की अनुभूति भी सम्मिलित होती है। साइकोफार्मेकोलोजिस्ट **माइकल लिबोविज** के अनुसार विपरीत लिंग के साथी की कल्पना/मौजूदगी अथवा स्पर्श एक रसायन का स्त्रवण करता है, जिसे 'फिनाइल इथायलेमाइन' कहते हैं। यह हार्मोन मस्तिष्क को सुख का एहसास दिलाता है। अतः नर मादा के प्रेम में तीनों हार्मोनों का स्त्रवण होता है एवं उसके होने व बढ़ने के कारण भी यही हार्मोन होते हैं। इसके अलावा जिन हार्मोनों का सम्बंध मैथुन या काम की वृत्ति के साथ होता है, जैसे 'एण्ड्रोजन-टेस्टोस्टेरोन' और 'एस्ट्रोजन-प्रोजेस्टेरोन' के प्रभाव का अध्ययन हम काम वृत्ति पर चर्चा करते समय देख ही चुके हैं। अन्य हार्मोन जो इस प्रेम/काम की वृत्ति को नियंत्रित करने में भूमिका अदा करते हैं, वे हैं 'नॉर ऐपिनेफ्राइन' और 'ऐपीनेफ्राइन' तथा 'डोपामाइन' जो मस्तिष्क के 'लिम्बिक सिस्टम' के द्वारा स्त्रवित किये जाते हैं। ये तीनों हार्मोन मिलकर मनुष्य के मस्तिष्क में काम के उद्दीपन तथा तत्पश्चात् के व्यवहारों पर नियंत्रण रखते हैं। यह हार्मोन भी खुशी और प्रेम की भावनाओं को विकसित तथा प्रसारित करते हैं। वृद्धावस्था में जब 'तंत्रिका संधि' में हार्मोनों का प्रसारण कम हो जाता है तो ये प्रवाहित नहीं हो पाते तथा कई तंत्रिका तंत्र की परेशानियाँ खड़ी हो जाती है। तब अवश्य ही दवा का सहारा लेना पड़ता है।

'बर्लान विश्वविद्यालय' इजरायल के वैज्ञानिकों ने एक शोध में पाया है कि जिन युगलों के रक्त में 'आक्सीटोसिन' की मात्रा ज्यादा पाई जाती है वे ज्यादा दिनों तक साथ रहते हैं। वे युगल जिनके रक्त में 'आक्सीटोसिन' की मात्रा कम पाई गई उनमें तलाक की वृत्ति भी ज्यादा पाई गई, यही 'आक्सीटोसिन' हार्मोन हमारे शुरुआती प्रेम संबंधों का कारक होता है और इसी का स्तर आगे उस प्रेम संबंध के जारी रहने में भी सहायक होता है। अतः यह हार्मोन प्रेम की प्रतिबद्धता की मात्रा से अपनी मात्रा का सीधा सम्बन्ध रखता है। मुदिता, प्रेम तथा अनुराग सकारात्मक प्रवृत्तियां हैं अतः इन्हें जैसे भी हो हासिल करना चाहिए और हासिल हो जाने के बाद बनाये रखना चाहिए। इन्हें अपने व्यक्तित्व में कायम रखना चाहिए।

14

श्रद्धा/भक्ति

प्रेम के बाद अब हम श्रद्धा तथा भक्ति की भावना का जिक्र करेंगे। श्रद्धा मानव के मन की वह प्रवृत्ति है जो श्रद्धा के पात्र मनुष्य की किसी विशेष योग्यता अथवा गुण को देखकर जाग्रत होती है। यदि हमें प्रतीत होगा कि कोई विशेष व्यक्ति किसी विशेष गुण यथा वीरता, सज्जनता, दयालुता, दानवीरता, परोपकारिता, सम्पन्नता, शक्ति, ज्ञान, साधुता, आदि से युक्त है तो उसकी इस विशेष योग्यता के प्रति हमारे मन में जिस सम्मान की भावना का उदय होगा उसी को श्रद्धा कहा जाता है। लोग अपनी श्रद्धा के पात्र के प्रति आदर रखते हैं तथा सदैव उसकी प्रशंसा करते हैं। वे उसका अनादर अथवा उसकी निन्दा सहन नहीं कर सकते। श्रद्धा की यह भावना केवल व्यक्ति ही नहीं किसी वस्तु, संस्था, अन्य प्राणी, देवता आदि के प्रति भी जाग्रत हो सकती है। देवताओं के प्रति निजी श्रद्धा इष्ट के रूप में तथा धर्म के प्रति श्रद्धा पंथ के रूप में अक्सर देखी जाती है। कई बार श्रद्धा तथा प्रेम, श्रद्धा तथा कृपा, श्रद्धा तथा दया आदि में स्पष्ट अंतर दृष्टिगोचर नहीं हो पाता। परन्तु यह सभी भावनाएं एक-दूसरे से भिन्न है। श्रद्धा दया से इस मायने में भिन्न है कि श्रद्धा सामर्थ्य के प्रति होती है जबकि दया अक्षमता के प्रति। पंडितों, विद्वानों तथा धार्मिकों के प्रति जो आदर की भावना मन में आती है उसे 'श्रद्धा' तथा अंधों, लूलों, लंगड़ों के प्रति मदद करने की इच्छा को 'दया' कहा जाता है। श्रद्धा, प्रेम से भी भिन्न है। प्रेम एकनिष्ठ होता है तो श्रद्धा बहुनिष्ठ। प्रेम व्यक्ति पर आधारित है तो श्रद्धा गुणों पर आधारित है। श्रद्धा में चरित्र प्रधान है जबकि प्रेम में आत्मीयता, प्रेम में स्वार्थ भी होता है तथा वह प्रेमी पर अधिकार चाहता

है जबकि श्रद्धा में कोई स्वार्थ नहीं होता तथा श्रद्धेय पर कोई अधिकार नहीं होता। श्रद्धा की भावना में अनंत विस्तार होता है जबकि प्रेम संकुचित होता है। जिनका अंतस संकुचित होता है, जो स्वार्थी होते हैं उनके मन में किसी के प्रति श्रद्धा जाग्रत नहीं हो सकती। श्रद्धा कृतज्ञता भी नहीं। कृपा के प्रति उत्पन्न भावना कृतज्ञता है जबकि श्रद्धा किसी की कृपा से जाग्रत नहीं हो सकती। श्रद्धा तो चमत्कार को नमस्कार है।

श्रद्धा की प्रकृति तथा स्वरूप देखने के बाद हम उसके महत्त्व तथा उपयोगिता पर आते हैं। चाणक्य ने श्रद्धा का महत्त्व बताते हुए लिखा है कि–

न देवो विद्यते काष्ठे, न पाषाणे न मृण्मये।
भावे ही विद्यते देवस्तमाद् भावो हि कारणम्।।

(अर्थात् परमेश्वर न काष्ठ में है और न पत्थर में। श्रद्धा की भावना में ही परमेश्वर का निवास है। श्रद्धा ही प्रतिमा को जड़ अथवा जाग्रत करती है।)

गीता में श्रीकृष्ण ने भी कहा है कि–

यो यो यां यां तनुं भक्तः श्रद्धयार्चितुमिच्छति।
तस्य तस्याचलां श्रद्धा तामेव विदधाम्यहम्।।

(अर्थात् मनुष्य की श्रद्धा जिस किसी वस्तु में झुकती है, ईश्वर उसे वहीं पर पुष्ट करते हैं।) तथा

सतया श्रद्धया युक्तस्तस्यारा धनमीहते।
लभते च त्तः कामान्मयैव विहितान्हितान्।।

(अर्थात् ईश्वर व्यक्ति को उसकी श्रद्धा के विषय या वस्तु के रूप में ही प्राप्त भी होते हैं।)

इसी बात को रामचरितमानस में इस प्रकार से कहा गया है कि-

जाकी रही भावना जैसी, प्रभु मूरत राखिय तियं तैसी।

(जैसी जिसकी भावना होती है, प्रभु उसे उसी रूप में दिखाई देते हैं।)

गीता में आगे कहा गया है कि–

अन्तवत्तुफलंतेशां तम्दवत्यल्पमेधसाम्।
देवान्देवयजो यान्ति मभ्दक्ता यान्ति मामपि।।

(अर्थात् मनुष्य की श्रद्धा के ऐसे देव तथा उनके द्वारा देय ऐसे समस्त फल विनाशवान तथा अस्थाई होते हैं और फलों के भोग के बाद ऐसी श्रद्धा तथा उसके देव नष्ट हो जाते हैं।)

अतः सच्ची श्रद्धा तो उस अक्षर अविनाशी प्रभु के प्रति की गई श्रद्धा ही है जो प्राणी को मोक्ष प्राप्त करवा देती है।

इतनी महत्त्वपूर्ण वृत्ति श्रद्धा का प्राकट्य मन, वचन और कर्म तीन माध्यमों से होता है। मन में श्रद्धा आदर तथा सम्मान के रूप में, वचन में श्रद्धा प्रशंसा के रूप में तथा कर्म में श्रद्धा सेवा के रूप में सामान्यतः प्रकट होती है। श्रद्धेय की शील, प्रतिभा तथा सम्पन्नता से प्रभावित व्यक्ति को श्रद्धा की अनुभूति बहुत व्यापक रूप से होती है। यह कभी-कभी इतनी व्यापक भी हो जाती है कि यदि श्रद्धेय उस श्रद्धा का दुरुपयोग करे तब भी बनी रहती है। यह वास्तव में श्रद्धा की कमजोरी है कि श्रद्धा करने वाला अपने श्रद्धेय की त्रुटियों पर ध्यान नहीं देता और कभी-कभी तो इनकी प्रशंसा भी कर देता है। इस अति-श्रद्धा को 'अन्ध श्रद्धा' भी कहा जाता है तथा यह अनर्थकारी होती है। इसी अन्धश्रद्धा में श्रद्धा का दुरुपयोग निहित होता है। इसलिए श्रद्धा को शैतान के अनुयायी पाखण्ड तथा ढोंग के द्वारा हासिल करने हेतु लालायित रहते हैं। कोई साधु होने का ढोंग करता है तो कोई भगवान होने का। ऐसे ढोंगी श्रद्धा जैसी इस पवित्र भावना का लाभ अपने स्वार्थ साधन तथा वासना तृप्ति हेतु ले लेते हैं। श्रद्धा के सहारे शैतान के कार्य भी सुगम हो जाते हैं। आजकल तो सम्पन्नता के सहारे श्रद्धा को खरीद भी लिया जाता है। ढोंगियों में अपने प्रति श्रद्धा को हासिल कर लेने की प्रतिस्पर्धा-सी लगी रहती है तथा उनमें श्रद्धा की अभिलाषा एक दुर्व्यसन के रूप में व्याप्त हो जाती है। उनकी स्वयं के प्रति अयोग्य धारणाएं बन जाती हैं। वे तब स्वयं ही को ईश्वर मानने लगते हैं। यह श्रद्धा की पवित्र भावना का परम् दुरुपयोग है। इससे कदापि बचें।

मनुष्य प्राकृतिक रूप से ही विश्वास करने की प्रवृत्ति रखता है। खोज करने वालों ने पाया है कि विकास के साथ-साथ मानव के मस्तिष्क में ईश्वर के प्रति विश्वास उदित तथा पुष्ट होता रहा क्योंकि इस विश्वास ने उसके अंतस को डर से सुरक्षित किया और उसका साहस बढ़ाकर जीने में उसकी मदद की। विकास के क्रम में उन मनुष्यों ने जिन्हें एक धर्म/ईश्वर में विश्वास था, एक साथ मिलकर रहना तथा काम करना आरंभ किया। इस एकजुटता ने उनकी बेहतर सुरक्षा की और उनके जिन्दा रहने तथा बचे रहने के अवसर बेहतर हो गये।

इसके पहले **रिचर्ड हॉकिन्स** जिसने 'द गॉड डेल्यूशन' नामक किताब लिखी, द्वारा यह प्रतिपादित किया गया था कि धार्मिक विश्वास अज्ञान और बचपन के संस्कार-शिक्षण के कारण पैदा होता है। लेकिन **ब्रूस हुड** जो कि ब्रिस्टल यूनिवर्सिटी में 'विकास के मनोविज्ञान' के प्रोफेसर हैं, उनका मानना है कि यह मामला जरा जटिल है।

उनका कहना है कि बच्चों का अपना खुद का एक विश्लेषण और तर्क का तरीका होता है जो उनके धार्मिक तथा ईश्वर के प्रति विश्वास व धारणा का निर्धारण करता है। धीरे-धीरे वे इस विश्वास व धारणा की और भी तर्कसंगत तरीके से व्याख्या करने में समर्थ होते जाते हैं। लेकिन धर्म के अतर्कसंगत विश्वास भी बने रहते हैं। कई गलत धारणायें तथा अंधविश्वास इतनी गहरी जड़ें जमा लेती/लेते हैं कि उनसे मनुष्य विलग नहीं हो पाता।

मनुष्य के दिमाग में धार्मिक विश्वास एवं धारणाएं एक विशेष हिस्से में प्रवाहित विद्युतीय/चुम्बकीय प्रवाहों से निर्मित/सृजित होती है। **एन्ड्रयू न्यूबर्ग** जो पेनिसिल्वेनिया यूनिवर्सिटी में प्राध्यापक, हैं उन्होंने मस्तिष्क छायांकन से ये देखा है कि धार्मिक और ईश्वरीय विश्वास/धारणायें एक तंत्रिका तंत्र से तय होती हैं, जिसका नामकरण उन्होंने 'विश्वास का तंत्र' किया है। पहले यह माना जाता था कि मस्तिष्क में एक ईश्वर का स्थान है जो प्रार्थना करने या मेडिटेट करने से क्रियाशील हो जाता है। मस्तिष्क के 'टेम्पोरल लाब्स' और कुछ अन्य स्थान आपस में क्रिया कर सभी धार्मिक और ईश्वरीय तथा आत्मिक अनुभव करवाते हैं। लारेन्सियन विश्वविद्यालय, ऑन्टेरियो के वैज्ञानिक **माइकल परसिंगर** ने ये अनुभव शक्तिशाली विद्युत चुम्बकीय स्पन्दनों से स्वयं-सेवकों के मस्तिष्क में उत्पन्न करवाएँ हैं। कुछ विशेषज्ञों का मानना है कि मनुष्यों में 'परा-प्राकृतिक' अनुभवों के प्रति जन्मजात प्रवृत्ति होती है। इसलिये कई मनुष्य जो जन्म से धार्मिक अनुभवों से दूर रहे हैं, उनमें भी जवानी में ईश्वर तथा धर्म पर विश्वास आ जाता है।

आस्था रखना कोई गलत बात नहीं, अतः ईश्वर वास्तव में हो या ना हो, हमें ईश्वर में आस्था अवश्य रखनी चाहिए। क्योंकि आस्था ही हमें जीने और आगे बढ़ने की शक्ति प्रदान करती है। यदि हम किसी वस्तु, व्यक्ति या कल्पना में पूरी आस्था/विश्वास रखते हैं तो यह आस्था हमारा संबल बन जाती है। हमें लगता है कि यह संबल हमें हमारे दुःखों से निजात दिलवाएगा। हार्वर्ड विश्वविद्यालय से सम्बंधित मैक्लीन अस्पताल के शोधकर्ताओं ने भी पाया है कि जो लोग दैवीय शक्ति में विश्वास रखते हैं और उनकी उपासना करते हैं, उनके मन में जीवन की अनिश्चितताओं को लेकर चिन्ता कम रहती है। उनमें जीवन में आने वाले दुःखों को सहन करने की शक्ति भी अधिक रहती है। इस शोध के मुख्य शोधकर्ता तथा लेखक **डेविड एच. रोसमरीन** ने चिकित्सा के क्षेत्र में इस शोध का महत्त्व बताते हुए कहा कि इससे चिकित्सा में आस्था तथा आध्यात्मिकता की भूमिका नए सिरे से परिभाषित होगी। चिकित्सक मरीज के आध्यात्मिक और धार्मिक विश्वासों का भी उसके स्वास्थ्य पर असर समझेंगे व इनका उसकी चिकित्सा में उपयोग कर

सकेंगे। इस शोध से यह साबित हुआ है कि कुछ आध्यात्मिक आस्थाएँ मनुष्य के मन पर बहुत ही सकारात्मक असर डालती है। वे हमारे देखने के नज़रिए तक में बदलाव ला सकती हैं क्योंकि इन आस्थाओं और विश्वास का मनुष्य के मनोवैज्ञानिक स्वास्थ्य पर बहुत गहरा असर होता है।

श्रद्धा के बाद अब हम भक्ति पर आते हैं। जब श्रद्धा प्रगाढ़ होने लगती है तब श्रद्धेय के प्रति साधक में प्रेम का भाव अंकुरित हो जाता है। उसे श्रद्धेय के दर्शन, श्रवण, कीर्तन, ध्यान आदि की इच्छा निरंतर रहने लगती है। श्रद्धा तथा प्रेम के इस मिलन को भक्ति कहा गया है। प्रेम के मिल जाने से श्रद्धा में श्रद्धेय के प्रति पूर्ण समर्पण का भाव मन में आ जाता है। तब श्रद्धेय का उठना-बैठना, चलना-फिरना, हँसना-बोलना आदि सभी बातें प्रियकर लगती हैं। साधक श्रद्धेय को अपना सर्वस्व समर्पित करने हेतु तत्पर हो जाए ऐसी भावना को 'भक्ति' कहा जाता है। यह समर्पण का भाव अक्सर ईश्वर के भक्तों में साक्षात देखा जा सकता है। वह अपना सर्वस्व केवल इस भावना से त्याग देते हैं कि-

त्वदीयं वस्तु गोविंद, तुभ्यमेव समर्पये।

(सभी वस्तुएं हे ईश्वर तुम्हारी हैं, अतः वे तुम्हें ही समर्पित करता हूँ।)

और ईश्वर भी अपने भक्तों से अनन्य प्रेम रखते हैं। गीता में कहा गया है कि-

पत्रं पुष्पं फलं तोयं यो मे भक्त्या प्रयच्छति।
तदअहं भक्त्युपदतमश्नामि प्रियतात्मनः॥

(जो कोई भक्त मेरे लिए प्रेम से पत्र, पुष्प, फल, जल आदि अर्पण करता है, उस शुद्ध बुद्धि निष्काम प्रेमी भक्त का प्रेमपूर्वक अर्पित किया गया वह पत्रपुष्पादि मैं सगुण रूप से प्रकट होकर प्रीति सहित खाता हूँ।)

इसी भावना के तहत ईश्वर ने राम रूप में शबरी के जूठे बेर और कृष्ण रूप में द्रौपदी के दिये हुए शाक-पत्र प्रसन्नता से खाये। गजेन्द्र की आर्त पुकार सुनकर बैकुण्ठ से तत्क्षण आये तथा प्रह्लाद को बचाने हेतु खंभा फाड़कर नृसिंह रूप में प्रकट हो गये। कहा जाता है कि भक्ति हृदय से की जाती है, अतः बुद्धि के साथ उसका विरोध होता है।

बुद्धि तर्क की जन्मदात्री माँ है जबकि भक्ति विश्वास पर टिकी होती है। जब भक्त के मन में बुद्धि तर्क करने लगती है तब विश्वास डगमगा जाता है। शैतान भी मनुष्य की इसी बुद्धि को भ्रष्ट कर उसे भक्ति के मार्ग से विलग करता है। परन्तु वास्तव में भक्ति तथा बुद्धि या ज्ञान में कोई विरोधाभास नहीं

होता। हनुमान जी को 'भक्त शिरोमणि' भी कहा जाता है तथा 'ज्ञान गुण सागर' भी हनुमान जी वास्तव में ज्ञान तथा भक्ति दोनों के ही विपुल भण्डार थे। एक बार भगवान राम ने हनुमान जी से पूछा कि, 'हनुमान तुम मुझे किस दृष्टि से देखते हो?' हनुमान जी बोले, 'हे राम! जब मुझे 'मैं' का बोध रहता है तब मैं देखता हूँ कि आप पूर्ण हो, मैं अंश हूँ। आप प्रभु हो, मैं दास हूँ। और हे राम! जब मुझमें तत्त्वज्ञान आता है, तब मैं देखता हूँ कि आप और मैं दोनों एक ही हैं।' तो वास्तव में भक्ति ही मनुष्य को वास्तविक ज्ञान की प्राप्ति करवाती है। अगर ज्ञान पुरुष है तो भक्ति नारी तथा दोनों एक-दूसरे के पूरक हैं। ज्ञान तो आपको ईश्वर प्राप्ति का मार्ग दिखाता है, परन्तु भक्ति तो आपको ईश्वर के समक्ष ले जाकर खड़ी कर देगी। जिनकी भक्ति प्रगाढ़ नहीं होती उन्हीं की बुद्धि तर्क करती है। उन्हीं को शैतान मार्गच्युत कर सकता है। परन्तु जिनकी भक्ति प्रगाढ़ होती है उनका ज्ञान भी पूर्ण हो जाता है तथा उनका विश्वास भी अडिग हो जाता है। उनको कोई मार्गच्युत नहीं कर सकता। इस बाबत बाइबिल से ईसा मसीह का एक प्रसंग उद्धरित करता हूँ-

ईसा मसीह चालीस दिन और चालीस रात तक उपवास करते रहे, तब उन्हें भूख लगी। शैतान तब उनके पास गया और परीक्षा हेतु उनसे बोला, 'यदि आप ईश्वर के पुत्र हैं तो कह दीजिए कि यह पत्थर रोटियाँ बन जाएँ।' परन्तु ईसा ने कहा कि, 'मनुष्य रोटी से नहीं जीता है, वह ईश्वर के मुख से निकलने वाले हर शब्द से जीता है।' तब शैतान ने उन्हें पवित्र नगर ले जाकर गिरजे के शिखर पर खड़ा कर दिया और कहा, 'यदि आप ईश्वर के पुत्र हैं तो नीचे कूद जाइए, क्योंकि लिखा है–'तुम्हारे विषय में वह अपने दूतों को आदेश देगा और वे तुम्हें अपने हाथों में संभाल लेंगे कि कहीं तुम्हारे पैरों को पत्थर से चोट न लगे।' तब ईसा ने शैतान से कहा कि, 'यह भी कहा है कि अपने प्रभु ईश्वर की परीक्षा मत लो।' फिर शैतान उन्हें एक अत्यंत ऊँचे पहाड़ पर ले गया और संसार के सभी राज्य और उनका वैभव दिखाकर बोला, 'यदि आप दण्डवत कर मेरी आराधना करें तो मैं आपको यह सब दे दूंगा।'

ईसा ने उत्तर दिया, 'हट जा शैतान! लिखा है कि अपने प्रभु-ईश्वर की आराधना करो और केवल उसी की सेवा करो।' तब शैतान अपने प्रयास में असफल हो चलता बना। भक्ति में अगर ईसा मसीह जैसी दृढ़ता तथा प्रगाढ़ता हो तब शैतान कुछ नहीं बिगाड़ सकता। स्वयं ईश्वर भी अपने भक्तों की दृढ़ता

की परीक्षा लेता है। इब्राहीम की परीक्षा हेतु ईश्वर ने उसे अपने पुत्र इसहाक की बलि देने हेतु कहा। इब्राहीम ने दृढ़तापूर्वक अपने पुत्र को बलि की वेदी पर चढ़ा दिया तथा मारने लगा। तब ईश्वर इब्राहीम पर प्रसन्न हुआ और आकाशवाणी कर उसे बलि देने से रोका। श्रद्धा तथा भक्ति यदि इतनी दृढ़ अथवा स्थिर हो तो फिर ईश्वर की प्राप्ति में कोई संदेह नहीं। स्वयं नारायण को अवतार लेने हेतु बाध्य कर दे ऐसी शक्ति केवल भक्ति में ही निहित होती है। कहा गया है कि-

मन्दो वदति विश्णाय, धीरो वदति विष्णवे।
उभयोश्च फलं तुल्यं, भावग्राही जनार्दनः॥

(अर्थात् किस भाव से कौन क्या कर रहा है, इसे भगवान जानते हैं। जो कोई प्रेम से भगवान की ओर दौड़ता है, उसकी ओर भगवान भी दौड़ पड़ते हैं।)

भक्ति का कर्म के साथ भी कोई विरोधाभास नहीं है। भक्ति हेतु कर्म को त्यागना आवश्यक नहीं। अपितु कर्म को निष्काम भाव से करना भक्ति के बिना संभव नहीं। सेवा या ईश्वर भक्ति के भाव से किया गया कर्म पूजा के समान है। गीता में कहा गया है कि-

यतः प्रवृत्तिर्भूतानां येन सर्वमिदंत्तम्।
स्वकर्मणा तमभ्यर्च्य सिद्धिं विन्दतिमानवः॥

(अर्थात् सब जीवों को ईश्वर सदृश समझ कर जो उनकी सेवा करता है तथा इस प्रकार उस परमेश्वर की अपने स्वाभाविक कर्मों द्वारा सेवा करता है वह परमसिद्धि को प्राप्त करता है।)

भक्ति के तीन रूप समाज में प्रायः देखे जाते हैं। सात्त्विक, राजसी और तामसिक। सात्त्विक भक्ति में आडंबर नहीं होता। साज-सजावट तथा साधनों का जमघट नहीं होता। उसका उद्देश्य केवल मोक्ष की प्राप्ति होता है। राजसी भक्ति वाला चन्दन तिलक करेगा, सोना रुद्राक्ष मिला कर माला बनाएगा, उसे पहनेगा। उत्तम वस्त्र धारण करेगा और फिर ठाठ-बाट से पूजा करेगा। वह विभिन्न सांसारिक ऐश्वर्यों की प्राप्ति हेतु पूजा करेगा। तामसिक भक्ति सिद्धियों की प्राप्ति हेतु तंत्र-मंत्र, टोने-टोटकों के द्वारा की जाती है। इन तीनों प्रकार की भक्तियों को दो वर्गों में विभाजित किया जा सकता है। राजसी तथा तामसिक भक्ति को 'सकाम' भक्ति तथा सात्त्विक भक्ति को 'निष्काम-भक्ति' की संज्ञा दी जा सकती है। यह मेरे शैतान का ही चमत्कार है कि उसने भक्ति जैसी पवित्र भावना में भी राजसी तथा तामसिक गुण भर दिए। इससे उसने शुद्ध भक्ति पद की प्राप्ति को बहुत मुश्किल कर दिया है।

वैसे तो भक्ति जैसी भावना में ढोंग, पाखंड आदि की कोई संभावना नहीं होनी चाहिए, पर शैतान तो यहाँ पर भी अपना वर्चस्व स्थापित करने में नहीं चूका है। उसने अपने अनुयायियों को समय-समय पर तामसिक तथा राजसी भक्ति द्वारा ईश्वर को प्रसन्न कर उनसे वरदान माँगने हेतु प्रेरित किया जिनसे उसका साम्राज्य पोषित हों। अनेक राक्षसों के ऐसे किस्से हमारे साहित्य में प्रारम्भ से ही समाहित है। भस्मासुर, महिषासुर, हिरण्यकशिपु, रावण, मेघनाथ आदि ऐसे अनेक राक्षसों ने भक्ति से ईश्वर को प्रसन्न कर ऐसे-ऐसे वरदान हासिल कर लिए कि उन वरदानों की शक्ति को तोड़ने और उन राक्षसों का नाश करने हेतु स्वयं ईश्वर को अवतरित होना पड़ा।

भक्ति की इसी कमजोरी को शैतान अक्सर भुनाता रहता है। वह अस्थिर बुद्धि वाले भक्त की बुद्धि को भ्रष्ट कर उसे राक्षस बना देता है तथा अपने उद्देश्यों की प्राप्ति में लगा देता है। अब हर कोई भक्त तो ईसा मसीह, प्रह्लाद अथवा हनुमान बन नहीं सकता। उतनी उद्देश्यों के प्रति दृढ़ता हर किसी में तो संभव हो नहीं सकती। परन्तु बिना स्थिरता एवं दृढ़ता के श्रद्धा तथा भक्ति दोनों बालू-मिट्टी की दीवार की तरह ढ़ह सकती है। अतः भक्ति के साथ दृढ़ता, विश्वास तथा स्थिरता भी आवश्यक है। भगवत्गीता में तथा रामायण में नौ प्रकार से भक्ति करने का वर्णन आता है।

श्रवणं कीर्तनं विष्णोः स्मरणं पाद्सेवनम्।
अर्चनं वंदनं दास्यं साख्यम् आत्मनिवेदनम्॥

(अर्थात् भक्ति के नौ अंग हैं—सुनना, याद करना, सेवा करना, अर्चना करना, वंदना करना, दासता, सखा भाव, प्रेम तथा समर्पण।)

इन सभी अंगों वाली भक्ति को 'नवधा भक्ति' का नाम दिया गया है। गीता में कहा गया है कि-

न मा दुश्कृतिनो मूढाः प्रपद्यन्ते नराधमाः।
माययापहृतज्ञाना आसुरं भावमाश्रिताः॥

(अर्थात् चार प्रकार के मनुष्य यथा मूढ़, नराधम, दिग्भ्रमित तथा नास्तिक ईश्वर की भक्ति नहीं करते।)

और यह भी कहा गया है कि-

चतुर्विध भजन्ते मा जनाः सुकृतिनो अर्जुनः।
आर्तो जिज्ञासुरर्थार्थी ज्ञानी भरतर्षभ॥

(अर्थात् चार प्रकार के मनुष्य यथा आर्त, जिज्ञासु, अर्थार्थी तथा ज्ञानी ही ईश्वर की भक्ति करते हैं।)

जिसने इस भक्ति को अंगीकार कर लिया उसको प्रभु भक्त वत्सल तुरंत अपनी शरण में ले लेते हैं। वह ईश्वर के साथ अंगीकार होकर मोक्ष को प्राप्त हो जाता है। उसी प्रकार जैसे मीरा, सूरदास, कबीर, नानक, रैदास, रहीम, रसखान आदि भक्त मोक्ष को प्राप्त हो गये। गीता में कहा गया है कि-

अन्तकाले च मामेव स्मरन्मुक्त्वा कलेवरम्।
यः प्रयाति स मभ्दावं याति नास्त्यत्रसंशयः॥

(अर्थात् जीवन के अन्त में जो केवल मेरा स्मरण करते हुए शरीर का त्याग करते हैं, वह तुरंत मेरे स्वभाव को प्राप्त हो जाते हैं।)

इस बात का सदैव ध्यान रखें और ईश्वर का निरंतर स्मरण रखें क्योंकि पता नहीं कब अन्तकाल आ जाये।

15

स्थिरता/दृढ़ता/संयम

सजातीय वृत्तियों में अब हम स्थिरता व दृढ़ता तथा संयम का परिचय प्राप्त करेंगे। स्थिरता अथवा दृढ़ता दो प्रकार की हो सकती है, शारीरिक एवं मानसिक। शारीरिक दृढ़ता का तो महत्त्व कम है क्योंकि अंतस का महाभारत कोई मल्ल युद्ध तो है नहीं। इस युद्ध में तो मानसिक दृढ़ता अथवा स्थिरता का ही महत्त्व है। मानसिक दृढ़ता तथा स्थिरता, बुद्धि की मन पर नियंत्रण की क्षमता का ही नाम है। इसके लिए गीता में 'स्थिर बुद्धि' अथवा 'स्थिर मतिः' शब्द प्रयुक्त हुआ है। सर्वप्रथम है कर्त्तव्य का निश्चय, उसके बाद एकाग्रता और फिर तन्मयता तथा अंत में चित्त की समता। चित्त तथा मन की यह समता ही बुद्धि की दृढ़ता का प्रतीक होती है। चित्त में लेशमात्र भी डगमगाहट, हिचकिचाहट, घबराहट और अनिश्चय का न होना ही 'स्थिर मतिः' के लक्षण हैं। इसी स्थिरता का दूसरा अर्थ सरलता, विमलता या विरलता है। सरल एवं विमल बुद्धि कभी नहीं कांपती। मन एक तरह से बुद्धि का ही भाग है। मनुष्य के मन की कल्पनाओं के रंग बुद्धि पर चढ़ते हैं। इस कारण से एक ही बुद्धि की अनेक बुद्धियाँ बन जाती हैं। दया का रंग चढ़ने पर दया-बुद्धि, द्वेष का रंग चढ़ जाने पर द्वेष-बुद्धि। इस प्रकार अनेक बुद्धियाँ मनुष्य को चारों ओर से खींचने का, त्रस्त करने का, व्याकुल करने का और जर्जर करने का काम करती हैं। ऐसी हजार बुद्धियाँ भी मनुष्य का सही मार्गदर्शन नहीं कर सकती। स्थिर एवं शुद्ध बुद्धि अर्थात् प्रज्ञा ही सही निर्णय देती है क्योंकि उसका कोई रंग नहीं होता। कहा गया है कि-

काम कला मन विह्वला, युक्ति न लागत एक।
क्षण सुख चित्त चंचल करे, बचे जे विमल विवेक॥

(अर्थात् कामनाओं से प्रेरित मन विषयों में विकल हो जाता है। उसकी विकलता इतनी बढ़ जाती है कि शम, दम, नियम, ज्ञान, वैराग्य आदि एक भी युक्ति काम नहीं करती। ऐसे चंचल हुए चित्त को केवल विशुद्ध विवेक ही बचा सकता है।)

कामनाओं का भी एक नशा होता है जिसमें मन मत्त हो जाता है। ऐसा मतवाला मन भजन-चिन्तन के अंकुश को भी तोड़ डालता है। मन होता है कामनाओं का भंडार, उसमें संकल्पों और विकल्पों का निरंतर सृजन तथा नाश होता रहता है। बुद्धि इन संकल्पों/विकल्पों पर उचित-अनुचित का निर्णय करती है। वह संयम के द्वारा इन पर नियंत्रण भी कर सकती है। परंतु इसके लिए बुद्धि का स्थिर तथा विरल होना तथा मन का बुद्धि के अनुकूल होना आवश्यक है। उधर मन भी बुद्धि को विचलित करने की अपार क्षमता रखता है। मन अगर न हो तो संयम ही संयम। मन अगर न हो तो सब समस्यायें ही समाप्त। या फिर मन एवं बुद्धि दोनों अनुकूल हो जाये। दोनों में कोई खींचातानी न हो। ऐसा तभी हो सकता है जब मन बुद्धि के कहे अनुसार चले। निर्णय बुद्धि करे और मन उस पर अमल करे। अर्थात् मन पर बुद्धि का पूरा नियंत्रण हो और मन बुद्धि के अनुसार चले। यही वास्तविक 'मनोनाश' है। मन में बहुत सृजन शक्ति होती है। मनोनाश का तात्पर्य मन की इस सृजन शक्ति का नाश करना नहीं होता। इस सृजन शक्ति का नाश करना आवश्यक भी नहीं और हानिकारक भी है। अपितु इसको कायम रखते हुए इसे नियंत्रित करना ही वास्तविक मनोनाश है। नियंत्रण का यह कार्य बुद्धि द्वारा होता है। अतः मन को बुद्धि द्वारा नियंत्रित कर उसे सन्मार्गी बनाएं। जिसने मन की कामनाओं को इस प्रकार से बुद्धि द्वारा नियंत्रित कर दिया वही पुरुष 'स्थिर मतिः' और 'स्थित प्रज्ञ' कहलाता है तथा उसका समस्त विजातीय वृत्तियाँ भी कुछ नहीं बिगाड़ सकती।

स्थिरता-दृढ़ता का तात्पर्य समझ लेने के पश्चात् अब इसके स्वरूप का अध्ययन करेंगे और यह भी देखेंगे कि इसकी प्राप्ति का मार्ग क्या है। मन अश्व के समान ही बड़ा चंचल होता है। जिस प्रकार वेगवान अश्व रथ को खींच ले जाते हैं तथा वेगवान हवाएं नाव को खींच ले जाती हैं, उसी प्रकार यह चंचल मन बुद्धि को खींच ले जाता है। गीता में कहा गया है कि-

मनः शीघ्रतरं वायोः।

(अर्थात् मन वायु से भी तीव्रगामी है।)

महापुरुषों ने मन को कामनाओं में लिप्त हो, पशुवत आचरण में रत देखकर तथा महान उन्मादी एवं कठिनता से वश में होने वाला जानकर एक मदमस्त हाथी

की संज्ञा दी है। यह मदान्ध तथा माया में आलुप्त मन ही मनुष्य को भवाटवी के घोर संकट में डालता है। तुलसीदास जी ने रामचरितमानस में लिखा है कि-

मन करिं विषय अनल बन जरईं।
होई सुखी जौ एहिं सर परईं॥

(अर्थात् मन रूपी हाथी निरंतर विषयों की अग्नि से जलता रहता है और दुःखी करता है। वही सुखी है जिसने इस मन पर नियंत्रण कर लिया है।)

रहीमदास जी ने भी कहा है कि-

मन मतंग मानै नहीं, जब लगि खता न खाय।
जैसे विधवा नारि कोउ, गर्भ रहे पछताय॥

(मन तब तक नहीं मानता जब तक चोट न खा लें, जैसे विधवा नारी गर्भ रह जाने पर ही अपनी गलती का अहसास कर पाती है।)

वास्तव में इन्द्रियां, मन एवं बुद्धि तीनों ही कामनाओं के निवास स्थान हैं। सर्वप्रथम इन्द्रियां कामनाओं को महसूस करती है, फिर वे कामनाएं इन्द्रियों के माध्यम से मन में समा जाती हैं और तत्पश्चात् वे बुद्धि को भी वश में कर लेती हैं। गीता में कहा गया है कि-

इन्द्रियाणि मनो बुद्धिरस्याधिष्ठानमुच्यते।
ऐतैर्विमोहयत्येश ज्ञानमावश्त्य देहिनम्॥

(अर्थात् इन्द्रियाँ, मन तथा बुद्धि, कामनाओं के क्रमशः निवास स्थान हैं। इनके द्वारा कामनाएँ जीवात्मा के ज्ञान को ढ़ककर उसे मोहित कर लेती हैं।)

और यह भी कहा गया है कि-

तस्मात्त्ज्ञवमिन्द्रियाण्यादौ नियम्य भरतर्षम।
पाप्मानं प्रजहि ह्येनं ज्ञान विनाशनम्॥

(अर्थात् प्रारंभ से ही इन्द्रियों को वश में करके इन कामनाओं का दमन करो और ज्ञान तथा आत्म-साक्षात्कार से इनको अवरुद्ध करो।)

इसलिए गीता में भगवान श्रीकृष्ण ने भी माना है कि मन की चंचलता को रोकना एक बहुत ही मुश्किल काम है-

असंशयं महाबाहो, मनोदुर्निग्रहं चलम्।

परन्तु साथ ही उन्होंने यह भी कहा कि- अभ्यास करने से तो इसको भी वश में किया जा सकता है।

अभ्यासेन तु कौन्तेय, वैराग्येण च ग्रह्यते॥

योग-सूत्रों के अनुसार मन की पाँच अवस्थाएं होती हैं, जो निम्न प्रकार से हैं-

मूढ़ मन : आलस्य, निद्रा, प्रमाद, क्रोध आदि तमोगुणों के आधिक्य की स्थिति।

क्षिपत मन : रजोगुण प्रधान अवस्था। जिसमें सांसारिक कार्यों में रुचि होती है तथा भाग-दौड़ कर धन-सम्पत्ति, सुख-सुविधाएं आदि अर्जन करने में लिप्तता।

विक्षिप्त मन : रजो-सत्त्व गुण प्रधान अवस्था। मन सत एवं रजस दोनों छोरों पर झूलता रहता है। कभी सांसारिक कार्य तो कभी पूजा-पाठ रुचिकर लगते हैं।

एकाग्र मन : सत्त्व गुण प्रधान अवस्था। पूजा-पाठ रुचिकर। धर्म के कार्यों में रुचि।

अवरुद्ध मन : जब मन के समस्त संकल्प-विकल्प शांत हो जाये।

मूढ़ मन को अवरुद्ध मन के रूप में परिवर्तित करना ही मनुष्य का उद्देश्य होता है। इस स्थिति को हासिल करने हेतु संयम तथा अभ्यास नामक दो अस्त्रों का उपयोग वैसे ही किया जाता है जैसे हाथी को वश में करने हेतु अंकुश का। गीता में इन्द्रियों, मन और बुद्धि के बारे में कहा गया है कि-

इन्द्रियाणि पराण्याहुरिन्द्रियेभ्यः परं मनः।
मनसस्तु परा बुद्धिर्यो बुद्धेः परतस्तु सः॥

(अर्थात् कर्मेन्द्रियां जड़ पदार्थों की अपेक्षा श्रेष्ठ हैं, मन इन्द्रियों से श्रेष्ठ है, बुद्धि मन से श्रेष्ठ है और आत्मा बुद्धि से भी श्रेष्ठ है।)

अतः इन्द्रियों को मन तथा मन को बुद्धि द्वारा और दोनों ही को बुद्धि द्वारा नियंत्रित किया जा सकता है। कठोपनिषद् में जिक्र आता है कि जब सवार के हाथ में लगाम और लगाम के वश में घोड़ें हों, तभी सवार बेखटके मुकाम तक पहुँच सकता है। इसके विपरीत यदि घोड़ों के वश में लगाम और लगाम के वश में सवार हो जाये तो फिर मुकाम तक पहुँचना असंभव। नाव तभी तक आगे बढ़ती है जब तक हवाओं पर उसका वश है। यदि नाव हवाओं के वश में हो गई तो वह तारक नहीं मारक बन जाती है। गीता में कहा गया है कि इन्द्रियाँ घोड़ों के समान हैं-मन रथ, बुद्धि लगाम तथा आत्मा सवार। जब इन्द्रियाँ स्वच्छंद विचरण करने लगती हैं तो मन स्वतः ही उनके पीछे जाता है। जब मन इन्द्रियों के साथ हो जाता है तो दोनों का पक्ष प्रबल हो जाता है और बुद्धि का पक्ष दुर्बल। तब बुद्धि भी इन्द्रियों का ही अनुसरण करने लगती है और आत्मा रूपी सवार का पतन हो जाता है। परन्तु यदि मन बुद्धि के वश में हो जाए और इन्द्रियों का अनुसरण नहीं करे तो बुद्धि का पक्ष प्रबल हो जाता है। इस स्थिति में इन्द्रियों को बुद्धि के कहे अनुसार चलना पड़ता है और जब मन बुद्धि के अनुकूल और

इन्द्रियाँ मन के अनुकूल हो जाती हैं तो जीवन का सारा व्यवहार आत्मा के अनुकूल हो जाता है। ऐसी आत्मा रूपी सवार मंजिल को प्राप्त हो जाता है। इसलिए गीता में कहा गया है कि-

इन्द्रियाणां हि चरतां यत्न मनो नुविधीयते।
तदस्य हरति प्रज्ञां वायुर्नावमिवाम्भसि॥

(अर्थात् इन्द्रियों के विषयों में विचरण करने से मन को यत्नपूर्वक रोकना चाहिए नहीं तो इन्द्रियाँ बुद्धि का वैसे ही नाश कर देती हैं जैसे वायु नाव को नष्ट कर देती है।)

यदि कोई ऐसी युक्ति होती कि मन इन्द्रियों के वश में हो जाए तब भी बुद्धि प्रभावित न हो तो हमें विषयों की परवाह नहीं होती। परन्तु ऐसी कोई युक्ति नहीं। मन जब इन्द्रियों के वश में हो जाता है तो बुद्धि भी कुतर्क करने लगती है और जीवन का सारा व्यापार आत्मा के प्रतिकूल होने लगता है। जो यह सोचते हैं कि उनकी बुद्धि विषय विलास में फंसती नहीं वे भूल करते हैं। ऋणात्मकता का शैतान ऐसे ही पुरुषों की बुद्धि पर सवार हो जाता है और उसे कुतर्कों के सहारे भ्रष्ट कर उनकी आत्माओं को अपना गुलाम बना लेता है। जैसा कि उसने आदम और हव्वा के साथ किया और जैसा करने का प्रयत्न उसने ईसा मसीह के साथ किया। परन्तु ईसा मसीह की चारित्रिक दृढ़ता तथा ईश्वर में उनके विश्वास ने उन्हें बचा लिया और इन्हीं गुणों की कमी के कारण आदम तथा हव्वा उसके जाल में फँस गये। इस दृढ़ता को हासिल करने का एकमात्र साधन है संयम। संयम ही बुद्धि की वह लगाम है जो इन्द्रियों रूपी अश्वों को वश में कर सकती है। और अभ्यास ही वह तकनीक है जिससे संयम हासिल किया जा सकता है। गीता में कहा गया है कि-

यतो यतो निश्चरतिमनश्चल स्थिरम्।
ततस्तो नियम्येतदात्मन्येव वशनयते॥

(अर्थात् जिस-जिस विषय में इन्द्रियाँ विचरती हों तथा मन रमता हो उस उस विषय को रोक कर बार-बार परमात्मा में निरुद्ध करें।) और

इन्द्रियाणां विचरतां विषयेष्वपहारिषु।
संयमे यत्नमातिष्ठेद् विद्वान यत्नेनैव वाजिनाम्॥

(अर्थात् इन्द्रियों को विषयों में विचरित होने से रोकना चाहिए। विद्वान संयम द्वारा इन्द्रियों को वैसे ही वश में कर लेते हैं जैसे यत्न कर लगाम से अश्वों को वश में कर लिया जाता है।) तथा

सर्वाणीन्द्रियकर्माणि प्राणकर्माणि चापरे।
आत्मसंयमयोगाग्नौ जुह्वति ज्ञानदीपिते॥

(अर्थात् जो मन और इन्द्रियों को बुद्धि से वश में करके संयमित कर देते हैं, वे अवश्य ही आत्म साक्षात्कार को प्राप्त कर लेते हैं।)

आइए अब देखें कि इन्द्रियों को कैसे जीता जा सकता है। इनको जीतने की दो विधियाँ बताई जाती हैं। 'इन्द्रिय निग्रह' और 'इन्द्रिय संयम'। 'इन्द्रिय निग्रह' कुछ समय के लिये होता है और 'इन्द्रिय संयम' एक जीवन पद्धति। मान लीजिए मेरा मन मीठा खाने को करता है परन्तु यह स्वास्थ्य के लिये हानिकारक है, अतः मैं कुछ समय के लिये मीठा खाना बिल्कुल छोड़ देता हूँ। इसका उद्देश्य है स्वयं को अनुशासित करना। मीठा खाये बिना रहने का अभ्यास करना। इन्द्रियों को किसी भी विषय के रस से विलग अथवा मुक्त करने हेतु हमें उस विषय का (रूप, रस, गंध, स्पर्श आदि) निग्रह करना पड़ता है। अतः मीठा खाने के शौक को कम करने अथवा खत्म करने हेतु मैंने निग्रह किया और मीठा खाना छोड़ दिया। परन्तु इस निग्रह से मेरा शौक खत्म हो जाए यह आवश्यक नहीं, उल्टा वह भड़क भी सकता है। मन को सर्वथा अवरुद्ध कर देने पर वह यदा-कदा बड़ा वेगवान भी हो जाता है। ऐसा होने पर उसको रोकना लगभग असंभव हो जाता है। अतः 'निग्रह' का उपाय पूर्ण सफल नहीं होता। इसके विपरीत 'इन्द्रिय संयम' का रास्ता ज्यादा उचित तथा सफल होता है। इसको अपनाते हुए अब मीठे का शौकीन मैं फिर मीठा खाने लगता हूँ, लेकिन सम्भलकर और तौलकर। धीरे-धीरे उसे और कम करता हूँ और जब मन अनुशासित हो जाता है तो फिर मेरी इच्छा मीठा खाने की करती ही नहीं और मेरा शौक खत्म हो जाता है। यह 'इन्द्रिय संयम' का रास्ता है। इसी प्रकार कुछ समय का मौन व्रत 'इन्द्रिय निग्रह' है और मित भाषण 'इन्द्रिय संयम'। कुछ समय का निराहार व्रत करना 'इन्द्रिय निग्रह' है और मिताहार तथा युक्ताहार की भोजन पद्धति 'इन्द्रिय संयम' है। अर्थात् 'इन्द्रिय निग्रह' प्रासंगिक है, परन्तु 'इन्द्रिय संयम' नित्य है। जैसे उपवास 'प्रासंगिक' है और मिताहार 'नित्य' है। परन्तु यह कोई वास्तविक भेद नहीं है। जब निग्रह भी स्वाभाविक हो जाता है तो संयम का ही रूप धारण कर लेता है। अतः संयम और निग्रह दोनों की तकनीक एक ही है और वह है अभ्यास। दोनों में एक और वस्तु समान है और वह है इन्द्रियों पर अंकुश या रोक। इन्द्रिय संयम कठिन नहीं होता बात सिर्फ अभ्यास द्वारा आदत डाल लेने की होती है। शुरू से ही यदि अभ्यास कर लिया जाये तो इन्द्रियाँ स्वाभाविक रूप से विषयों से विरक्त हो जाये। गीता में कछुए का उदाहरण देकर इन्द्रिय संयम को समझाया गया है-

यदा संहरते चायं कुर्मो डगानीव सर्वशः।
इन्द्रियाणीन्द्रियार्थेभ्यस्तस्य प्रज्ञा प्रतिष्ठिता॥

(जैसे खतरा दिखते ही कछुआ अपने अवयवों को समेट लेता है, वैसे ही अपनी इन्द्रियों को विषयों से समेट लो।)

अतः वैसे तो इन्द्रियाँ वर्तन करें परन्तु जहाँ लिप्तता का खतरा आये तुरन्त बुद्धि उन्हें रोक ले और ऐसा करना स्वाभाविक हो जाए, यही 'इन्द्रिय संयम' या 'इन्द्रिय नियमन' है। यही मनोनाश है। इसे ही मन का अवरुद्ध होना कहते हैं। इसी संयम पर दृढ़ता और स्थिरता टिकी होती है और संयमी पुरुष ही स्थिर मतिः और स्थित प्रज्ञ होता है। संयम को श्रद्धा तथा भक्ति से काफी मदद मिलती है। श्रद्धा, भक्ति तथा दृढ़ता तीनों मिलकर सब कामनाओं का नाश कर देती हैं। प्राणायाम तथा ध्यान संयम को साधने में उपयोगी साधन होते हैं। आइए, अब देखें स्थिरता/दृढ़ता की उपयोगिता तथा अनुपयोगिता क्या है। स्थिरता एवं दृढ़ता ही सजातीय वृत्तियों की सेनापति है। स्थिरता की निर्मलता में भी उसकी उपयोगिता है। सरल मन वाला पुरुष ही साधु कहलाता है। स्थिरमति पुरुष ही महात्मा है। मन की स्थिरता तथा दृढता ही सफलता की कुंजी है।

16

दया/करुणा

स्थिरता तथा दृढ़ता के बाद सजातीय वृत्तियों में दया तथा करुणा का ही महत्त्व माना गया है। करुणा की तुलना धर्म से की गयी है। **द द द इति दमनम्, दत्तम एव दयाध्वम्।** (अर्थात् द से अर्थ है इंद्रियों का दमन, सम्पत्तियों का दान तथा जीवों पर दया) यह भी कहा गया है कि– **दया धर्म का मूल है, पाप मूल अभिमान।**

इसका अर्थ यह कि 'दया' तथा 'करुणा' सजातीय वृत्तियों का आधार है जैसे अहंकार सभी विजातीय वृत्तियों का आधार है। परंतु दया का द्वंद्व अहंकार से न होकर 'क्रोध' तथा 'हिंसा' से होता है। करुणा तथा दया क्रोध तथा हिंसा का शमन करती है। क्रोध तथा हिंसा की वृत्ति के तहत प्राणी, प्राणिमात्र, व्यक्ति तथा वस्तु की हानि की चेष्टा करता है जबकि दया तथा करुणा के तहत वह उनकी रक्षा या हित साधन की चेष्टा करता है। सामान्यतः मनुष्य दूसरे मनुष्यों तथा प्राणियों के दुःख से स्वयं भी दुःखी होता है। यद्यपि दुष्ट मनुष्य इसका अपवाद हो सकता है। दया तथा करुणा ऐसी सरल भावनाएं हैं कि प्राणिमात्र और निर्जीव वस्तुओं के प्रति भी सहज ही में उत्पन्न हो जाती हैं। ऋषि वाल्मिकी ने क्रौंच पक्षी के मिथुन में से एक को तीर से बिंधा देखा तो वे करुणा से अभिभूत हो उठे और शिकारी को श्राप दिया कि–

मा निषाद प्रतिष्ठां त्वम गमः शाश्वती समाः।
यत्क्रौंच मिथुनादि एकम वधीः काम मोहितम्।।

(अर्थात् हे काम मोहित क्रौंच पक्षियों के जोड़े में से एक को मारने वाले शिकारी तेरी प्रतिष्ठा सदैव के लिए समाप्त हो जाये।)

उनके मुख से यकायक निकला यह श्लोक उनकी प्रतिष्ठा का कारक बन गया। उन्हें अपनी सामर्थ्य का अहसास हुआ और उन्होंने रामायण जैसे महाकाव्य का सृजन कर दिया। तात्पर्य यह कि करुणा की भावना ने एक दुर्दम्य दस्यु वाल्मिकी को एक महान ऋषि तथा अमर रचनाकार बना दिया। दूसरों के कष्टों तथा दुःखों से प्रभावित होकर उनके निवारण की चेष्टा करने की भावना का ही नाम 'करुणा' है। मनुष्य की प्रकृति में शील और सात्त्विकता करुणा के आधार पर ही नापी जाती है। समाज में मनुष्य की सज्जनता भी अन्य प्राणियों के साथ उसके व्यवहार से ही व्यक्त होती है। मनुष्य के वे कर्म जिनसे अन्य प्राणी सुखी हों, सत्कर्म कहलाते हैं तथा वे कर्म जिनसे अन्य प्राणी दुःखी हों, दुष्कर्म कहलाते हैं। इसलिए कहा जाता है कि मारने वाले से ज्यादा हक बचाने वाले का होता है। सिद्धार्थ वैशाली के राजा शुद्धोधन के पुत्र थे। वे बचपन से ही करुणा से ओतप्रोत थे। उनका भाई देवदत्त हिंसक प्रवृत्ति का था। शिकार करते वक्त देवदत्त द्वारा घायल किया गया हंस सिद्धार्थ के पास गिरा। सिद्धार्थ ने करुणावश उसका उपचार किया। देवदत्त ने उस पर अपना अधिकार जताया और गौतम ने अपना। मामला राजा शुद्धोधन तक गया और उन्होंने न्याय सिद्धार्थ के पक्ष में किया। उन्होंने कहा कि हंस उसी का है जिसके पास वह छोड़ने के पश्चात् चल कर जाएगा। और हंस को जब छोड़ा गया तो वह भागकर सिद्धार्थ के पास चला गया। करुणा की यही जीत सिद्धार्थ की उन्नति का कारक बनी और वे 'गौतम बुद्ध' के नाम से प्रसिद्ध हुए तथा अहिंसक बुद्ध धर्म के संस्थापक बने।

इन उदाहरणों से करुणा तथा दया की प्रकृति एवं स्वरूप भी समझा जा सकता है तथा उसका सृजन एवं महत्त्व भी। करुणा मानव के मन की नैसर्गिक भावना है जिसका जन्म कष्ट से उपजी सहानुभूति में होता है।

किसी के कष्ट या दुःख के प्रति अपनत्व की यह भावना मनुष्य को उस व्यक्ति अथवा प्राणी के कष्टों या दुःख के प्रति संवेदना देती है और उनके निराकरण हेतु प्रयत्न करने की प्रेरणा देती है। ईश्वर को 'दयालु', 'कृपालु', 'दयानिधान', 'कृपानिधान' आदि नामों से जाना जाता है क्योंकि वे प्राणिमात्र के लिए दया तथा करुणा के समुद्र हैं। इसलिए जो मनुष्य प्राणिमात्र के लिए करुणा से ओतप्रोत है उसे 'सन्त' कहा जाता है तथा ईश्वर सदृश माना जाता है। 'करुणा' तथा 'दया' दोनों में विशेष भेद तो नहीं है, परन्तु इतना कहा जा सकता है कि करुणा तो कष्ट अथवा दुःख के प्रति विद्यमान नैसर्गिक भावना है, परन्तु दया दुष्टों के प्रति तथा अपराधियों के प्रति भी की जा सकती है। दया तो ईश्वर ने शैतान को भी दिखाई थी जब उसे कयामत तक की मोहलत दी। दया के तहत

इंसान दुष्टों तथा अपराधियों को क्षमा करता है तथा उन्हें दण्ड नहीं देता, परन्तु करुणा के तहत वह सभी प्राणियों के हित का चिंतन तथा प्रयत्न करता है। फिर भी सामान्य रूप में दया करुणा का ही पर्याय है। करुणा चित्त को विकल करती है, परन्तु अन्त में उसे संतुष्ट भी करती है। किसी के कष्ट को देखकर पहले तो स्वयं भी कष्ट होता है परंतु उसके कष्ट में मदद करने से यदि वह दूर हो जाता है तो आत्मतुष्टि होती है, संतोष एवं सुख होता है। 'कृपा' तथा 'अनुग्रह' भी करुणा सदृश भावनाएं ही हैं। परन्तु कृपा तथा अनुग्रह में एक तो आत्म भाव (मैं) छिपा रहता है और दूसरे वह प्रतिकार स्वरूप उत्पन्न होती है। सेवा करने से कृपा हासिल की जाती है और भक्ति से अनुग्रह। परन्तु करुणा हासिल करने हेतु कुछ प्रतिकार करना आवश्यक नहीं। उदाहरणार्थ, ईश्वर वैसे तो प्राणिमात्र के लिए ही करुणाशील है, परन्तु अपने भक्तों तथा सेवकों पर उनकी विशेष कृपा तथा अनुग्रह रहता है। अपने मित्र सुदामा की दीनता को देखकर तो श्रीकृष्ण इतने द्रवित हो गये कि रोने लगे। भक्तों की आर्त पुकार सुनकर तो उन्होंने स्वयं प्रकट होकर भी उनके कष्टों का निवारण किया। करुणा प्राणी मात्र के दुःख तथा कष्ट के प्रति उपजी प्रीतिकर भावना है और उनके हितों को साधने की प्रेरणा देती है। इसलिए इसे सबसे बड़ा 'धर्म' तथा हिंसा को सबसे बड़ा 'अधर्म' माना गया है।

परहित सरिस धर्म नहीं भाई।
पर पीड़ा सम नहीं अधमाई।।

'करुणा' तथा 'अहिंसा' में फर्क यह है कि अहिंसा करुणा का क्रियात्मक पक्ष है। अर्थात् हृदय में करुणा रखने वाला व्यक्ति ही अहिंसा का पुजारी होता है। समस्त प्राणियों पर करुणा की भावना के तहत किसी भी प्रकार की हिंसा (मनसा, वाचा, कर्मणा) न करना ही अहिंसा कहलाती है। जैन, बौद्ध, हिन्दू आदि कई धर्मों में अहिंसा पर बहुत जोर दिया गया है। इन धर्मों के साधु सदैव प्रयत्नशील रहते हैं कि उनके किसी भी आचार, विचार तथा व्यवहार से प्राणिमात्र अथवा पदार्थ को भी दुःख न पहुँचे। इन धर्मों के अनुसार अहिंसा ही मुख्य धर्म है। **अहिंसा परमो धर्मः।**

करुणा का एक रूप 'प्रेम' तथा 'वात्सल्य' में भी प्रकट होता है। प्राणिमात्र के लिये प्रेम के तहत इंसान उनकी सुरक्षा करता है, पालता है। प्रिय के वियोग से जो दुःख होता है उसमें भी करुणा का कुछ अंश छुपा रहता है। प्रिय व्यक्ति के सामने रहने से उसके प्रति जो निश्चित जानकारी रहती है वह उसके दूर होने पर संशय में परिवर्तित हो जाती है और इसी कारण से प्रिय व्यक्ति से दूर होने पर मनुष्य की भावनाएं उसके प्रति द्रवित हो जाती हैं। वात्सल्य के भाव से मनुष्य

अपनी संतानों का भरण-पोषण करता है, उनमें अच्छे संस्कार डालता है। इनके नुकसान की लेशमात्र भी आशंका होने पर वह दु:खी हो जाता है और वास्तव में उनके किसी नुकसान पर वह करुणा से ओतप्रोत हो जाता है। यदि इसी प्रेम तथा वात्सल्य से चराचर जगत के समस्त व्यवहार होने लगें तो यह पृथ्वी स्वर्ग बन जाये। जब प्रिय के बारे में सोचा जाता है तो प्रिय ही सोचा जाता है। उसके लेशमात्र अमंगल की भी कामना नहीं की जा सकती।

और यदि यही वात्सल्य का भाव समस्त प्राणियों के प्रति आ जाये तो मनुष्य सच्चा संत बन जाता है। दया को परानुभूति या सहानुभूति भी कह सकते हैं। परानुभूति या सहानुभूति की भावना के मूल में स्वयं की भावनाओं की गहरी समझ होती है। अगर हम हमारी स्वयं की भावनाओं को अच्छी तरह से समझ सकेंगे तो हम किसी अन्य के मन में किसी विशेष परिस्थितिजन्य भावना को भी सही प्रकार से समझ सकेंगे। जो अपनी स्वयं की भावनाओं को लेकर ही संदेह में रहते हैं, उन्हें ही भली प्रकार से समझ नहीं पाते, वे भला दूसरों की भावनाओं को क्या समझेंगे। ऐसे लोग भावनात्मक रूप से बहरे, अन्धे व गूंगे होते हैं। दूसरे लोग जब उन्हें अपनी भावनाओं के बारे में बताते हैं तो उन्हें अचंभा होता है। लेकिन फिर भी वे उन्हें समझने में विफल हो जाते हैं। अपनी तथा दूसरों की भावनाओं को नहीं समझ सकना व्यक्तित्व की एक भारी कमी है। यह कमी मनुष्य को 'असहिष्णु' तथा 'अमानवीय' बनाती है और 'असामाजिक' तो ऐसा व्यक्ति स्वत: ही बन जाता है। वह अच्छा अपराधी जरूर बन सकता है। दूसरों की भावनाओं की समझ रखना मनुष्य को सामाजिक होने में मदद करता है तथा उसे कई कार्यक्षेत्रों में 'सुगमता' तथा 'सफलता' दिलाता है। ऐसा मनुष्य एक अच्छा पिता/माता या सम्बंधी होगा, अच्छा मित्र या सहयोगी होगा, अच्छा प्रेमी या पति/पत्नी होगा और अच्छा प्रबंधक तो वह होगा ही। लोग ज्यादातर अपने भावों को शब्दों में व्यक्त नहीं करते। उन्हें खुल कर अन्यथा भी अभिव्यक्त नहीं किया जाता क्योंकि भावनाओं को किसी भी प्रकार उजागर करना समाज में मानवीय कमज़ोरी माना जाता है। मानसिक दृढ़ता का तक़ाज़ा यही है कि अपनी भावनाओं को हर किसी से और हर जगह प्रकट न करो। औरतें सामान्यत: भावनाओं के प्रकटन से स्वयं को रोक नहीं पाती, अत: उन्हें पुरुष के बनिस्पत मानसिक रूप से कमजोर समझा जाता है। अगर कोई पुरुष भावनाओं के प्रकटन से स्वयं को रोक नहीं पाता तो उसकी तुलना औरत से की जाती है। भावनाओं को प्रकट न करना मर्दानगी की शान समझा जाता है। यद्यपि यह सभी धारणायें भ्रमात्मक हैं और आधारहीन हैं परन्तु यह हमारे समाज में प्रचलित बहुत हैं। कई

व्यक्ति तो भावनाओं को छुपाने में इतने माहिर होते हैं कि वे न कभी हँसते/मुस्कुराते हैं और न कभी रोते-बिलखते हैं। ऐसे पत्थर हृदय लोगों की समाज में प्रशंसा भी हो जाती है। लेकिन ये लोग वास्तव में मानसिक रूप से सहज नहीं होते, बल्कि जैसा कि हमने ऊपर देखा वे मानसिक रोगी होते हैं।

उपरोक्त धारणाओं के चलते मानसिक रूप से सामान्य व्यक्ति भी अपनी भावनाएं न तो कहता है और न अन्यथा जाहिर करता है। तो अगर उन्हें कोई समझना चाहे तो कैसे समझे। भावनाओं को सामान्यतः अकथनीय माध्यमों से व्यक्त किया जाता है। वाणी का तरीका बदलना, चेहरे के भाव बदलना, शरीर के हाव-भाव बदलना, इत्यादि तरीके अपनाए जाते हैं। अब यह इस बात पर निर्भर करेगा कि इन माध्यमों से व्यक्त किये गये भाव आपको उसकी भावनाओं को समझा सकेंगे अथवा नहीं, कि आप भावनाओं को इस प्रकार समझने में कितने माहिर हैं। इसी भावनाओं को समझ सकने की आपकी क्षमता का नाम है परानुभूति या सहानुभूति। परानुभूति की इस क्षमता में औरतें आदमी से ज्यादा समर्थ होती हैं। ऐसा स्वाभाविक और प्राकृतिक है। अकथनीय माध्यमों से भावनाओं को समझने के लिए बाकायदा प्रशिक्षण दिया जाता है। भावनाओं की अकथनीय माध्यमों से अभिव्यक्ति को समझ सकने वाला व्यक्ति जीवन के कई क्षेत्रों में ज्यादा सफल होता है। ऐसे व्यक्ति स्वयं भी भावनात्मक रूप से ज्यादा स्थिर होते हैं। परानुभूति की क्षमता का व्यक्ति के बौद्धिक/विवेक स्तर से कोई लेना-देना नहीं होता। जैसे मस्तिष्क की अभिव्यक्ति का तरीका मौखिक है, भावनाओं की अभिव्यक्ति का तरीका अमौखिक होता है। अगर विचारों की सच्चाई को जानने का तरीका मौखिक वर्णन है, भावनाओं की सच्चाई को जानने का तरीका अमौखिक होता है।

परानुभूति की भावनाएं मनुष्य में बहुत छोटी अवस्था से ही जाग्रत हो जाती हैं। परानुभूति की सर्वप्रथम अभिव्यक्ति नये पैदा हुए बच्चे में दूसरे किसी बच्चे को रोते देखकर दुःखी होने से जाहिर होती है। यह प्रक्रिया परानुभूति की प्राथमिक अभिव्यक्ति है। बच्चे दूसरों के दुःख को भी अपना दुःख समझते हैं। वे दूसरे बच्चे को रोते देखकर खुद भी रोना चालू कर देते हैं। बच्चा शुरुआत में भावनाओं की 'स्वचालित नकल' करता है। वो ये नहीं जानता कि किसी और की भावनाओं के ठेस लगने का कारण क्या है और उसका निवारण कैसे करें। जैसे अपनी मां को रोते देखते ही बच्चा स्वयं भी रोने लग जाता है। यह 'स्वचालित नकल' परानुभूति की प्रथम अभिव्यक्ति है। परानुभूति का शब्दार्थ है किसी व्यक्ति के विषयात्मक अनुभव को गृहित कर लेना। 'टिचनर' का सिद्धान्त

है कि परानुभूति का जनन दो दुःखी व्यक्तियों की शारीरिक निकटता के कारण से होता है। ये भावना सहानुभूति की भावना से अलग है जिसका अहसास दूसरों की सामान्यतः बुरी अवस्था को देखकर होता है। इसमें दूसरे के दुःख की अनुभूति व्यक्ति में स्वयं में जाग्रत नहीं होती। स्वचालित नकल का अन्त बच्चों में दो से ढ़ाई वर्ष की उम्र में हो जाता है। तब उनको इस बात का अहसास हो जाता है कि उनका दुःख/दर्द दूसरे के दुःख/दर्द से अलग है। दूसरों के दुःख/दर्द को दूर करने का जितना कार्य किया जायेगा, उतनी ही परानुभूति की भावना बढ़ेगी। 'मानसिक तारतम्यता' वह प्रक्रिया है जिसके द्वारा दो व्यक्ति एक-दूसरे की भावनाओं से परिचित होते हैं। ऐसे अंतरंग लम्हे और उनमें भावनाओं का आदान-प्रदान इस तारतम्यता को शनैः-शनैः बढ़ाता है। जैसे मां का प्यार बच्चे के साथ पूरी तारतम्यता बैठा देता है और मां उसकी भावना बिना बोले ही समझ जाती है। इसी प्रकार जवानी में इस तारतम्यता का सबसे नजदीकी स्वरूप प्यार के होने/करने में दिखता है। प्यार करते वक्त इंसान दूसरे व्यक्ति (प्रेमी/प्रेमिका) की भावनाओं को देखता है, उसकी मनःस्थिति देखता है। उसकी जरूरतों और चाहतों को समझता है, अपनी इच्छाओं-जरूरतों और भावनाओं को उनके अनुकूल ढ़ालने का प्रयत्न करता है।

धीरे-धीरे दोनों एक-दूसरे को पूर्णतः समझने लगते हैं और फिर दोनों की तारतम्यता शारीरिक और मानसिक दोनों स्तरों पर प्रेम में तब्दील हो जाती है। प्यार करना अपने चरम रूप में परानुभूति का सर्वोत्कृष्ट उदाहरण है। वास्तव में किसी भी व्यक्ति की भावनाओं का निर्माण उसके द्वारा अनुभव की गई अनेक प्रकार की नजदीकियों के फलस्वरूप होता है जो उसे ता जीवन प्राप्त होती हैं। अगर बचपन में माता-पिता से या बंधु-सखाओं से किसी को प्रेम अथवा सहानुभूति नहीं मिली है तो वह बच्चा खुशी, प्रेम, गम, परानुभूति एवं सहानुभूति की भावनाओं से वंचित रह जायेगा तथा बाद में इन्हें समझने में सफल नहीं रहेगा। इस मामले में मनुष्य का मस्तिष्क एक दर्पण के समान काम करता है। अगर उसे भावनात्मक अलगाव या प्रताड़ना झेलनी पड़ी हो तो वह भावना विहीन होकर अपराधी भी बन सकता है। इसके अलावा अगर किसी बच्चे को भावनात्मक अतिरेकों जैसे बार-बार का मारना/पीटना कोसना, आदि से गुजरना पड़ा हो तो बड़ा होने पर उसकी भावनाएं उन अतिरेकों से प्रभावित होकर सामान्य नहीं रह पाती और वह स्वयं भी भावनात्मक अतिरेक कर सकता है। वह बच्चा छोटी-छोटी बात पर संवेदनशील हो जाता है और उसकी भावनाएं भड़क जाती हैं।

'लेस्ले ब्रदर्स' कैलीफोर्निया इन्स्टीटयूट ऑफ टेक्नोलॉजी के अनुसार अमाइग्दला और उससे जुड़े दृष्टि पटल का क्षेत्र ही परानुभूति की भावना का सम्प्रेषण और अहसास कराते हैं। दृष्टि पटल की कुछ तंत्रिकाए तभी स्पंदित होती है जब वे चेहरे की किसी विकृत अवस्था जो डर, खतरा आदि से जनित होती हों, को देखती हैं। अन्य तंत्रिकाएँ चेहरे की सामान्य अवस्था को ही देखती और भाँपती हैं। दृष्टि पटल की वे तंत्रिकाएँ जो भावनाओं से और उनके समझने तथा प्रकटन से सम्बन्ध रखती हैं उनका अमाइग्दला से गहरा और सर्वाधिक सम्पर्क होता है।

प्रयोग करके ये देखा गया कि जिन पति/पत्नियों की **भावनात्मक जैव-भौतिकी** एक-दूसरे के समान होती है उनमें एक-दूसरे के प्रति गहरी परानुभूति आ जाती है और वे एक-दूसरे को बेहतर समझ पाते हैं। इसलिये अच्छे विवाह सम्बन्ध हेतु **भावनात्मक-मिलान** करना आवश्यक होता है। नकारात्मक भावनाओं जैसे क्रोध या ईर्ष्या के अतिरेक के समय मनुष्य में **परानुभूति** एकदम खत्म हो जाती है, अतः ऐसे समय एक-दूसरे के सामने रहना उचित नहीं। जब गुस्सा या ईर्ष्या शांत हो जायें तो फिर वापस परानुभूति की भावना पैदा हो सकती है तथा प्रसार कर सकती है। परानुभूति की भावना उग्र न होकर शान्त होती है और इसलिये इसके द्वारा कोई शारीरिक या मानसिक नुकसान नहीं हो सकता। परानुभूति की प्रवृत्ति मनुष्य को आदर्श बनने की प्रेरणा देती है। वह मानवीयता का श्रेष्ठ उदाहरण बनना चाहता है। किसी दुःखी व्यक्ति के प्रति परानुभूति (करुणा) के फलस्वरूप वह दुःख के कारण को समाप्त करने का प्रयत्न करेगा। दुःख देने वाले व्यक्ति पर क्रोध करेगा। जो चीज दूसरों या जन सामान्य को दुःखी करती है वह हमें भी करेगी और हमें उन्हें न्याय दिलाने को प्रेरित भी करेगी। परानुभूति/सहानुभूति वश व्यक्ति न्याय का उसी प्रकार रक्षक बन जाता है जैसे श्रीकृष्ण महाभारत के युद्ध में बन गये थे। तो परानुभूति को जितना विकसित करेंगे, उतना ही आप आदर्शों से प्रेरित होंगे और जन उपयोगी या समाज उपयोगी कार्य करेंगे। जो सर्वथा आदर्शों से प्रेरित रहता है उस व्यक्ति को **परोपकारी** कहते हैं क्योंकि उसकी परानुभूति/सहानुभूति की भावना अपनी पराकाष्ठा पर होती है।

'करुणा' तथा 'दया' का स्वरूप तथा जनन समझ लेने के बाद हम उसकी उपयोगिता तथा महत्त्व का जिक्र करेंगे। करुणा तथा दया बहुत ही उपयोगी भावनाएं हैं। यह एक तरफ तो जीव मात्र के कल्याण की कारक होती हैं तथा उनके हितों की रक्षक होती हैं तो दूसरी तरफ दया तथा करुणा दिखाने वाले को भी यशकारक होती हैं तथा उसका सम्मान करवाती हैं। सामाजिक जीवन में करुणा का प्रसार आवश्यक होता है क्योंकि इस भावना के तहत एक-दूसरे से

सहानुभूति बनती है व व्यक्ति एक-दूसरे के पूरक बनते हैं। व्यक्तियों के इन सम्बन्धों में समाज की नींव होती है। किसी को क्रोध करते देख कर या तो प्राणियों में भय उत्पन्न होगा या फिर क्रोधी के प्रति क्रोध तथा घृणा। परन्तु दयालु तथा करुणाशीलों को देखकर उनके प्रति आदर तथा श्रद्धा की भावना का ही उदय होता है। अतः जहाँ दया तथा करुणा हैं, वहीं पर श्रद्धा तथा भक्ति होती हैं। राम ही जनसाधारण की श्रद्धा तथा भक्ति के पात्र हो सकते हैं, रावण कदापि नहीं। इस तात्पर्य में ईश्वर के प्रति हमारी श्रद्धा तथा भक्ति भी उसकी प्राणिमात्र के प्रति दर्शायी गयी करुणा के ही अधीन है।

करुणा की दूसरी उपयोगिता यह है कि वह हिंसा तथा क्रोध पर विजय के लिए एक अमोघ अस्त्र है। अहिंसा का बल वहाँ असर करता है जहाँ हिंसा की अति हो गई हो। इसके आते ही वाल्मिकी जैसा दुर्दान्त दस्यु ऋषि बन जाता है तथा अंगुलीमाल जैसे हिंस्त्र मानसिकता वाले व्यक्ति का भी हृदय परिवर्तन हो जाता है। अपने निन्यानवे भाईयों का वध करने के बाद सत्ता हासिल करने वाला अशोक कलिंग राज्य को जीतने हेतु लाखों सैनिकों की बलि चढ़ा देता है। परन्तु हिंसा के इस चरम पर जब वह कलिंग राज्य में प्रविष्ट होता है तो उसे वहाँ केवल घृणा का ही साम्राज्य प्राप्त होता है। अपने हृदय की रिक्तता को महसूस कर वह आचार्य उपगुप्त की शरण में जाता है। उपगुप्त उसे यह समझाते हैं कि हिंसा से राज्य तो जीता जा सकता है, सम्पत्ति तो हासिल की जा सकती है, परन्तु दिलों को नहीं जीता जा सकता। यह समझ में आने के बाद अशोक अहिंसा का पुजारी बन गया। उसमें करुणा का सैलाब उमड़ पड़ा तथा वह जन कल्याण में इतना व्यस्त हो गया कि बाद में 'अशोक महान' के रूप में जाना गया तथा उसे जन हृदय सम्राट माना गया। क्रोध तथा हिंसा पर विजय में करुणा तथा दया ही सफल होती हैं, अन्य कोई सजातीय वृत्ति नहीं।

अब प्रश्न यह उठता है कि क्या करुणा अनुपयोगी भी हो सकती है? उत्तर है, अच्छी वस्तु की भी अनुपयोगिता हो सकती है। एक तो यह कि इसी करुणा का आधिक्य मोह जैसी विसंगति का जन्मदाता है। वास्तव में दुष्ट व्यक्ति सृष्टि के नियम 'अति सर्वत्र वर्जयते' का उपयोग अपने हितों के साधने हेतु अनादि काल से ही करता आ रहा है। भारत में प्रचलित लगभग सभी धर्मों में सहिष्णुता की भावना तथा अहिंसा पर जोर दिया गया है। और इसी अहिंसा के चलते भारतवासियों में भीरुता की भावना घर कर गयी है। यद्यपि अहिंसा सबसे बड़ा धर्म हो सकती है, परन्तु अहिंसा के अन्ध अनुयायियों को अक्सर गुलामी की जंजीरों में जकड़ दिया जाता है। शायद इसी अहिंसा के कारण भारत को अक्सर

बर्बर आक्रमणकारियों से हार तथा उनकी गुलामी का कलंक झेलना पड़ा है। दूसरे करुणा का कई सांसारिक कार्य पद्धतियों से विरोधभास भी समाज के लिये अनुपयोगी है। इनके चलते कोई भी सन्त, सांसारिक बन कर सफल नहीं हो सकता तथा सफल सांसारिक, सन्त नहीं बन सकता। करुणा की भावना दुष्ट तथा अपराधियों को भी क्षमा का पाठ पढ़ाती है। परन्तु यदि दुष्टों को तथा अपराधियों को क्षमा कर दिया जाये तो न तो उनके अपराधों की सजा उनको मिल पायेगी और न समाज को उनसे मुक्ति प्राप्त हो पायेगी। अतः दया तथा करुणा जैसी बुनियादी सात्त्विक वृत्ति, न्याय जैसे श्रेष्ठ सामाजिक सिद्धान्त का विरोध करती है। इसलिए हर अपराधी, अपराध का पश्चाताप करने की बजाय रोता है, गिड़गिड़ाता है, क्षमा मांगता है तथा दया चाहता है। इंसान भी यदा-कदा दुष्टों तथा अपराधियों पर करुणा कर उन्हें क्षमा करता है पर इससे समाज में न्याय पर से श्रद्धा खत्म हो जाती है। ईश्वर भी दुष्टों को क्षमा करता है। उसने शैतान पर भी रहम किया तथा उसे कयामत तक की मोहलत दी। परन्तु इसी के चलते शैतान पृथ्वी पर अपना साम्राज्य बना पाया। यदि ईश्वर तत्क्षण उसका न्याय कर देता तो मनुष्य को व्यर्थ परेशान होना ही नहीं पड़ता। कहते हैं कि कयामत के दिन ईश्वर सब का न्याय करेगा, परन्तु तब तक तो अत्याचारों का साम्राज्य पृथ्वी पर रहेगा। पाप का घड़ा भरने पर एक रोज फूट ही जाता है, परन्तु जब तक यह भरता नहीं और फूटता नहीं तब तक तो यह पाप समाज का नुकसान करते ही हैं। करुणा का साहस तथा शौर्य के साथ भी विरोधाभास है। यदि शत्रु को करुणा दिखाएंगे तथा शेर के सामने पड़ने पर उसके प्रति करुणा दिखाएंगे तो फिर आप शायद जीवित न बचें। शत्रु से लड़ने में तो शौर्य, साहस तथा वीरता ही काम आती हैं। शत्रु के प्रति दिखाई गयी करुणा, भीरुता तथा कायरता ही कहलाती है तथा अक्षम्य होती है। विशेष आवश्यकता भी करुणा के विरोध में खड़ी हो जाती है। सेना में किसी अपंग को मात्र करुणा के कारण से भर्ती नहीं किया जा सकता। नियम, कायदा, कानून तथा कर्तव्यों से बँधा इंसान भी करुणा नहीं दिखा सकता। यदि जल्लाद अपराधियों पर करुणा करेगा तो उन्हें फाँसी कौन देगा? और पुलिस अपराधियों को करुणा करके छोड़ देगी तो उन्हें पकड़ेगा कौन? राजा हरिश्चन्द्र को जब दशाश्वमेघ घाट पर चांडाल नियुक्त किया गया तो अपने नियत कर्तव्य के वहन हेतु उन्होंने अपनी रानी शैव्या से अपने ही मृत पुत्र के कफ़न का टुकड़ा फड़वा लिया। अगर वे करुणा दिखाते तो कर्तव्य का पालन कैसे होता? व्यापार में भी करुणा रखना सम्भव नहीं क्योंकि व्यापार फायदे के लिये किया जाता है और करुणा का फायदे से विरोधाभास है क्योंकि वह दूसरे के फायदे की सोचना

सिखाती है। स्वामीभक्ति के तहत तो कुत्तों की हिंसा भी जायज़ है और अपने इसी गुण के कारण समाज में उनकी थोड़ी-बहुत प्रतिष्ठा है। भोक्ता तथा भोज्य के बीच में भी करुणा संभव नहीं। शायद इसलिए कहा गया है कि- **घोड़ा घास से यारी करेगा तो खायेगा क्या।** करुणा कभी जब विजातीय भावनाओं यथा मोह आदि का कारण बनती है तब भी अनुपयोगी होती है। अर्थात् कुसंग से तो अच्छे से अच्छा गुण भी नष्ट हो जाते है। दुष्ट लोग इसी बात का फायदा उठाकर करुणा में यश का लोभ, प्रिय का मोह और वियोग का शोक आदि मिलाकर इस शुद्ध भावना को भ्रष्ट कर देते हैं।

शत्रु पर, अपराधी पर, दुष्ट आदि अन्य कुपात्रों पर की गई करुणा भी व्यर्थ ही है, अतः इससे भी यथासंभव बचें। यदि महाभारत में श्रीकृष्ण गीता का यह पाठ अर्जुन को नहीं पढ़ाते तो वहाँ सत्य की विजय संभव नहीं थी। जहाँ साहस तथा शक्ति की आवश्यकता हो तथा उसके उपयोग से न्याय संभव हो, वहाँ करुणा दिखाने से न्याय असफल हो सकता है। परंतु सामान्य प्राणिमात्र के लिए मन में अवश्य दया का भाव रखें तथा सदैव उनके हित का चिंतन तथा प्रयत्न करें। अपने कर्तव्यों का वहन निष्ठापूर्वक करें तथा सामाजिक नियमों का पालन भी दृढ़ता से करें। परन्तु अपराधियों, दुष्टों आदि से घृणा भरा व्यवहार न करें अपितु उन्हें सुधारने हेतु अपनी पूरी सामर्थ्य से प्रयत्न करें। कभी भी यश की प्राप्ति से प्रेरित हो करुणा न करें। करुणाओं में भी सर्वश्रेष्ठ करुणा वही है जिसमें कोई लिप्तता या फल की कामना न हो। उचित समय पर की गई करुणा उचित समय पर हुई वर्षा के समान अमृततुल्य है और अनुचित समय पर की गई करुणा कृषि सूखने पर हुई वर्षा के समान व्यर्थ तथा हानिकारक। अतः उचित पात्र देखकर उचित समय देखकर ही करुणा हेतु कदम उठाएं।

17

संकोच/लज्ज़ा/ग्लानि/पश्चाताप

अब हम धनात्मक वृत्तियों के एक ऐसे महारथी के विभिन्न रूपों का वर्णन करेंगे जो ऋणात्मक वृत्तियों का निवारण प्रतिरोधक दवा के रूप में करता है। इस महारथी के विभिन्न रूपों के नाम हैं-संकोच, लज्ज़ा तथा ग्लानि। बाइबिल में वर्णित आदम और हव्वा के प्रसंग में जब वे दोनों शैतान इबलीस के बहकावे में आकर अदन के बगीचे में लगा अच्छे और बुरे के ज्ञान का फल खा गये तो सबसे पहले उन्हें अपने नंगेपन का अहसास हुआ। इस अहसास के तहत उन्हें प्रभु के सामने आने में संकोच हुआ तथा वे पेड़ के पीछे छिप गये। जब प्रभु ने उन्हें नहीं देखा तो वे समझ गये कि क्या हुआ। प्रभु ने उन्हें पुकारा, तब भी वे लज्ज़ा के कारण पेड़ के पीछे से बाहर नहीं आये। प्रभु ने उन्हें वस्त्र (पत्ते) दिये और वे बाहर आये तो उनसे फल खाने के बाबत पूछा। तब आदम और हव्वा को अहसास हुआ कि वे गलत कार्य कर बैठे थे। अब उन्हें अपनी इस गलती पर ग्लानि का अहसास हुआ। इस उद्धरण से स्पष्ट है कि मनुष्य को जब अच्छे तथा बुरे का ज्ञान आ जाता है तो उसका मन संघर्षशील हो जाता है। वह बुरे कार्य करने से संकोच करने लगता है। बुरे कार्य करते समय उसे लज्ज़ा या शर्म का अहसास होता है और बुरा कार्य अनजाने में अथवा मजबूरी में संपादित हो जाने पर ग्लानि या पश्चाताप का अहसास होता है। बुरे कार्यों के हो जाने पर ग्लानि का अहसास ही मनुष्य को बुरे कार्य करने से रोकता है। मनुष्य के इसी अहसास अथवा ज्ञान को हिन्दी में **अन्तरआत्मा की आवाज़**, उर्दू में **ज़मीर** तथा अंग्रेजी में **कॉनसाइंस** कहा जाता है। बाइबिल के अनुसार जब आदम तथा हव्वा को अपनी गलती पर ग्लानि हुई तो उन्होंने प्रभु से क्षमा मांगी और रहम करने को

कहा। प्रभु ने उनसे कहा कि उन्हें सदैव ही मार्गदर्शन मिलता रहेगा। जो प्रभु के मार्गदर्शन के अनुसार चलेगा वह सन्मार्गी होगा तथा जो उसे नहीं मानेगा वह कुमार्गी, प्रभु का यही मार्गदर्शन 'ज़मीर' अथवा 'अंतरआत्मा की आवाज' के रूप में मनुष्यों को मिलता है। जब भी मानव का मन बुरे कर्मों में प्रेरित हुआ है, उसके ज़मीर ने, उसकी प्रज्ञा ने उसे उन बुरे कर्मों को करने से रोका है। परन्तु शैतान भी कम नहीं। उसने भी मनुष्य को बुरे कर्म करने के प्रति ललचाया है, फुसलाया है एवं बरगलाया है। अतः मनुष्य के मन में अच्छे और बुरे का यह संघर्ष पुरातन ही नहीं सनातन भी है। शायरे आजम 'मिर्जा गालिब' ने इस संघर्ष को एक बहुत ही खूबसूरत रूप में इस शेर द्वारा प्रकट किया है-

ईमां मुझे रोके है जो खींचे है मुझे कुफ्र।
काबा मेरे पीछे है तो कलीसा मेरे आगे।।

(एक तरफ धर्म मुझे रोक रहा है तो दूसरी तरफ अधर्म खींचता है।
अगर काबा मेरे आगे है तो गिरजाघर मेरे पीछे है।)

अब हम एक-एक करके इन तीनों सजातीय वृत्तियों का वर्णन करेंगे। पहले हम संकोच का वर्णन करेंगे। 'संकोच' बुरे कामों के प्रति हमारे अंतःकरण का प्रतिरोध है। बुराई के प्रति बाह्य-प्रतिरोध तो बहुत सारे हैं, परन्तु वे सब मिलकर भी उसे रोक नहीं पाते। हमारे अंतःकरण के इस प्रतिरोध ने यद्यपि कईयों को बुरे कर्मों में लिप्त होने से बचाया है। वास्तव में संकोच नामक इसी प्रतिरोध ने संसार में अब तक सच्चाई और अच्छाई को कायम रखा है, धनात्मक वृत्तियों को कायम रखा है। वरना अब तक तो सारे संसार में शैतान तथा उसकी विजातीय वृत्तियों का कब्जा हो चुका होता। संकोच सकारात्मक तथा नकारात्मक दोनों प्रकार का हो सकता है और इसी में इसकी उपयोगिता/अनुपयोगिता निहित है। किसी अच्छे कार्य या वस्तु के प्रति दिखाया गया संकोच 'नकारात्मक' तथा 'अनुपयोगी' संकोच है, जबकि बुरे कार्यों एवं वस्तुओं के प्रति दिखाया गया संकोच 'सकारात्मक' तथा 'उपयोगी' संकोच है।

लोग तो खाने-पीने में, उठने-बैठने में, चलने-फिरने में और बात कहने में भी संकोच करते हैं। परन्तु यह संकोच व्यर्थ तथा नकारात्मक संकोच होता है तथा उसकी कोई उपयोगिता नहीं। उर्दू में संकोच को 'तकल्लुफ' कहा जाता है। व्यर्थ के इस नकारात्मक संकोच पर 'ज़ौक' साहब ने फरमाया है कि-

ए ज़ौक तकल्लुफ में है तकलीफ सरासर।
नादां है वे इंसान जो तकल्लुफ किया करते।।

(ज़ौक कहते हैं कि संकोच करने में समस्या है। अतः वे नादान हैं जो लोग संकोच करते हैं।)

'ज़ौक' साहब की यह बात बिल्कुल सही है, परन्तु केवल नकारात्मक तकल्लुफ के लिए जो कि व्यर्थ जाता है तथा अनुपयोगी भी होता है। परन्तु जो सकारात्मक संकोच है, वह तो इंसानियत की निशानी है, अतः 'ज़ौक' साहब ने तुरंत ही मिसरा कहा –

माना कि तकल्लुफ में है तकलीफ सरासर।

इंसा वे क्या है जो तकल्लुफ नहीं करते॥

(यह सच है कि संकोच करने में समस्या है।

पर जो संकोच नहीं करते वे कैसे इंसान हैं॥)

मनुष्य के अंतस की यह सजातीय वृत्ति जो उसे बड़ों के अनादर से रोकती है, मांगने से रोकती है, किसी पर अनावश्यक भार डालने से रोकती है और पाप करने से रोकती है, वह कितनी उपयोगी है, यह सब समझ सकते हैं। सकारात्मक संकोच तो जहीनता तथा भलमनसाहता की निशानी है तथा इसे बचा कर रखना तो मानवता का धर्म है। नकारात्मक संकोच यद्यपि अनुपयोगी है, परन्तु केवल संकोची का स्वयं का नुकसान करता है। बेशर्मी तथा धृष्टता तो पूरे समाज की हानि करती है, इसलिए यह नकारात्मक संकोच से भी खराब है। अतः धृष्टता का त्याग करें, नकारात्मक संकोच को प्रयत्न द्वारा रोकें और सकारात्मक संकोच को प्रशंसा के द्वारा उत्साहित करें। वास्तव में संकोच का कारण है वह सोच जिसमें यह आशंका होती है कि जो कार्य हम करने जा रहे हैं, उससे अपमान तो नहीं होगा, मज़ाक तो नहीं बनेगा, वह किसी को अप्रिय तो नहीं होगा, हानिकारक तो नहीं होगा, दुःख तो नहीं पहुँचायेगा अथवा अशोभनीय तो नहीं माना जायेगा। ऐसी सोच मनुष्य को बुरे कर्मों से अवश्य ही रोकती है तथा इसलिए आवश्यक भी है। परन्तु सृष्टि का एक नियम है कि 'अति सर्वत्र वर्जयते' और इस नियम के चलते संकोच अथवा संवेदनशीलता की अति भी हानिकारक है। शैतान सजातीय वृत्तियों को उनकी अति से भी पराजित करता है। दानवीर कर्ण का पतन उसकी दानवीरता के कारण से ही संभव हुआ। मर्यादा पुरुषोत्तम राम ने भी वैदेही का त्याग एक धोबी के लांछन पर अपनी अतिसंवेदनशीलता के कारण से ही किया था। अतः संकोच की अति से भी बचें।

संकोच के बाद अब हम 'लज्ज़ा' या 'शर्म' का वर्णन करेंगे। रामायण में रावण ने सीता के समक्ष अधर्मी प्रस्ताव रखा और उसे मानने हेतु विवश भी किया। परन्तु वैदेही ने तिनके की ओट से उसे केवल यह कहा कि–

तृण धरि ओट कहई वैदेही।
अधम निल्लज लाज नहीं तोईं॥
(तिनके की ओट लेकर सीता ने कहा-
हे नीच! तुझे ऐसा अधर्मी प्रस्ताव देते शर्म क्यूं नहीं आती।)

एक तरफ तो रावण है जो अधर्मी प्रस्ताव भी धृष्टता के साथ रखता है तथा मानने को विवश करता है तथा दूसरी तरफ वैदेही है जो उसे अधम तथा निर्लज्ज कहते वक्त भी अपने आचरण का शील नहीं छोड़ती तथा अन्य कोई विकल्प नहीं होने पर तिनके को ही उस शील का प्रतीक बना लेती है।

लज्ज़ा या शर्म मन की उस भावना का नाम है जो मनुष्य को बुरा कार्य करते वक्त घेर लेती हैं। संकोच तो बुरा कार्य करने से पहले का प्रतिरोध है, परन्तु लज्ज़ा कार्य के करते वक्त का प्रतिरोध है। इसी लज्ज़ा के कारण बुरे कार्य लोग दिखाकर नहीं करते और ज्यादातर कुकर्म अंधेरे में अथवा एकांत में किये जाते हैं। पकड़े जाने पर भी इसी लज्ज़ा के कारण मनुष्य बुरे कर्मों को अपनाने या कुबूल करने से बचता है तथा बहाने बनाता है और अनेकों स्पष्टीकरण देकर उन्हें योग्य ठहराने का प्रयत्न करता है। लज्ज़ा भी 'सकारात्मक' तथा 'नकारात्मक' दोनों प्रकार की होती है और इसी में उसकी उपयोगिता और अनुपयोगिता निहित है। अच्छे काम के प्रति की गई लज्ज़ा तथा अनावश्यक लज्ज़ा नकारात्मक लज्ज़ा है जो अनुपयोगी है तथा बुरे कार्यों को करते वक्त आयी लज्ज़ा सकारात्मक लज्ज़ा है जो काफी उपयोगी है। समाज में नारियों में प्रचलित पर्दा प्रथा अनावश्यक लज्ज़ा का उदाहरण है तथा नकारात्मक है। कहा जाता है कि लज्ज़ा नारी का गहना है।

लज्ज़ा नार्यस्य भूशणम्।

परन्तु यह एक अर्धसत्य है। लज्ज़ा तभी तक सकारात्मक है जब तक यह नारी को धृष्टता तथा व्याभिचार से रोकती है। अगर नारी पर्दा करके भी व्याभिचारिणी है तो उसका पर्दा व्यर्थ है। और अगर वह पर्दा नहीं रखते हुए भी सदाचारिणी है तो उसका बेपर्दा होना भी प्रशंसनीय है। नारी की शर्म और हया की प्रशंसा में कई शायरों ने कलाम पढ़े हैं, परन्तु केवल भोलेपन वाली शर्म ही नारी का गहना है। उसी पर सब जां निसार होते हैं। बकौल 'शफी' साहब,

क्या यही शर्म है, तेरे भोलेपन पे मैं निसार।
मुंह पे दोनों हाथ रख लेने से पर्दा हो गया॥
(क्या इसे शर्म कहते है? तेरे भोलेपन पर मैं मर जाऊँ।
मुँह पर दोनों हाथ रख कर छुपा लेने से पर्दा हो गया॥)

खुद आँखें मिलाकर कोई यदि कहे कि तू इधर न देख वरना अंधा हो जाएगा तो ये तो निराली ही शर्म कही जाएगी। बकौल 'बेखुद' साहब,

ये शोखी है नई, शर्म दुनियां से निराली है।
मिला कर आँख कहते हैं, इधर देखे तो अंधा हो जाए॥

(ये तो नई प्रकार की चंचलता है और निराली शर्म है।
आँखें मिलाकर कहते हैं कि अगर इधर देखा तो अंधे हो जाओगे॥)

शर्म के गहने को अगर हथियार बना दिया जाए तो वह बहुत ही घातक सिद्ध हो सकता है। क्योंकि इस हथियार की मारक क्षमता को आसानी से समझा नहीं जा सकता। परन्तु यह होता तो फरेब ही है। बकौल 'यास' चंगेजी साहब,

चितवनों से मिलता है सुराग बातिन का।
चाल पर तो जालिम की सादगी बरसती है॥

(तुम्हारी तिरछी नजरों से तो सुराग शातिरी का मिलता है।
लेकिन चाल-चलन से तुम सीधी नज़र आती हो॥)

संकोच तथा लज्ज़ा प्रायः उन लोगों के अंतःकरण में ही पायी जाती है जिनके संस्कार अच्छे होते हैं। और संस्कारों का निर्माण सामाजिक परिवेश तथा मान्यताओं के आधार पर बचपन से युवावस्था और बाद तक भी होता है। चोरों के परिवार तथा समाज में चोरी को बुरा नहीं माना जाता और इसलिए चोरों को चोरी से कोई संकोच या लज्ज़ा नहीं होती है। परन्तु जो सदाचारी हैं तथा सदाचारियों के समाज में रहते हैं उनको तो चोरी का नाम भी कलंक जैसा लगता है। कौओं के समाज में किसी भी कौए को अपने काले रंग पर शर्म नहीं आयेगी पर हंसों के समाज में रहने वाले हंस पर यदि काले रंग का एक धब्बा भी आ गया तो वह शर्म से गड़ जायेगा।

साधुओं तथा दुष्टों की आचरण संहिताओं का फर्क ही उन्हें साधु या दुष्ट बनाता है। संकोच तथा लज्ज़ा भी इसी आचरण संहिता से जन्मती हैं। जिनके संस्कार सात्त्विक होते हैं, उनके मन के भाव कोमल तथा उदार हो जाते हैं, और उनको बुरा करने तथा बुरा सोचने में भी संकोच तथा लज्ज़ा आती है। परन्तु जिनके संस्कार खराब होते हैं उनके मन के भाव क्रूर हो जाते हैं, हृदय कठोर हो जाता है तथा उनकी अंतरात्मा (ज़मीर) मर जाती है। ऐसे मनुष्यों को बुरा से बुरा कार्य करने में जरा-सी भी शर्म नहीं आती। अतः अच्छे संस्कारों में आत्मा को डालना ही सफलता की कुंजी है। वास्तव में लोक लज्ज़ा के कारण तो दुष्ट व्यक्ति भी अपनी दुष्टता तथा पापों को मंजूर करने से बचता है। ठीक वैसे ही जैसे बगुला मछली का शिकार करते वक्त एक टांग पर खड़ा होकर ध्यानमग्न होने का नाटक करता है।

ऐसे ही दुष्टों को **'बगुला-भक्त'** या **'सफेदपोश'** की संज्ञा दी गई है। यही दुष्टता या ऋणात्मकता के वास्तविक ध्वजावाहक हैं। यह न केवल लज्ज़ा व संकोच का ढोंग करते हैं, अपितु जन सामान्य में साधुओं तथा सदाचारियों के प्रति श्रद्धा तथा भक्ति को भी समाप्त कर देते हैं। यह सजातीय वृत्तियों का ढोंग रच कर उन्हीं की सेना में भीतर-घात करते हैं। ठीक वैसे ही जैसे रावण ने मारीच से स्वर्ण मृग का प्रपंच रचवाकर राम-लक्ष्मण को सीता से दूर भिजवाया तथा बाद में साधु का वेश धारण कर सीता का अपहरण कर लिया।

अब मैं इस सजातीय वृत्ति के तीसरे रूप **'ग्लानि'** या **'पश्चाताप'** का वर्णन करूंगा। बुरा कार्य करने या हो जाने के उपरान्त जब मनुष्य को अपनी गलती का अहसास होता है तो उसके मस्तिष्क में एक पश्चाताप की भावना प्रकट होती है तथा गलत कार्य के प्रति खेद की भावना पनपती है। इसी भावना का नाम 'ग्लानि' है और यह इंसान का हृदय परिवर्तन कर देती है। इसके आने पर मनुष्य की आत्मा बुरे कार्यों से घृणा करने लग जाती है तथा उन्हें त्याग देती है। जो गलत कार्य हो गया है उसके लिये स्वयं को दोषी मान इंसान उसका प्रायश्चित भी करते हैं। लज्ज़ा तथा शर्म से तो मुंह छिपाकर बचा जा सकता है परन्तु ग्लानि जब वार करती है तो उससे तो इंसान किसी भी प्रकार से नहीं बच सकता। शैतान के विकट से भी विकट ध्वजावाहक को भी जब ग्लानि जकड़ लेती है तो वे दुष्कर्मों को छोड़कर संताप करने लगते हैं और शैतान को उनपर से अपना साया तुरंत उठाना पड़ जाता है। अतः ग्लानि सजातीय वृत्तियों का 'ब्रह्मास्त्र' है। यह अस्त्र हमेशा सफल होता है तथा काटा नहीं जा सकता। अतः यह 'अमोघ अस्त्र' है। दुष्ट लोग भी इस सजातीय वृत्ति से इतना डरते हैं कि जहाँ ग्लानि आई कि वह पलायन कर जाते हैं। जिस रोज शैतान को ग्लानि ने पकड़ लिया, उस रोज सजातीय वृत्तियों की अन्तिम जीत हो जायेगी तथा मेरा यह मानसिक द्वन्द्व समाप्त हो जायेगा, शायद सदैव के लिए। परन्तु ऐसा दिन तो कयामत का दिन ही हो सकता है क्योंकि बाइबिल तथा कुरान के अनुसार उसी दिन ईश्वर द्वारा सबका न्याय किया जायेगा, शैतान का भी। ग्लानि, संकोच तथा लज्ज़ा से दो मायने में भिन्न है। संकोच तथा लज्ज़ा कार्य करने से पहले या करते वक्त की वृत्तियाँ है, जबकि ग्लानि बुरे कार्यों के हो जाने के बाद आती है। दूसरे संकोच तथा लज्ज़ा तो सामाजिक परिवेश की देन है जबकि ग्लानि मनुष्य के स्वयं के भीतर की भावना है। अतः संकोच तथा लज्ज़ा का तो आडंबर किया जा सकता है, परन्तु ग्लानि तो वास्तविक ही हो सकती है। ग्लानि का आडंबर नहीं किया जा सकता। ग्लानि तो अंतःकरण की मलिनता को शुद्ध करने वाला निर्मल

जल है। ग्लानि के आ जाने पर मनुष्य अपने पापों को छिपाने की कोशिश नहीं करता उनसे संकोच तथा शर्म भी नहीं रखता, अपितु उन्हें पूर्णतः स्वीकार करता है और उनका वर्णन कर-कर के हल्का महसूस करता है। अपराधियों द्वारा अपने अपराधों की **स्वीकारोक्ति** इसी ग्लानि का पराक्रम है। अतः ग्लानि में संकोच या लज़्ज़ा जैसी दुराव या छिपाव की भावनाएं नहीं होती। धनात्मक वृत्तियों में ग्लानि सबसे निर्मल अभिव्यक्ति है जिसे स्वयं ईश्वर भी हृदय से अपनाते हैं।

ऐसा इसलिये है क्योंकि ग्लानि/पश्चाताप में मनुष्य के सच्चे तथा वास्तविक सुधार का आधार होता है। ऐसा सुधार जो सदैव कायम रहे। ग्लानि/पश्चाताप, अपने दोषों का अहसास तथा अपने पापों की स्वीकृति तथा उनके प्रायश्चित का प्रयास है तथा इससे अंतःकरण की अस्वस्थता का उपचार होता है। अतः यह इतनी पवित्र भावना है कि इससे भरा बुरे से बुरा इंसान भी ईश्वर को स्वीकार होता है। क्योंकि ग्लानि है ही सच्चे तथा शुद्ध पश्चाताप की भावना, अतः इसका नाटक करना संभव नहीं है। बुरे कार्यों में प्रवृत्त हो जाने पर या तो मनुष्य को भय के द्वारा उनसे निवृत्त किया जा सकता है या फिर ग्लानि द्वारा वह स्वयं उनसे मुक्त होता है। दण्ड का भय, बहिष्कार का भय, नर्क का भय, यातना का भय, रोग का भय जैसे अनेकानेक भय सदैव से मनुष्यों को दुष्कर्म से बचाते रहे हैं। परन्तु यह सब बाह्य निषेध हैं जो मनुष्य को दुष्कर्मों से रोकते तो हैं, परन्तु बुरे कर्मों के प्रति उसकी 'लालसा' नहीं मरती। पर ग्लानि/पश्चाताप का अस्त्र इस लालसा ही को समाप्त कर देता है। ग्लानि/पश्चाताप बुरे कर्मों की सजा से नहीं होती। सजा का केवल भय होता है। ग्लानि स्वयं बुरे कर्मों से घृणा उत्पन्न करती है। अतः यह उनसे निज़ात पाने का सर्वाधिक सफल एवं कारगर उपाय होता है। अतः अपने बुरे कर्मों से ग्लानि करें तथा मोक्षगामी बनें।

18

विवेक/वैराग्य

अब हम सजातीय वृत्तियों के एक और युग्म-महारथी विवेक तथा वैराग्य का वर्णन करेंगे। विवेक के आ जाने पर वैराग्य तुरंत आता है तथा दोनों के आ जाने पर इंसान शैतान के पंजे से मुक्त तो होता ही है वरन मोक्ष भी प्राप्त कर लेता है। असल में विवेक तथा वैराग्य मोक्ष की प्राप्ति के ही साधन हैं। ये तो आते ही ऋणात्मक वृत्तियों पर जीत के साथ ही हैं। विवेक का तात्पर्य है सत् को असत् से पहचानने की क्षमता। असत् वह है जो नाशवान है तथा इसी कारण से वास्तव में अप्राप्य है। सत् वह है जो सदा विद्यमान है जिसका नाश नहीं हो सकता। असत् निरंतर बहता है उसे कोई पकड़ नहीं सकता तथा सत् चिरस्थायी है, जिसे मिल गया फिर उससे छूट नहीं सकता। इसलिये गीता में कहा गया है कि-

नासतो विद्यते भावः, नाभावो विद्यते सतः।

(अर्थात् असत् तो अस्तित्वहीन तथा अप्राप्य है और सत् सदैव विद्यमान है उसका कोई अभाव नहीं।)

सांसारिक मनुष्य रात-दिन भोग और संग्रह में ही लगे रहते हैं, उनको ही महत्त्व देते हैं, लौकिक भोगों की प्राप्ति में ही अपनी उन्नति मानते हैं। सांसारिक पदार्थों की बड़ी महिमा गाते हैं। सुख भोग के लिए मंत्र-तंत्र करते हैं, जप-हवन करते हैं, पूजा-उपासना करते हैं, तपस्या करते हैं। परन्तु यह सभी सांसारिक पदार्थ तथा सुख क्षणभंगुर हैं, वे इस बात को नहीं समझते। प्रतिदिन आयु क्षीण हो रही है, समय बीतता जा रहा है, शरीर रोग-जरा ग्रस्त हो रहा है, इन्द्रियाँ क्षीण हो रही हैं यह बात भी वे नहीं समझते। चारों तरफ कष्टों और मृत्यु के नज़ारे देख कर भी उन्हें ज्ञान प्राप्त नहीं होता। क्योंकि वे मोह-माया के जाल में लिप्त होकर

अंधे बने होते हैं। वे इस मोहजाल में फंसकर भी कभी शर्मिन्दा नहीं होते क्योंकि वे अविवेकी होते हैं। गीता में कहा गया है कि-

ये हि संस्पर्शजा भोगा दुःखयोनव एवते।

आद्यन्तवन्तः कौन्तेय न तेशु रमते बुधः॥

(अर्थात् इन्द्रियों तथा उनके विषयों के संयोग से पैदा होने वाले समस्त भोग तथा सुख, नष्ट होने वाले तथा अन्त में दुःख का कारण होते हैं। अतः विवेकी मनुष्य उनमें रमण नहीं करता।)

विषयेन्द्रियसंयोगाद् यत्तदग्रेअमृतोपमम्।

परिणामे विषमिव तत् सुखं राजसं स्मृतम्॥

(अर्थात् जो सुख विषय और इन्द्रियों के संयोग से होता है, वह पहले भोगकाल में अमृत के तुल्य प्रतीत होने पर भी परिणाम में विष के तुल्य है, इसलिये वह सुख रजस कहा गया है।)

इसलिए राजा भर्तृहरि ने वैराग्य शतक में लिखा कि-

भोगा न भुक्ता वयमेव भुक्ता,

स्तपो न तप्तं वयमेव तप्ताः।

कालो न यातो वयमेव याता,

तृष्णा न जीर्णा वयमेव जीर्णाः॥

(अर्थात् यह मनुष्य का मात्र भ्रम है कि उसने भोगों को भोगा। यथार्थ में भोग ही मनुष्य को ग्रस लेते हैं। यह उसका भ्रम है कि सांसारिक सुखों को भोगने में उसका समय अच्छा बीता, परन्तु सत्य यह है कि समय नहीं बीता, मनुष्य का जीवन बीत गया। मनुष्य की तृष्णा कभी भोगों से जीर्ण नहीं होती, अपितु मनुष्य स्वयं ही जीर्ण हो जाता है। उसकी तृष्णाएं उसी को चाट जाती हैं।)

अतः इन सांसारिक तृष्णाओं के आकर्षण से बाहर निकलना आवश्यक है। यह ज्ञान ही सच्चा विवेक है। सुख भोग के परिणाम में दुःख आयेगा ही, यह एक ध्रुव सत्य है। क्योंकि सुख भोग के परिणाम में मनुष्य की शक्ति का ह्रास होता है तथा भोग्य वस्तु का नाश होता है। यह एक शाश्वत नियम है, इस सृष्टि का। इन्द्रियों तथा विषयों के संयोग का आरम्भ अमृत सदृश परन्तु अंत विष तुल्य होता है। सांसारिक सुखों तथा उनके उपभोग को, इसलिए असत् की संज्ञा दी गई है। अब तक हमने विवेक का एक पहलू देखा जो है असत् (सांसारिक भोग) का त्याग। विवेक का दूसरा पहलू है 'सत् की खोज'। परन्तु सत् को खोजने की आवश्यकता होती ही नहीं क्योंकि असत् के त्याग के बाद में जो बचता है वही सत् है। अतः असत् के त्याग में ही सत् की खोज निहित है। ज्ञान भी असत् का ही होता सत् का नहीं। असत्

की वास्तविकता अर्थात् निस्सारता को जान लेना ही विवेक है। इस विवेक से असत् की निवृत्ति हो जाती है तथा आँखों पर से माया का पर्दा हट जाता है। सत् की प्राप्ति तो असत् के त्याग तथा निवृत्ति में अंतर्निहित है। संसार में असत् की सत्ता तथा महत्ता मान ली गई है, जो एक कल्पना मात्र है। उसका कोई ठोस आधार नहीं है। अतः असत् का त्याग वास्तव में कठिन नहीं है। यद्यपि इसे कठिन मान लिया गया है। केवल यही अनुभव करना है कि असत् नाशवान है और अंत में दुःख का कारण है, अतः इसकी सत्ता या महत्ता वास्तविक नहीं। जो निरंतर बदल रहा है तथा नाशवान है उस असत् की सत्ता हो ही कैसे सकती है? जब इस बात का पक्का विश्वास मनुष्य को हो जाए कि यह सम्पूर्ण जगत स्वप्न की तरह असत्य परन्तु फिर भी दुःख और दुःख ही देने वाला है तो समझ लीजिए कि उसे विवेक प्राप्त हो गया। इसी विवेक के कारण ईसा मसीह को शैतान द्वारा दिखाये गये सभी प्रलोभनों की निस्सारता स्पष्ट नज़र आ गई तथा वे उनमें नहीं फँसे। असत् का पर्दा हटते ही सत् स्पष्ट नजर आने लगता है। सत् सनातन, निरंतर, सर्वव्यापी, निर्मल तथा आनन्द रूप है। वही 'सत्-चित्-आनन्द' इस सृष्टि का अधिष्ठाता ईश्वर है। असत् का त्याग वास्तव में कठिन नहीं होते हुए भी असंभव प्रतीत होता है। इसका कारण यह है कि असत् को भोगने से उसमें आसक्ति हो जाती है। यही आसक्ति असत् की पराधीनता का कारण बनती है। मनुष्य असत् का गुलाम हो जाता है तथा असत् का त्याग सकने की सामर्थ्य उसमें नहीं रहती। अतः गीता में कहा गया है कि जो ज्ञानवान हैं वे इन्द्रियों तथा विषयों के संयोग के सुखों में रमते नहीं। अतः विवेक को साधने हेतु यह दृढ़निश्चय करना आवश्यक होता है कि मुझे 'असत्' को भोगना है ही नहीं। दृढ़ निश्चयी मनुष्य ही असत् को त्याग सकता है। अस्थिर मति वाला मनुष्य असत् को कभी नहीं त्याग सकता। वह असत् के त्याग की आवश्यकता को तो समझ जाता है, परन्तु असत् को त्याग नहीं पाता। उसे सच्चा विवेक प्राप्त नहीं हो सकता। अतः दृढ़ता विवेक की प्राप्ति का एकमात्र मार्ग है। ज्ञान से असत् की निस्सारता तो समझ में आ जाती है परन्तु ज्ञान से असत् का त्याग संभव नहीं। असत् का त्याग तो दृढ़तापूर्वक वैराग्य धारण करने से ही हो सकता है। और यह वैराग्य अभ्यास के द्वारा ही सामान्यतः ग्रहण किया जाता है। मनुष्य के मन में आशा नाम की नदी बहती है। इसमें तृष्णाओं, इच्छाओं का जल बहता है। यह नदी राग-अनुराग के मगरमच्छों से भरी रहती है। इसमें तर्क-वितर्क के पक्षी तैरते-मंडराते रहते हैं। इसकी एक ही लहर धीरज के कई पेड़ उखाड़ फेंकती है। इसमें माया, मोह एवं अज्ञान रूपी कई भंवर हैं जो मनुष्य को रसातल तक खींच ले जाते हैं। इसमें चारों तरफ दुःख ही दुःख है। केवल वही इसको पार करने में समर्थ हैं जिन्होंने विवेक

तथा वैराग्य साध लिया है, इसके असत् को त्याग दिया है। केवल पुण्य करने से वैराग्य नहीं सधता। उससे विवेक भी प्राप्त नहीं होता, क्योंकि पुण्यों के परिणाम में भी भौतिक साधन, एन्द्रिक सुख आदि ही प्राप्त होते हैं जो नाशवान हैं तथा अन्ततोगत्वा दुःख का कारण ही बनते हैं।

ये जो सांसारिक भोग हैं वे तो हर हाल में छूट ही जाते हैं। आज तक कोई भी प्राणी मृत्युपरांत इनको अपने साथ नहीं ले जा सका है। परन्तु इस प्रकार से इनके छूटने से इंसान उनसे मुक्त नहीं होता। इनको दृढ़संकल्प द्वारा छोड़ने पर ही मनुष्य को सत् का आनन्द मिलता है। इसी असत् के दृढ़संकल्प द्वारा त्याग को 'वैराग्य' का नाम दिया गया है। राजा भर्तृहरि ने एक सम्पूर्ण जीवन जिया। उनके जीवन का पूर्वार्ध राजसत्ता तथा अनेकानेक सांसारिक सुखों के उपभोग में बीता, जिसके अनुभवों के आधार पर उन्होंने दो ग्रन्थ **'शृंगार शतक'** तथा **'नीति शतक'** लिखे। परन्तु रानी पिंगला के दुश्चरित्र के प्रकट होने पर उनका सांसारिक सुखों का मोह एकदम छूट गया और उन्होंने वैराग्य ग्रहण कर लिया। अपने वैरागी जीवन के अनुभवों पर उन्होंने एक और ग्रन्थ **'वैराग्य शतक'** के नाम से लिखा। उनके सभी अनुभवों का निष्कर्ष भी यही था कि भूख-प्यास किसी भी वस्तु की हो, उसे कितनी ही बार भोग लो, परन्तु वह शान्त नहीं होती। अपितु वह तो और भी भड़क जाती है। अतः सांसारिक भोग विलास में कदापि तृप्ति नहीं। शरीर में स्थित जीवात्मा की ओर ध्यान न देकर, केवल शारीरिक तृप्ति में लगे रहना सरासर मूर्खता है। स्थायी तृप्ति तो इस असत् को त्याग कर वैराग्य ग्रहण कर लेने में ही है। धन्य तो वे लोग हैं जो स्थूल पदार्थों की क्षणभंगुरता देखकर उनसे विरक्त हो जाते हैं। उन्होंने वैराग्य शतक में लिखा है कि-

न सुखं देवराजस्य न सुखं चक्रवर्तिनः।
यत् सुखम् वीतरागस्य मुनेरेकान्तशीलिनः।।

(अर्थात् न देवताओं का राजा बनने में सुख है और न ही चक्रवर्ती राजा बनने में। सच्चा सुख तो वीतरागी और एकांतशील हो जाने से ही प्राप्त होता है।)

इसी बात को बहुत ही सशक्त तरीके से इस मारवाड़ी दोहे में कहा गया है-

ना सुख काजी पण्डितां न सुख भूप भयाँ।
सुख सहजां ही आवसी तृष्णा रोग गया।।

राजा भर्तृहरि को वैराग्य सांसारिक भोगों से अतृप्ति के अहसास तथा उनकी नश्वरता की जानकारी प्राप्त होने पर मिले विवेक के कारण आया। परन्तु कभी-कभी वैराग्य अचानक ही मन में जाग्रत हो जाता है। गौतम बुद्ध का वैराग्य राजा भर्तृहरि के वैराग्य से सर्वथा भिन्न था। उन्हें कभी भी सांसारिक सुखों से

मोह नहीं रहा। वे जन्म से ही वीतरागी थे। उन्हें सांसारिक बंधनों में जकड़ने हेतु उनके पिता ने बहुत प्रयत्न किये, परन्तु उन्हें असत् का ज्ञान स्वाभाविक रूप से प्राप्त था, अतः वे माया-मोह के बंधन में कभी नहीं फंसे। एक रोज अचानक वे पुत्र, पत्नी तथा राज्य तीनों को छोड़कर वैरागी हो गये तथा 'शाक्य मुनि' तथा 'गौतम बुद्ध' के नाम से प्रख्यात हुए। वैसे तो हर व्यक्ति का जब-जब किसी भी रूप में मृत्यु से साक्षात्कार होता है, उसे संसार की निस्सारता का अस्थायी अहसास होता है, जिसे 'श्मशान वैराग्य' के नाम से जाना जाता है। परन्तु माया तथा मोह उसकी बुद्धि पर ऐसा पर्दा डाले रखते हैं कि मनुष्य इस वैराग्य को तुरंत भूल जाता है। परन्तु जब यह वैराग्य 'मंद वैराग्य' न होकर 'तीव्र वैराग्य' के रूप में प्रकट होता है तो फिर मनुष्य वापस लौटता नहीं। तीव्र वैराग्य उस योद्धा की तरह है जो विकराल रूप धारण करके अचानक कूदता है और युद्ध जीतकर ही दम लेता है। इस प्रकार के वैरागी को सत् की प्राप्ति के प्रति वही व्याकुलता होती है जो एक माँ को अपनी संतान के प्रति होती है।

उसके मन में सिर्फ मुक्ति, मोक्ष तथा ईश्वर की प्राप्ति की एक जिद होती है। वह फिर यह कभी नहीं सोचता कि पहले सांसारिक बन्दोबस्त देख लूं, समस्त सुखों का उपभोग कर लूं फिर ईश्वर की प्राप्ति का प्रयत्न करूँगा। वैसे भी इस तरह से तैयारी कर के कोई भी संन्यास धारण नहीं कर सकता। कंटीली झाड़ियों से भरे मैदान में नंगे पांव चला नहीं जाता। उस पर चलने हेतु या तो पूरे मैदान को ढ़कना पड़ेगा या फिर पाँवों तथा शरीर को ढ़कना होगा। समूचे मैदान को ढ़कना तो हर समय संभव नहीं, अपितु पाँवों में जूते धारण कर लेना अवश्य संभव है। इसी तरह असंख्य कामवासनाओं से बचना हो तो या तो सभी कामवासनाओं की पूर्ण तृप्ति होनी चाहिए या फिर सभी का त्याग होना चाहिए। परन्तु वासनाओं की पूर्ण तृप्ति होना तो असंभव है, अतः विवेक तथा विरक्ति द्वारा वासनाओं का त्याग कर देना ही उपयुक्त है। घोड़े की दोनों आँखों पर अंधौटी लगा देने से ही वह सीधे रास्ते पर चलता है। वैसे ही मनुष्य के मन की वृत्तियों पर विवेक तथा वैराग्य की अंधौटी लगा देने से ही मनुष्य सन्मार्ग पर चल सकता है। विवेक तथा वैराग्य उस फिटकरी के समान है जिसे पानी में घुमाते ही सारा मैल नीचे बैठ जाता है और पानी स्वच्छ हो जाता है। विवेक तथा वैराग्य मनुष्य को विषयों की आसक्ति से दूर करके उसकी शुद्धि कर देते हैं। आसक्ति के जाते ही वैराग्य स्वयं ही आ जाता है। क्या खूब कहा है कि-

चाह चूहड़ी रामदास सब नीचों में नीच।
तू तो केवल ब्रह्म था चाह न होती बीच॥

चाह गयी चिंता मिटी मनुवा बेपरवाह।
जिनको कछु न चाहिये सो जग शहंशाह॥

हमने विवेक तथा वैराग्य का तात्पर्य समझा, इनकी प्राप्ति का मार्ग समझा और इनके प्रकार देखें। हमने देखा कि मान सम्मान के मिट जाने पर, धन-वैभव के छूट जाने पर, बन्धु-बाँधवों के मर जाने अथवा छूट जाने पर और जवानी के चले जाने पर उत्पन्न हुए दुःख और सांसारिक नश्वरता के अहसास पर मनुष्य में वैराग्य पनपता है। ऐसे वैराग्य को हम 'मंद वैराग्य' की संज्ञा देते हैं। कभी-कभी वैराग्य किसी विशेष कटु अनुभव के कारण अचानक भी आता है। इसे हम 'तीव्र वैराग्य' की संज्ञा देते हैं। तीव्र वैराग्य कभी-कभी गुरु तथा ईश्वर द्वारा दी गई प्रेरणा से भी आता है। परन्तु इन सभी प्रकार के वैराग्यों में संसार की निस्सारता का अहसास प्रमुख तत्त्व है। अतः इन सभी का उद्देश्य एक ही है और वह है असत् का त्याग तथा सत् की प्राप्ति। एक बार जिसको असत् का ज्ञान हो गया तो फिर वह शैतान का ध्वजावाहक नहीं रह सकता। उसके सामने शैतान नतमस्तक हो जाता है। यही वास्तव में विवेक तथा वैराग्य की उपयोगिता है। इनके आने पर मनुष्य के अन्तस के द्वन्द्व का अंत हो जाता है क्योंकि उसका अंतस 'सत्चिदानन्द' के प्रकाश से भर जाता है। यह मोक्ष की प्राप्ति के ही समान है जो मनुष्य को जीवित रहते हुए ही प्राप्त हो जाता है। मोक्ष की प्राप्ति हेतु मरना आवश्यक नहीं। आवश्यक है उसकी आत्मा का सांसारिक बंधनों से मुक्त हो जाना जो वैराग्य से ही संभव है। और मोक्ष की प्राप्ति को गीता में परम् लाभ बताया गया है। जिसकी प्राप्ति के साथ किसी अन्य लाभ की इच्छा शेष नहीं रहती।

यंलब्ध्वा चापरंलाभं मन्यते नाधिकं ततः।
यस्मिन्स्थितो न दुःखेन गुरुणापि विचाल्यते॥

(अर्थात् जिस लाभ की प्राप्ति से अन्य किसी बड़े लाभ की प्राप्ति की और इच्छा नहीं रहती, तथा जिसमें स्थित होने पर मनुष्य के मन को कोई भी दुःख विचलित नहीं करता वह लाभ ही मोक्ष है।)

गीता में वैराग्य को ही सबसे बड़ा तप बताया गया है-

तपसामपि सर्वेशां वैराग्यं परमं तपं।

ऐसा इसलिए है क्योंकि वैराग्य में सकाम भाव नहीं रहता। दुःख से तथा भय से जनित वैराग्य तो श्रेष्ठ नहीं क्योंकि वे यथार्थ वैराग्य नहीं एवं क्षणिक भी हो सकते हैं। दुःख तथा भय के कारणों की समाप्ति पर वे नष्ट भी हो सकते हैं। इनकी अपेक्षा विवेक से होने वाला वैराग्य श्रेष्ठ है क्योंकि इसमें तृष्णा रूपी रोग नष्ट हो

जाता है। क्योंकि यही तृष्णा या कामना दुःख का कारण है, अतः इससे मुक्ति के साथ ही मनुष्य वास्तविक आनन्द प्राप्त कर लेता है। इससे भी श्रेष्ठ वैराग्य, साधना से होने वाला वैराग्य है। भजन-साधना से चित्त को ईश्वर में स्थिर करने से सांसारिक भोगों का त्याग स्वाभाविक ही हो जाता है। मन अगर भगवान में रम गया तो फिर सांसारिक भोगों पर जायेगा ही नहीं, अतः ऐसे वैराग्य में विषयों को प्रयत्न करके त्यागने की आवश्यकता होती ही नहीं। इसमें अन्तःकरण, भक्ति तथा भजन से निर्मल हो जाता है, अतः उस पर कोई मलिनता टिकती ही नहीं। भक्ति से तो परमात्मा भी प्राप्त हो जाता है। और जिसे परमात्मा प्राप्त हो गया उसके लिये वैराग्य क्या? परमात्मा की प्राप्ति के साथ आया वैराग्य 'विलक्षण वैराग्य' होता है। अतः वैराग्य में भक्ति का मिश्रण ईश्वर तक पहुँचने का सर्वश्रेष्ठ साधन है।

हमने विवेक तथा वैराग्य की उपयोगिता, प्रकार तथा प्राप्ति के साधन देख लिये। उसका महत्त्व भी समझ लिया। अब हम देखेंगे कि क्या सजातीय वृत्तियों में सर्वोपरि इन वृत्तियों की कोई अनुपयोगिता भी है। अगर व्यक्तिगत रूप से देखा जाए तो इनकी उपयोगिता ही उपयोगिता है। परन्तु यदि सभी व्यक्ति वैराग्य धारण कर लेंगे तो फिर इस संसार के समस्त पदार्थों की सत्ता ही समाप्त हो जायेगी। न धन रहेगा न धान्य, न यश रहेगा न मान, न पाप रहेगा न पुण्य। काम, क्रोध, लोभ, मोह, मद-मत्सर एवं अहंकार का अस्तित्व बचाना मुश्किल हो जायेगा। तो फिर इतनी विशाल इस सृष्टि के सृजन की भी उपयोगिता नहीं रह जायेगी। और शायद इसी परिस्थिति से बचने के लिये प्रभु ने शैतान को अपना खेल खेलने हेतु सृजित किया तथा उसे कयामत तक की अवधि दी। इसी कारण प्रभु ने माया का सृजन किया, मोह का सृजन किया। इसी माया तथा मोह के पर्दे में जो असत् पदार्थ हैं वे सत् नजर आते हैं तथा जो सत् है वह दिखता ही नहीं। यही वैराग्य तथा विवेक की अनुपयोगिता है कि इनके आने पर किसी भी सांसारिक सुख में सार नहीं रहता। इस पूरे संसार की उपयोगिता एक तरफ और विवेक तथा वैराग्य दूसरी तरफ और दूसरा पलड़ा फिर भी भारी। तो आप सत् को पहचानें, असत् का त्याग करें, विवेक और वैराग्य ग्रहण करें तथा 'सत्चिदानन्द' की अनुभूति प्राप्त करें, ईश्वर को प्राप्त करें, मोक्ष को प्राप्त करें। इसके पश्चात् आपको पुनर्जन्म, पुनर्मरण एवं पुनः जननी के गर्भ में सोने का कष्ट नहीं सहना पड़ेगा। अन्यथा तो बस यही है कि -

पुनरपि जननं पुनरपि मरणं।
पुनरपि जननीजठरे शयनम्॥

19

सत्य/विश्वास/उद्यम/साहस

इस अध्याय में हम कुछ और धनात्मक वृत्तियों का वर्णन करेंगे यथा सत्य-विश्वास, उद्यम-साहस आदि। हमने पिछले अध्याय में देखा कि विवेक तथा वैराग्य मनुष्य को सत् तथा असत् का ज्ञान करवा कर ईश्वर से मिलवा सकते हैं। हमने यह भी देखा कि असत् के त्याग में ही सत् की प्राप्ति का रहस्य है। हम समझ चुके हैं कि समस्त सांसारिक सुख तथा भोग नाशवान हैं तथा अन्त में दुःख के कारण हैं और इसलिए वे असत् हैं। परन्तु फिर भी मनुष्य सामान्यतः पाखंड में विश्वास रखता है तथा चारों तरफ अपने ही जैसे पाखंडियों से घिरा रहता है। वे सब मिलकर वास्तविकता को ढ़कते रहते हैं। चार कपड़े धारण करके मनुष्य यह सोचता है कि अब वह नंगा नहीं रहा। परन्तु वास्तव में तो ईश्वर ने मनुष्य को भी जानवरों ही के समान नंगा पैदा किया है। तो मनुष्य अपने नंगेपन से इतना क्यों डरते हैं? वे उसे जानवरों की भांति सहजता से क्यों नहीं लेते? बाइबिल के आदम-हव्वा वाले प्रसंग में अच्छे तथा बुरे के ज्ञान का फल खा लेने के बाद ही मनुष्य को अपने नंगेपन का अहसास हुआ और वह वस्त्रों के बंधन में बँधा। ईश्वर नहीं चाहता था कि मानव वह वर्जित फल खाये, क्योंकि वह जानता था कि इससे उसकी स्वच्छन्दता तथा सरलता समाप्त हो जायेगी। परन्तु शैतान ने प्रपंच रचकर हव्वा को बरगलाया तथा आदम के साथ उसे वह फल खाने को मजबूर कर दिया। उसी के फलस्वरूप आदम तथा हव्वा ईश्वर द्वारा शापित हो पृथ्वी पर आये। कपड़े तो सापेक्षिक सत्य है, मात्र एक आडंबर है। सत्य तो यही है कि मनुष्य भी जानवरों ही के समान नंगा है। मनुष्य सोचता है कि जो दृश्य है वह सत्य है। हम अच्छी तरह जानते हैं कि इस जगत में कई ऐसी वस्तुओं का

भी अस्तित्व है जो देखी नहीं जा सकतीं और जिनको अन्यथा भी महसूस नहीं किया जा सकता है। वे वस्तुएं भी उतनी ही सत्य हैं जितनी देखी जा रही वस्तुएं। यदि विज्ञान के दृष्टिकोण से भी देखें तो केवल दो ही वस्तुएं शाश्वत नजर आती हैं। एक तो पदार्थ या प्रकृति तथा दूसरी ऊर्जा या ईश्वर। और पदार्थ ऊर्जा में तथा ऊर्जा पदार्थ में परिवर्तनशील है। अतः वे दोनों मिलकर भी एक ही शाश्वत सत्य को प्रकट करते हैं। इसलिये कहा है कि–

एको ही सद् विप्रा बहुधा वदन्ति।

(अर्थात् एक ही ईश्वर है, विद्वान अक्सर कहते हैं।)

मानव का यह शरीर जड़ है। इसकी जड़ता समाप्त करता है इसमें आत्मा का स्थित होना। तो सत्य का क्या हुआ? शरीर या आत्मा? आप अच्छी तरह समझ लें कि यह शरीर क्योंकि नाशवान है, अतः यह सत्य नहीं हो सकता। आत्मा क्योंकि अजर, अमर तथा चिन्मय है, इसलिए वही सत्य है। क्योंकि आत्मा सत्य है तथा आत्मा परमात्मा में द्वैत नहीं है, इसलिए शास्त्रों में बताया गया एकमात्र सत्य 'ब्रह्म' ही है। वही सबका प्रकाशक और आधार है। वही ज्ञानस्वरूप है, वही चेतन स्वरूप है, वही आनन्द स्वरूप है। रामचरित मानस में इस बात को बहुत ही खूबसूरत रूप में कुछ ऐसे लिखा गया है-

जासु सत्यता ते जड़ माया।
भास सत्य इव मोह सहाया।।

(जिसके सत से असत माया भी सत प्रतीत होती है। वही माया का निर्माता ईश्वर एकमात्र सत्य है।)

प्रकाश और अंधकार-दोनों का ज्ञान जिससे होता है वह आलुप्त प्रकाश है। अर्थात् प्रकाश तो अंधकार में भी विद्यमान होता ही है। प्रकाश के दिखते ही अंधकार स्वयं गायब हो जाता है। शरीर सत्य नहीं है, अतः इससे जुड़ी इन्द्रियों के भोग भी असत्य हैं। जैसे बूंदी में मिठास शक्कर के कारण है, अतः बूंदी मीठी है यह सत्य प्रतीत होते हुए भी असत्य है।

यह तो हुई शाश्वत सत्य की बात। अब मैं भौतिक सत्य पर आता हूँ। आचरण संहिता यह कहती है कि 'सदा सत्य बोलो'। सत्यवादी होने के कारण राजा युधिष्ठिर का रथ जमीन से चार अंगुल ऊपर चलता था। परंतु द्रोणाचार्य वध के प्रसंग में उनसे एक अर्धसत्य बुलाया गया कि 'अश्वत्थामा हतोः नरो वा कुंजरोवा'। इस अर्धसत्य के बोलते ही उनका रथ जमीन पर आ टिका। इतना महत्त्व तो इस लोक के सत्य का भी है। तो समझ लें कि शाश्वत सत्य की कितनी महत्ता होगी। कहावत है कि 'झूठ के पांव नहीं होते'। यह बात सही है

क्योंकि झूठ ज्यादा देर तक टिक नहीं सकता। परंतु सत्य तो ध्रुव है, वह तो अडिग होता है। दृढ़ता तथा स्थिरता बहुत महत्त्वपूर्ण होती है, यह हमने देखा। परन्तु यह उपयोगी तभी तक है जब तक यह सत् के प्रति होती है। असत् के प्रति स्थिरता, दृढ़ता अनुपयोगी होती है। यही वास्तव में सत्य की उपयोगिता है कि इसी के सहारे बाकी सब सजातीय वृत्तियाँ खड़ी होती हैं। सत्य जो शाश्वत है, वह तो कभी भी अनुपयोगी नहीं। परन्तु भौतिक सत्य कभी-कभी अनुपयोगी हो सकता है। जब झूठ की कोई जन कल्याण के या आदर्श कार्य के सम्पादन हेतु उपयोगिता निकलती है तभी सत्य अनुपयोगी बनता है तथा उसे छिपाना पड़ता है। जैसा कि महाभारत के द्रोणाचार्य वध के प्रसंग में हुआ। पर सत्य से ज्यादा दूर जाना कदापि ठीक नहीं। क्योंकि सत्य से दूर जाते ही दृढ़ता, स्थिरता टूट जाती है। अन्य सभी सजातीय वृत्तियाँ तभी तक कायम हैं जब तक सत्य कायम है। इसलिए सत्य को कायम रखें और शाश्वत सत्य को पहचानें।

सत्य के बाद अब मैं 'विश्वास' का वर्णन करूँगा। एक बार देवी भगवती ने महादेव शिव से पूछा, 'भगवन, ईश्वर सच्चिदानन्द की प्राप्ति का मूल उपाय क्या है?' तो महादेव शिव ने कहा कि 'विश्वास'। यह विश्वास जितना बढ़ेगा उतना ही ईश्वर के स्वरूप का ज्ञान बढ़ेगा। विश्वास ही नहीं तो फिर उस वस्तु का जानना क्या? यदि विश्वास है तो सब कुछ है, विश्वास नहीं तो कुछ भी नहीं। यही विश्वास मूर्ति को पत्थर तथा धातु को ईश्वर बनाता है। यही विश्वास मनुष्य की क्षमता को दक्षता बनाता है। विश्वास अनुभव से अलग हो सकता है। अनुभव बताता है कि समस्त सांसारिक भोग (असत्) नाशवान तथा दुःख के हेतु हैं। परन्तु सत् का कहीं अभाव नहीं और परमात्मा सर्वव्यापी है, यह विश्वास करने की बात है। अनुभव केवल इन्द्रियों तथा विषयों के संयोग से होता है। जबकि विश्वास अंतःकरण की बात है। इसलिए विश्वास एक मायने में अतीन्द्रिय बात है। ईश्वर हमें दिखता नहीं। हम उसे इन्द्रियों से अनुभव भी नहीं कर सकते, परन्तु फिर भी हमें उनकी सत्ता में उनके अस्तित्व में विश्वास हो सकता है। अब प्रश्न यह है कि इस ईश्वर को हम जाने कैसे जो भौतिक जानकारी से परे है। उपनिषदों में एक उक्ति आती है-

विज्ञातारमरे केन विजानीयत्।

(अर्थात् जो सबको जानने वाला है, उसे किससे जाने?)

इस प्रश्न का उत्तर है कि जब सभी जानने योग्य वस्तुओं की पहचान या कि उनका ज्ञान ही उससे है तो उसे जानना क्या है। जिस देखने की शक्ति से सब कुछ दिखता है क्या उसे भी देखने की आवश्यकता है। वह है तभी तो हमें सब

दिख रहा है। उस पर तो यकीन ही करना पड़ेगा क्योंकि उसको नकार देने मात्र से वह अस्तित्वहीन नहीं हो जाएगी। उसे चाहे ईश्वर कहो, खुदा कहो, ब्रह्म कहो, जीवात्मा कहो, परमात्मा कहो या कि सत् कहो, वह तो विश्वास करने योग्य ही है। इस सम्बन्ध में शायरे आजम मिर्ज़ा ग़ालिब का कहना है कि-

सामने है जो उसे लोग भुला देते हैं।
जिसको देखा ही नहीं उसको खुदा कहते हैं।।

यह सिर्फ विश्वास के कारण ही संभव है। जब तक इस परम शक्ति में विश्वास नहीं होगा तब तक वह परम लाभ हमें नहीं मिलेगा जिसके प्राप्त होने पर और कुछ प्राप्ति की इच्छा नहीं रहती। सांसारिक वस्तुएं इसलिए वास्तव में अप्राप्त हैं क्योंकि वे तृप्ति नहीं अपितु तृष्णा ही की कारक हैं। और सत्य इसलिए प्राप्त है क्योंकि वह पूर्ण तृप्ति का कारक है। परन्तु जब तक इस सत्य या ईश्वर पर विश्वास नहीं तब तक वह विद्यमान होते हुए भी हमें प्राप्त नहीं हो सकता। विश्वास करने वालों को ईश्वर प्रकट होता है। परन्तु विश्वास गलत भी हो सकता है। अनुपयोगी भी हो सकता है। 'सभी वस्तु नारायण स्वरूप है' यह एक शाश्वत सत्य है। परन्तु इसी उक्ति के परीक्षण हेतु एक व्यक्ति (नारायण) एक बिगड़े हाथी (नारायण) के पास चला गया। परन्तु नारायण (हाथी) ने नारायण (मनुष्य) को सूंड़ में उठाकर दूर फेंक दिया। उसने अपने गुरु से तर्क किया कि मैंने नारायण पर विश्वास किया पर वह झूठा निकला। गुरु ने उसे समझाया कि उसका यह विश्वास कि नारायण (हाथी) और नारायण (मनुष्य) एक है, यह अज्ञान से जन्मा विश्वास है अतः योग्य नहीं। आत्म तत्त्व तो सभी में एक है, पर सांसारिक तत्त्व तो दोनों में अलग हैं। यही सत् तथा असत् का ज्ञान विवेक है। फिर वह विश्वास कैसा जिसकी परीक्षा ली जाए। शैतान ने ईसा मसीह को कहा कि तुम मंदिर के शिखर पर से कूद जाओ, तुम्हारे प्रभु के देवदूत आकर तुम्हारी रक्षा करेंगे। अगर नहीं करते तो तुम प्रभु पर विश्वास करना छोड़ दो। परन्तु ईसा मसीह ने कहा कि जिस पर विश्वास हो उसकी परीक्षा की आवश्यकता क्या है? यही बात विश्वास की दृढ़ता तथा स्थिरता को प्रकट करती है। परीक्षा लेने हेतु कुछ किया गया तो फिर विश्वास रहा ही कहाँ। विश्वास तथा अंधविश्वास में सिर्फ ज्ञान का फर्क है। बिना ज्ञान के, विवेक के विश्वास कर बैठना अनुपयोगी ही नहीं हानिकारक भी है, यह सदैव ध्यान रखें। विश्वास सत् में रखें असत् में नहीं। असत् पर किया गया विश्वास गलत विश्वास की श्रेणी में आता है, जिसकी हानि पूरा संसार भुगतता है। परन्तु सत् (ईश्वर) में विश्वास कर पूर्ण समर्पण कर देना उस परम लाभ की प्राप्ति करवा देता है जिससे आगे कुछ शेष नहीं। विश्वास ही **आत्मविश्वास** का जनक होता है।

विश्वास जीवन जीने का एक नियम है। जो आपकी अपने प्रति धारणा है, जो आपकी जीवन के प्रति धारणा है, जो आपकी ब्रह्म के प्रति धारणा है, वही आपका विश्वास है। विश्वास आपके मस्तिष्क की वह सोच है, जो आपके अवचेतन मस्तिष्क की शक्ति को आपके जीवन की सभी अवस्थाओं में आपके सोचने की आदतों के अनुसार आवंटित कर देता है। इसलिए विश्वास कोई कर्मकांड या कोई संस्कार या कोई पद्धति या संस्था या कोई सूत्र नहीं है। आपके मस्तिष्क का विश्वास केवल मात्र आपके मस्तिष्क की सोच है।

जो मनुष्य विश्वासपूर्वक चाहता है, वह उसे अवश्य ही प्राप्त हो जाता है। इसलिये किसी ऐसी चीज में विश्वास करना जो आपको नुकसानदायक हो, केवल मात्र मूर्खता है। क्योंकि जितना वह चीज आपका नुकसान नहीं करेगी, उतना नुकसान वह सोच या विश्वास आपको कर देगा कि वह चीज नुकसानदायक है। आपके सारे अनुभव, आपके सारे कार्य, आपके जीवन की सभी घटनाएँ और परिस्थितियाँ सभी आपके अपने सोच की, अपने विश्वास की परिणितियाँ हैं। आप ईश्वर में श्रद्धा रखते हैं। आपका विश्वास है कि ईश्वर की प्रार्थना करने से वह वस्तु या उपलब्धि आपको प्राप्त हो जायेगी जिसे आप चाहते हैं। अगर आपका यह विश्वास दृढ़ है तो आपका अवचेतन मन उसी चीज या उपलब्धि की प्राप्ति के आपके सोच को वास्तविकता में परिणित कर देगा। यही पूर्ण श्रद्धा/विश्वास के साथ की गयी प्रार्थना या कामना की शक्ति है, यही उस सफलता की प्राप्ति का विज्ञान है।

कल्पना कीजिए कि आप किसी बीमारी से ग्रसित है। आप ये सोच लें कि अवश्य ही वह बीमारी आपके अवचेतन मन में बैठी उस ऋणात्मक सोच के कारण से उपजी है जो आपके मन में भय का विकार पैदा कर रही है। अब अगर आप विश्वास के साथ प्रार्थना करेंगे कि हे ईश्वर! मुझे इस बीमारी से मुक्त करो। ईश्वर पर आपको विश्वास है तो प्रार्थना में वह संबल आ जायेगा जो आपके अवचेतन मस्तिष्क से उस बीमारी की सोच, उससे जुड़े सारे डर सभी को निकाल बाहर करेगा। और धीरे-धीरे आप देखेंगे कि उस बीमारी के लक्षण आपके शरीर से गायब हो रहे हैं और आप पूर्ण स्वस्थ हो जायेंगे। बस आपके अवचेतन मस्तिष्क में यह ठीक से स्थापित हो जाना चाहिये कि प्रार्थना में शक्ति है जो मुझे ठीक कर देगी। यही आपके अवचेतन मन की रोग प्रतिरोधात्मक क्षमता है, चिकित्सा कर देने की क्षमता है। केवल कभी मन में यह न आने दें कि प्रार्थना में वह क्षमता नहीं कि वह आपका उपचार कर सकेगी। प्रार्थना की क्षमता को कम करके ना आँकें, उसके प्रति मन में लेशमात्र भी संशय न आने

दें। आपके दिमाग की यह सोच ही चेतन मस्तिष्क और अवचेतन मस्तिष्क दोनों में सामन्जस्य बढ़ाती है और यही सामन्जस्य आपके शरीर की व्याधि का उपचार करता है। जिसे लोग 'विश्वास चिकित्सा' के नाम से जानते हैं, उसके पीछे भी यही वैज्ञानिक प्रक्रिया काम करती है। किसी भी विश्वास चिकित्सक के द्वारा बताई गई चिकित्सा पद्धति पर आपको विश्वास करना है कि वह चिकित्सा पद्धति आपको पूर्ण स्वस्थ कर देगी। यह विश्वास आपको उस डर की मानसिकता से दूर करेगा जो उस बीमारी के प्रति आपके अवचेतन मन में आ गया है। और आपका अवचेतन मन धीरे-धीरे चिकित्सा का कार्य चालू कर देगा। इसी कारण से रोग ठीक हो जायेगा। **डा. जेम्स ब्रेड** जो मानचेस्टर यूनिवर्सिटी, इंग्लैंड में मनोचिकित्सक हैं, उन्होंने विश्वास के प्रयोगों में यह पाया कि व्यक्तियों के अवचेतन मस्तिष्क को सुझाव दे-देकर वशीकृत किया जा सकता है। और जब वे वशीकृत अवस्था में होते हैं तब उनके अवचेतन मन में बीमारी से मुक्त हो जाने की अवधारणा को पैठाया जा सकता है, जिससे धीरे-धीरे वह व्यक्ति स्वस्थ होना आरम्भ कर देता है। व्यक्ति का अवचेतन मस्तिष्क स्वयं अपने चेतन मस्तिष्क से भी सुझाव प्राप्त कर सकता है और दूसरों के चेतन अथवा अवचेतन मस्तिष्क से भी सुझाव प्राप्त कर सकता है। केवल आपके अवचेतन मन को इस बात के लिये तैयार रहना पड़ता है कि वह उन सुझावों के प्रति कोई संशय न रखे और न वह सुझावों का कोई प्रतिरोध करे। फिर चेतन मस्तिष्क को भी अवचेतन मस्तिष्क की तरह इन सुझावों का पूर्ण अनुगामी बना दें।

अगर आप अपने चेतन मस्तिष्क से किसी व्यक्ति के सुझावों को स्वीकार नहीं भी करते हैं, फिर भी यदि वह आपके अवचेतन मस्तिष्क पर नियंत्रण कर सुझाव देता है तो भी आप प्रभावित हो सकते हैं, यदि अवचेतन मन द्वारा उस सुझाव का विरोध नहीं किया जा रहा है। इस स्थिति में आपके और विश्वास चिकित्सक के अवचेतन मस्तिष्कों के बीच सामन्जस्य बैठ जाता है।

इस विश्वास चिकित्सा में आपका चिकित्सक का साथ रहना भी जरूरी नहीं क्योंकि वह दूर रह कर भी आपके अवचेतन मन को प्रभावित कर सकता है। इस तारतम्यता के सिद्धान्त में समय और जगह का कोई महत्त्व नहीं होता। क्योंकि एक और मस्तिष्क भी है जो पूरे ब्रह्माण्ड में समान रूप से उपस्थित रहता है, जिसके माध्यम से यह तारतम्यता बैठ जाती है। अगर आप अपने जागरूक मस्तिष्क से अपने अवचेतन मस्तिष्क को सुझाव देना चाहते हों तो बेहतर रहेगा, कि आप रात को सोने से थोड़ा पहले यह कार्य करें ताकि आपका अवचेतन मन सोते वक्त भी उन सुझावों पर कार्य करता रहे। इसलिये बीमार व्यक्तियों के लिये

यह आवश्यक है कि वे रात को सोने से पहले अपनी बीमारी के बारे में न तो बात करें और न ही उनके बारे में अथवा उनके लक्षणों के बारे में सोचें। ऐसा करने से आपका अवचेतन मस्तिष्क उन्हें ग्रहण कर आपको और बीमार बना सकता है। तो विश्वास कितना उपयोगी हो सकता है, यह बात अब आपको स्पष्ट हो गई, उसकी सृजन क्षमता भी आपको विदित हो गई।

विश्वास के उपयोग से मनुष्य सत् को असत् से अलग कर सकता है, तथा शुभ या सत्कर्मों के माध्यम से वह असत् से परे होकर सत् की प्राप्ति कर सकता है। गीता के अनुसार सत्कर्म वे हैं जिनमें कृतत्व का अहम् नहीं होता तथा फलों में लिप्तता नहीं होती। ऐसे कर्म 'दिव्य कर्म' कहे जा सकते हैं। वैराग्य साधने हेतु किये गये कर्म ही दिव्य कर्म हैं।

लोक कल्याण से प्रेरित होकर तथा निस्वार्थ भाव से किये गये कर्म ही 'यज्ञ' के नाम से जाने जाते हैं। अतः कर्म तथा वैराग्य में कोई द्वैत भाव नहीं है, विरोध भी नहीं है। वैराग्य का तात्पर्य अकर्मण्यता नहीं है, निष्काम कर्मयोग है। इसलिये गीता में श्रीकृष्ण ने कहा कि कर्म में विरक्ति की कुशलता का ढ़ालना ही योग कहलाता है–

योग कर्मसु कौशलम्।

यह अभ्यास के द्वारा भी पैदा किया जा सकता है और इससे आस्था बढ़ती है, स्वयं के सामर्थ्य में भी और ईश्वर के अस्तित्व में भी। आस्था का यह मार्ग समर्पण का मार्ग है, कार्यों में भी और फलों में भी। यही गीता का कर्मयोग है।

विश्वास के बाद अब मैं 'उद्यम' पर आता हूँ। 'उद्यम' का अर्थ है योग्य कर्म। राजा भर्तृहरि ने अपने स्वयं के अनुभवों को निचोड़ते हुए अपने नीतिशतक में लिखा कि–

इह कर्म वशतः।

(अर्थात् संसार में सब कुछ कर्म ही के अधीन है।)

जो वैराग्य को प्राप्त कर सकने वाली तकनीक है, स्थिरता तथा दृढ़ता को धारण करने वाली तकनीक है, वह है कर्म के द्वारा अभ्यास। चाणक्य ने कर्म की पद्धति के नियम बताते हुए सर्वप्रथम कहा कि कोई भी कार्य असंभव नहीं।

यथा खात्वा खनित्रेण, भूतले वारि विन्दन्ति।

(अर्थात् भूमि को फावड़े से खोदने वाला उसके तल से जल प्राप्त कर ही लेता है।)

परन्तु मात्र इच्छा कर लेने से कार्य सिद्ध नहीं होते, उसके लिए प्रयत्न करना आवश्यक है।

परिश्रमेण ही सिदयन्ति कार्याणि, न च मनोरथै।

(अर्थात् कार्य परिश्रम से ही सिद्ध होते है। केवल इच्छा करने से नहीं।)

गीता में भगवान कृष्ण ने भी यही बताया है कि-

असंशय महाबाहो दुर्निग्रह मनश्चलम्,
अभ्यासेन तु कौन्तेय वैराग्येण च ग्रह्यते।

(अर्थात् यद्यपि मन की गति को रोकना बहुत कठिन है, परन्तु अभ्यास से तो वैराग्य भी ग्रहण हो ही जाता है।)

कर्म की पद्धति का चाणक्य का दूसरा नियम है कि-

पण्डितेन कार्यकुर्वता आदौ,
गुणवत अगुणवत वा परिणतिः
यत्नतः अवधार्या
अतिरभस-कृताना कर्मणां विपाकः,
अविपत्तेः शल्यतुल्यः हृदयदाही भवति॥

(अर्थात् कार्य करने से पहले ज्ञानीजन उसके गुण-अवगुण तथा परिणामों को यत्न से जाँच लेते हैं। क्योंकि बिना सोचे-विचारे किये गये कर्म का कटु फल जीवनपर्यन्त हृदय को सालता रहता है।)

कर्म पद्धति का चाणक्य द्वारा प्रतिपादित तीसरा नियम है कि-

अनवस्थित कार्यस्य न जने सुखम न वने सुखम।

(अर्थात् अव्यवस्थित कर्म करने से न संसार में सफलता का सुख मिलता है और न वन में वैराग्य का।)

कर्म की पद्धति का चाणक्य का चौथा नियम है कि-

प्रभूतं कार्यम् वा अल्पम् यत्नरः कर्तुम् इच्छति।
सर्वारम्भेण तत्कार्य सिंहादेक प्रचक्षते॥

(अर्थात् कार्य बड़ा हो अथवा छोटा, यदि मनुष्य करना चाहता है तो उसे आरम्भ से ही पूरी शक्ति लगाकर सिंह की भांति करना चाहिए।)

कर्म पद्धति का चाणक्य का पांचवां नियम है कि कार्यों को उचित समय तथा उचित अवस्था में ही किया जाये अन्यथा वे उल्टा फल देते हैं। जैसे-

अनभ्यासे विषम् शस्त्रम्, अजीर्णे भोजनम् विषम्।
दरिद्रस्य विषम गोष्ठी, वृधस्य तरूणी विषम् ॥

(अर्थात् अभ्यास के बिना शस्त्रों का उपयोग खतरनाक है, अपच के समय भोजन करना खतरनाक है, दरिद्र के लिए सभा-समारोह खतरनाक है तो वृद्ध के लिये युवती खतरनाक है।)

कर्म पद्धति के उनके छठे नियम के अनुसार-

स्वयं कर्म करोत्यात्मा, स्वयं तत्फलं अश्नुते ।
स्वयं भ्रमति संसारे, स्वयं तस्मादि विमुच्यते ॥

(अर्थात् मनुष्य स्वयं ही कर्म करता है और स्वयं ही उनके फल भोगता है। वह स्वयं ही इस संसार के चक्र में घूमता है और यदि चाहे तो इससे मुक्त हो सकता है।)

यद्यपि कर्म करने हेतु तथा उसके करने के तरीके तथा साधनों के चयन हेतु मनुष्य पूर्णतः स्वतंत्र है। परन्तु इन सबके निर्धारण से पहले वह 'विवेक' नामक ईश्वरीय मार्गदर्शन का यदि उपयोग करे तो यह कर्म शुभ फलदायक हो सकते हैं। उनके द्वारा सम्पादित कर्म पद्धति का सातवां नियम यह कहता है कि-

तादृशी जायते बुद्धि, व्यवसायो अपि तादृशः।
सहायास्ता-दृशा एव, यादृशी भवितव्यता॥

(अर्थात् कर्मों के अनुसार ही मनुष्य के विचार बनते हैं, उसका व्यवसाय निर्धारित होता है, उसके संस्कार बनते हैं तथा उसका प्रारब्ध बनता है।)

अतः मनुष्य को केवल अच्छे तथा शुभ कर्म ही करने चाहिए।

कर्म पद्धति के अन्तिम दो नियम बहुत महत्त्वपूर्ण हैं क्योंकि विवेक के उपयोग को इन्हीं नियमों में प्रतिस्थापित किया गया है। उसे ईश्वर का मार्गदर्शन बताया गया है। विवेक के उपयोग से यदि कर्म किया जाए तो वह शुभ कर्म बन जाता है और यदि विवेक का उपयोग न किया जाए तो वह दुष्कर्म बन जाता है। बिना विवेक के किए गए सभी अशुभ कर्म प्राणी को सांसारिक बंधनों में बांधते हैं। जबकि विवेक द्वारा तथा लोकहित में किए गए कर्म सांसारिक बंधनों से मुक्ति के कारण बनते हैं तथा संसार में रहते हुए ऐसे कर्म मनुष्य की कीर्ति बढ़ाते हैं। विवेक द्वारा मार्गदर्शित होकर किए गए शुभ कर्मों का संचित फल ही मनुष्य को प्रारब्ध के रूप में प्राप्त होता है। वर्तमान में किए गए कर्मों के संचय से प्रारब्ध बनता है और प्रारब्ध के प्रभाव से परिस्थितियाँ अनुकूल बनती हैं। इन्हीं परिस्थितियों के अनुकूलन को भाग्य का नाम दिया जाता हैं, इसी भाग्य से मनुष्य के कर्म फलित होते हैं।

उद्यम के बाद अब हम साहस का जिक्र करेंगे। उद्यम तथा 'साहस' का चोली-दामन का संबंध है। मनुष्य में साहस नहीं हो या क्षमता न हो तो वह उद्यम क्या करेगा। इसलिए चाणक्य ने कहा कि कार्यों को सिंह के समान साहसपूर्वक सम्पादित करो। मनुष्य में सत्य को स्वीकारने हेतु तथा असत्य को अस्वीकार करने हेतु भी साहस अतिआवश्यक है। अन्यथा वह पाखण्ड से उबर

नहीं सकता। विवेक उसे असत् का ज्ञान तो करवा देगा, परन्तु असत् के त्याग के लिये तो अदम्य साहस की आवश्यकता होती है। जब सारी दुनियां असत् को ही सत् मानती है तथा उसकी ही कामना करती है तब असत् को छोड़ देना अवश्य ही साहस की बात है। वैसे भी सांसारिक भोगों के बंधन इतने आसानी से छूटते नहीं। इसलिये वैराग्य का मार्ग अदम्य साहस का मार्ग है। सत् को अंगीकार करना भी हिम्मत का काम है। भौतिक सत्य ही इतना कड़वा होता है कि नागवार गुजरता है। तो शाश्वत सत्य को दुनिया कैसे किसी को अंगीकार करने देगी। हंस यदि कौओं के समाज में रहना चाहता है तथा हंस की तरह रहना चाहता है तो क्या कौए उसे आसानी से रहने देंगे। यही मुसीबत साधु-पुरुष की है, सत्यवादी की है। और इस मुसीबत में साहस ही उसका साथ देता है, क्षमता ही उसका साथ देती है। साहस से ही व्यक्ति वीर और महावीर बन सकता है। संसार में चारों तरफ अनेकों भय व्याप्त हैं। राजा भर्तृहरि ने लिखा है कि-

भोगे रोगभयं कुले च्युतिभयं वित्ते नश्पालाद् भयं,
मौने दैन्यभयं बले रिपुभयं रूपे जराया भयम्।
शास्त्रे वादभयं गुणे खलभयं काले कृतान्ताद् भयम्,
सर्ववस्तु भयान्वितं भुवि नृणां शंभोः पदं निर्भयम्।।

(अर्थात् भोग में रोग का भय, ऊँचें कुल में उत्पन्न होने पर नीचे गिरने का भय, धन रहने पर राजा का भय, मान में दीनता का भय, बल रहने पर शत्रु का भय, सौन्दर्य रहने पर बुढ़ापे का भय, वेदान्तादिशास्त्र के रहने पर वाद-विवाद का भय, विनयादि गुणों के होने पर दुष्टों का भय, शरीर रहने पर यम का भय, इस संसार में सभी व्यक्ति भय से ग्रसित हैं। केवल एक मात्र शिव के चरण ही निर्भय स्थान है।)

अतः ईश्वर में समर्पण से ही सभी प्रकार के भयों का निदान संभव है और यह समर्पण साहस का कार्य है। साहस मन की दुर्बलता को कम करता है और मनुष्य को उन दुर्बलताओं से लड़ने की शक्ति प्रदान करता है। मन की कमजोरियों को दबाने से साहस पैदा नहीं होता। उन कमजोरियों को लक्षित करके दृढ़ संकल्प द्वारा उनको दूर करना ही साहस का कार्य है। अतः साहस मन को भयमुक्त करता है और साथ ही साथ इच्छाओं को नियंत्रित भी करता है। यही साहस की उपयोगिता है। साहस की अनुपयोगिता उसके दुःसाहस में परिवर्तित हो जाने में ही निहित है। यदि साहस का विषय गलत हो तो वह दुःसाहस में परिवर्तित हो जाता है। इस बात का सदैव ख़्याल रखें। यह भी

ख्याल रखें कि महाभारत में अभिमन्यु साहस का साक्षात प्रतीक होने के बावजूद चक्रव्यूह में मारा गया क्योंकि वह अकेला था। यदि उसके साथ पाण्डव सेना के अन्य महारथी होते तो उसका साहस निश्चित ही कौरवों के चक्रव्यूह को तोड़ देता। अतः साहस को अन्य सजातीय वृत्तियों से सदैव जुड़ा रखें, अलग न होने दें। तो विवेक-वैराग्य, साहस-उद्यम, दृढ़ता-स्थिरता ये सब एक-दूसरे के पूरक हैं तथा एक-दूसरे के बिना अपूर्ण हैं। इन सब वृत्तियों को एक साथ मन में ढ़ालने से ही पूर्ण सफलता तथा तृप्ति प्राप्त हो सकती है, मोक्ष प्राप्त हो सकता है। यही सजातीय/धनात्मक वृत्तियों की सफलता की कुंजी है।

20

वृत्ति नियंत्रण एवं निवृत्ति

प्रकृति ने जो काम, क्रोध, लोभ, मोह आदि गुण दिए हैं, उसमें मोह ही आसक्ति का विकसित स्वरूप है। वैसे तो माया स्वयं ही मोह का पर्याय कहलाती है। वास्तव में माया का सारा प्रपंच दो प्रकार की कामनाओं/ भावनाओं द्वारा रचा जाता है जिनका नाम है राग एवं द्वेष। राग तथा द्वेष मस्तिष्क की सभी अन्य भावनाओं की नियंत्रक हैं।

राग का कारण क्षुधा होता है। अभाव ग्रस्त व्यक्ति का राग अल्पजीवी होता है, स्वयं को नियंत्रित नहीं कर सकता। कामनाओं से मन वैसे ही चंचल रहता है। राग इनको एकपक्षीय बना देता है। इसीलिए इसमें अपेक्षा का भाव भी प्रवेश कर जाता है। अपेक्षा भी एकपक्षीय होती है। इसमें तर्क काम नहीं आ सकता। अपेक्षाएं सम्बन्धों में शीघ्र खाई पैदा कर देती हैं। यह खाई विराग पैदा करने वाली है। जितनी ज्यादा खाई चौड़ी होगी, उतनी ही मिठास कम होती जाएगी। राग नीचे की ओर बहने लगेगा। यही कई बार स्वार्थ अथवा क्रोध के कारण द्वेष में भी बदल जाता है। क्रोध भी तो प्राकृतिक शक्ति रूप है, जो आता ही है, वातावरण के साथ, अहंकार और अपेक्षा के साथ। किसी व्यक्ति विशेष पर नहीं आता, जो सामने आया और स्वयं से कमजोर दिखाई पड़ा, उसी पर आता है; निमित्त चाहिए! नहीं मिले तो कई बार मनुष्य खुद पर भी क्रोध निकाल लेता है। खाना नहीं खाता; जो कार्य करना हो वही नहीं करता। अहंकार क्रोध को बलवान बना देता है। तामसी व्यक्ति के राग-क्रोध-काम सब आवेश प्रधान होते हैं। मोह→इच्छा→राग→अपेक्षा→विराग स्वार्थ→क्रोध→द्वेष

अज्ञान हो अथवा ज्ञान, दोनों पैदा नहीं होते। वे सदा मौजूद रहते हैं। जैसे-जैसे अज्ञान दूर होता जाता है, वैसे-वैसे ज्ञान प्रकट होता जाता है, लेकिन

ज्ञान पर अविद्या हावी होने लगे तो साम्राज्य अज्ञान का होने लगता है। काम-क्रोध आदि सभी भाव भीतर रहते हैं, निमित्त पाकर जाग्रत होते हैं। यदि ज्ञान युक्त व्यवहार है तो इन पर नियंत्रण किया जा सकता है। अज्ञान इन भावों को प्रवाह के साथ प्रकाशित करेगा। इससे व्यक्ति को सीधा नुकसान पहुंचेगा। इस तरह के आवेगों को दबाना भी श्रेयस्कर नहीं होता है, दबाए गए आवेग और आवेश कभी भी विस्फोटक हो सकते हैं। जो भाव, ज्ञान के कारण ऊपर की ओर गति करता है वही भाव अज्ञान के कारण वासना में उतार देता है। राग का प्रवाह बहुत शक्तिमान होता है। आज तो व्यक्ति इतना संवेदनाहीन होता जा रहा है कि व्यवहार में कहीं मिठास नजर ही नहीं आती। सारा प्रेम भाव स्वार्थ या वासना का पर्याय बन गया है। तब उसके परिणाम सुखद कैसे होंगे?

सबसे ज्यादा राग व्यक्ति को खुद के शरीर से होता है क्योंकि शरीर में व्यक्ति रहता है। मन-मंदिर देवता का निवास है, शरीर साधन है। 'अखिल धर्म खलु साधनम्' कहा गया है, किन्तु आज के भौतिक चिन्तन में शरीर साध्य बन गया है। शरीर को संवारना, फैशन, खान-पान आदि पर चिन्तन बढ़ गया, खर्च बढ़ गया है। प्रमाद और मनोरंजन तथा भोग की अवधारणा बढ़ गई है। शरीर की दीवारें इतनी ठोस होती जा रही हैं कि इसके भीतर का संसार सदा के लिए ओझल हो गया है। मनुष्य यह भी भूल गया कि शरीर माता-पिता की सात पीढ़ियों की विरासत होता है और अगली सात पीढ़ियों तक यात्रा करता है। शरीर के भीतर खुद कहां से आकर बैठा है, मालूम नहीं है अतः शरीर को ही अस्तित्व मान बैठा है। इसी के कारण सन्तान का मोह भी उतना ही गहरा होता जा रहा है। शरीर से जुड़े प्रसाधनों का मोह, सुख-सुविधाओं का मोह, बढ़ता जा रहा है। इस मोह के रास्ते में जो बाधक बना, उसके साथ द्वेष बढ़ता जा रहा है। कुछ द्वेष पूर्व जन्मों का भी होता है, वही मन में इच्छाएं पैदा करता है। शरीर उनकी क्रियान्विति करता है। मन-प्राण-वाक् सदा साथ रहते हैं, ये तीनों ही व्यक्ति को बाहरी विश्व के साथ जोड़कर रखते हैं। व्यक्ति चकाचौंध के पीछे भागता है, चेतना सुप्त रहती है, यही अज्ञान की अवस्था है।

आकर्षण का नाम राग है। राग प्रेम नहीं होता, प्रेम जैसा जान पड़ता है। राग में कामना होती है, प्रेम में लेन-देन नहीं होता। राग-चेतन और जड़ दोनों से होता है, जैसा कि धन से। यही लोभ और तृष्णा का रूप ले लेता है। तृष्णा में विषय अथवा व्यक्ति से दूर होना असहज हो जाता है, जैसे कि मां और सन्तान का। राग का क्षेत्र मन होता है। पुरुष की अपेक्षा स्त्री मन के धरातल पर अधिक जीती है, अतः राग और द्वेष उसके हथियार हैं क्योंकि जाल तो वह दोनों ही भावों में फैलाती है, एक में बांधने के लिए था तथा एक में तड़पाने-फंसाने के लिए। राग

मन में अशान्ति का बड़ा कारण है। राग या द्वेष एक निर्णय की तरह कार्य करते हैं, अतः जीवन के सभी निर्णयों को प्रभावित करते जाते हैं। चूंकि राग मन की अवस्था पर निर्भर करता है, अतः इस पर विजय पाने के लिए मन के धरातल को, उस पर पड़े आवरणों को और जीवन के लक्ष्य को समझाना महती आवश्यकता है।

सभी इन्द्रियां मन को विषयों से जोड़ती हैं। राग किसी भी विषय से हो सकता है। जब यह राग मन से शरीर तक पहुंचता है, तब क्रिया रूप लेता है। तब शरीर विषय की ओर दौड़ता है। मन की गति भावनाओं के आवेश पर निर्भर करती है। कई बार प्रारब्ध भी इस गति में जुड़ जाता है। तब व्यक्ति का राग-द्वेष पूर्ण व्यवहार सुस्पष्ट हो जाता है, व्यक्ति उसे रोक नहीं पाता, कुछ-न-कुछ अहित घट जाता है। ध्यान की अवस्था में शरीर तो शिथिल होकर अलग हो जाता है। प्राणायाम के द्वारा श्वास का नियमन करके मन की चंचलता को शरीर तक पहुंचने से रोका जाता है। मन और शरीर अलग-अलग हो जाते हैं। राग-द्वेष के भाव क्रिया रूप नहीं ले पाते। ज्ञान के सहारे मन को प्रेम से जोड़ा जा सकता है। चेतना का जागरण सम्भव है। इसके बिना मन अज्ञान के ही आवरण में रहता है, आवरण समझ में आने से हटाए जा सकते हैं। तब बाहर का विषय मन तक नहीं पहुंच सकता। चेतना जाग्रत होते ही मन आनन्द की ओर मुड़ जाता है। वैराग्य की शुरुआत हो जाती है। राग-द्वेष छू-मन्तर हो जाते हैं। व्यक्ति साक्षी भाव से शान्ति में प्रतिष्ठित हो जाता है।

मनोवैज्ञानिकों की मान्यता है कि जाग्रत मस्तिष्क कुल मस्तिष्क का बहुत छोटा हिस्सा है और बहुत बड़ा हिस्सा है अवचेतन मस्तिष्क, जो हमारी विभिन्न गतिविधियों ओर आवेशों को संचालित करता है। जब तक अवचेतन मस्तिष्क के प्रति जागृति नहीं होगी, हमारे कार्य-कलापों व आवेशों पर हमारा नियन्त्रण नहीं होगा। जिस मन से हमारे आवेश संचालित होते हैं उनके प्रति जागरूक हुए बिना हम अपने मन व शरीर पर पूर्ण रूप से नियन्त्रण नहीं पा सकते।

अवचेतन मन में बहुत से विचार व संस्कार जन्म (एवं जन्मान्तर यदि पुनर्जन्म मानें तो) से भरे पड़े हैं और हमारे कई कृत्य ऐसे होते हैं जिनको हम सचेत रूप से करते ही नहीं और हो जाने के बाद ताज्जुब या पश्चाताप करते हैं कि यह कैसे हो गया? वह सब अवचेतन मन से होता है। अतः सही रूप से निशल्य होने के लिये अवचेतन मन तक पहुंचना आवश्यक है।

शरीर या कपड़ा जरा भी मैला हो जाय तो हम तत्काल उसे पानी व साबुन का प्रयोग कर साफ कर देते हैं। जो साफ वातावरण में रहने के अभ्यस्त हो गये हैं उनको जरा भी गन्दगी नहीं सुहाती, परन्तु क्या हम यही बात मन की गन्दगी

पर लागू करते हैं? क्या मन मैला होते ही सफाई की व्यवस्था करते हैं? क्या हम साफ मन रखने के अभ्यस्त हो गये हैं या मन के मैला होने का पता ही नहीं लगता? यदि पता लग भी जाता है तो क्या सफाई का कोई साधन उपलब्ध है?

शरीर की ऊपरी सफाई का ध्यान भी तभी आता है, जब हम सफाई के वातावरण में रहने के अभ्यस्त हो गये हों। जो लोग बचपन से गन्दगी में ही रहते हैं या रोज स्नान आदि के अभ्यस्त नहीं होते उनको गन्दगी या मैल का आभास उतनी जल्दी नहीं होता जितना सफाई में रहने वाले व्यक्ति को होता है। गन्दी गली व गन्दे माहौल में रहने वाले व्यक्ति को गली की गन्दगी का अहसास इतनी जल्दी नहीं होता जितना एक साफ बस्ती से आने वाले व्यक्ति को उस गन्दी गली का होता है।

यही बात मन की गन्दगी पर लागू होती है। जब तक स्वस्थ व साफ मन क्या है? इसका अहसास न हो, मन गन्दा कब हुआ और कब साफ करने की आवश्यकता है इसका अहसास भी जल्दी नहीं होगा, लेकिन जो व्यक्ति एक बार साफ मन के स्फुरण व सुख से परिचित हो जायेगा वह मन को साफ रखने की आवश्यकता को स्वतः महसूस करेगा।

आज के वातावरण में बाहरी सफाई पर तो काफी जोर दिया जाने लगा है परन्तु आन्तरिक या आध्यात्मिक सफाई पर लोग पहले से अधिक गफ़लत में रहने लगे हैं। मन की सफाई की कोई बात ही नहीं करता। मन की गंदगी तब मालूम पड़ती है जब यह काफी विकृत होकर शरीर पर बीमारी के रूप में प्रकट होती है या मनोवैज्ञानिक समस्या बनकर पागलपन की पराकाष्ठा तक पहुंच जाती है। यह सब मन की गंदगी के उग्र रूप हैं। इस सीमा तक पहुंचने से पहले ही मन को स्वस्थ रखने की व्यवस्था करनी चाहिए।

इससे पहले कि मन की सफाई की बात करें, प्रश्न यह उठता है कि मन मैला होता कैसे है? और मन मैला होने का पता कैसे लगा सकते हैं, व्यक्ति यदि बाहरी वातावरण से नज़र हटाकर क्षण-भर भी अन्दर झांकेगा तो उसे इन प्रश्नों का उत्तर आसानी से मिल जाएगा, परंतु आदत केवल बाहर देखने की ही बना ली और अंदर झांकने का प्रयास ही नहीं किया तो इन प्रश्नों का उत्तर नहीं मिलेगा। बाहर की गन्दगी तो दूसरे व्यक्ति भी इंगित कर देंगे परन्तु मन की गन्दगी का पता तो स्वयं को ही लगाना होगा। स्वयं ही मन के मैलेपन को आंकेंगे और स्वयं ही सफाई कर सकेंगे।

स्थूल रूप से देखें तो मन की व्याकुलता ही मन के विकार या गन्दगी का लक्षण है। मन में विकार आता है तो मन व्याकुल होता है। मन में क्रोध आएगा तो मन व्याकुल होगा। क्रोध का असर शरीर पर भी होता है-धड़कन बढ़ती है, रक्तदाब बढ़ता है, स्पन्दन बढ़ता है आदि। क्रोध से शरीर व मन दोनों पर

व्याकुलता का असर होता है। इसी तरह जब व्यक्ति कपट करता है या लालच करता है तो मन में व्याकुलता आती है, परन्तु कई बार हम इन लक्षणों को दरगुजर करते हैं, लापरवाही बरतते हैं व मन की व्याकुलता व मन के विचारों को दबाते हैं। धीरे-धीरे मन की सूक्ष्म स्फुरणाओं को हम पहचानना भूल जाते हैं। फिर तो स्थूल बीमारी के रूप में जब लक्षण प्रकट होते हैं तब पता लगता है कि मन भी बीमार है, लेकिन उस वक्त भी मन की बजाय शरीर का ही इलाज करते हैं। जब ऊपरी दवाइयां कुछ नहीं कर पातीं तब शायद मन को स्वस्थ करने की बात सोचने का अवसर आता है।

कहा जाता है– 'दिमाग स्वस्थ है तो शरीर भी स्वस्थ है परन्तु उस उक्ति पर पूरा ध्यान नहीं दिया जाता, बल्कि उससे उल्टी उक्ति पर ज्यादा ध्यान दिया जाता है– 'स्वस्थ शरीर में स्वस्थ दिमाग बसता है' इसलिये शरीर पर विशेष ध्यान देते हैं, मन पर नहीं। मन में उठने वाले विचारों व स्फुरणाओं की ओर ध्यान न देकर शरीर को जो प्यारा लगता है, उस पर ध्यान देते हैं। शरीर की इन्द्रियों को जो चीज अच्छी लगती है, उसे प्राप्त करने या संजोने में सारी शक्ति लगा दी जाती है। इसके लिये क्रोध, छल-कपट भी करना पड़े, तो करते हैं और इससे मन में विपरीत विचार या व्याकुलता भी आती है तो उसकी अवमानना करते हैं। शरीर को या शरीर की इन्द्रियों को जो प्रिय है उसी पर विशेष ध्यान देते हैं। शरीर की इन्द्रियों के सुखानुभव की प्राप्ति में मन की अवहेलना करने से मन व्याकुल या बीमार रहने लगता है और बाद में मन की व्याकुलता शरीर को बीमार करती है।

उदाहरण के लिये, किसी मनुष्य ने सुन्दर स्त्री को देखा और उस पर मुग्ध हो गया। आंखों के इस सुख को पाने के लिये वह पुनः-पुनः प्रयास करता है। इसी को आगे प्राप्त करने के लिये स्त्री को अपने पास लाने की कोशिश करता है। उस वक्त यदि पता भी लगे कि वह पराई नारी है तो सामाजिक क्लेश या झगड़े की परवाह भी नहीं करता और उसके लिये लड़ने आदि का भी संकल्प कर लेता है। बड़े-बडे कई युद्ध स्त्री के पीछे हुए हैं। यह सब क्यों? केवल शरीर के इन्द्रिय सुख के पीछे, ऐसे कई उदाहरण दिये जा सकते हैं, जिनमें कानों के सुख या जीभ के स्वाद के लिये अच्छे और बुरे की सब सीमा छोड़कर छल, कपट, हिंसा का उपयोग किया गया है।

धन-संग्रह तो सबसे बड़ी बीमारी है। मनुष्य के दिमाग में यह बात बैठ जाती है कि धन-संग्रह ही जीवन का लक्ष्य है, धन ही सब कुछ है। इसी के लिये मिलावट, गलत तोल, छल-कपट, हिंसा, रिश्वतखोरी, तस्करी सब कुछ करता है। पिता का धन जल्दी प्राप्त हो इसके लिये पुत्र पिता की हत्या भी कर देता है। भाई-भाई में झगड़े हो जाते हैं और वे एक-दूसरे के जानी दुश्मन हो जाते

हैं ये सब इसी भ्रम में कि धन ही सब कुछ है और इसके लिये ही सब प्रयास करने चाहिये। यह सब करते हुए प्रथम बार जब व्यक्ति अच्छे और बुरे में न्याय करता है तब मन में प्रश्न उठते हैं और मन में आवाज उठती है कि यह उचित नहीं, पर शीघ्र ही इस आवाज को दबा दिया जाता है और उचित-अनुचित के बीच न्याय करने की क्षमता ही समाप्त हो जाती है। फिर, केवल अपना लक्ष्य सामने आता है और उपाय के औचित्य-अनौचित्य पर ध्यान देना ही बन्द हो जाता है। मन पर क्या-क्या गन्दगी की परतें बढ़ती जा रही हैं इस पर ध्यान नहीं दिया जाता। सारा ध्यान बाहर है, अन्दर झांकने का प्रयास ही नहीं है। मन की गन्दगी तो मन में झांकने से ही दूर होगी, किन्तु जो व्यक्ति इतना बर्हिमुखी हो गया है वह तत्काल अन्तर्मुखी भी कैसे बन सकता है? अन्तर्मुखी बनने के लिये भी प्रशिक्षण लेना पड़ेगा।

मनोवैज्ञानिक जानते हैं कि चेतन मन पूरे मन का छोटा-सा अंश है। मन का अधिकांश हिस्सा तो अवचेतन है और इस हिस्से का हमें ज्ञान भी नहीं होता, अधिकांश क्रियाएं अवचेतन मन के आदेश से होती हैं जब मच्छर को हटाने का प्रयास करते हैं तब अवचेतन मन के आधार पर क्रिया होती है। चेतन मन को तो पता नहीं कि कब हाथ उठा और दुःखद संवेदना को दूर करने लगा। अवचेतन मन में हमारे वर्षों के संस्कार भरे पड़े हैं और कई इच्छाएं दबी पड़ी हैं। जब मौका लगता है तब पुराने संस्कार या दबी इच्छाएं उठती हैं और व्यक्ति को अनायास इतना मजबूर कर देती हैं कि चेतन मन को सोचने या निर्णय लेने का वक्त ही नहीं देतीं।

अतः मन की चिकित्सा तो अवचेतन मन के स्तर पर ही होनी चाहिये। चेतन मन तक सीमित रहने से लाभ नहीं। चेतन मन या बुद्धि व तर्क के आधार पर हम उचित या अनुचित का निर्णय ले भी लें तो कोई फर्क नहीं पड़ता। मन के भीतरी संस्कार व निर्णय भारी पड़ते हैं और उनमें जब तक परिवर्तन नहीं होता, मनुष्य का आचरण नहीं बदलता। जब तक मन में बात नहीं जमती, व्यक्ति उसे आचरण में नहीं लाता। मन की गहराइयों तक पहुंचने के लिये कोई रास्ता ढूंढ़ना ही होगा।

ध्यान शब्द 'ध्यै चिन्तायाम' धातु से बना है जिसका अर्थ है चिन्ता करना, परन्तु यहां ध्यान का अर्थ है चिंतन का एकाग्रीकरण। पतंजलि के योग सूत्रानुसार ध्येय में वृत्ति का समान रूप से बने रहना ही ध्यान है। ध्यान की पद्धति का प्रचलन हमारे समाज में हजारों सालों से है। विकारों पर नियंत्रण हेतु तथा आत्मा के उत्थान हेतु ऋषि/मुनि, साधु/संत इसका हमेशा से उपयोग कर रहे हैं। ध्यान में या तो मन को शून्य में विचरित करने हेतु स्वतंत्र छोड़ दिया जाता है या फिर

कहीं पर वर्तमान में केन्द्रित कर विचल से पूर्णतः बाधित कर दिया जाता है। दोनों ही प्रकार के ध्यान से मानसिक संताप मिटता है, शान्ति प्राप्त होती है, संतोष तथा आत्मिक प्रसन्नता प्राप्त होती है। ध्यान मन की एकाग्रता से आगे की अवस्था है। एकाग्रता किसी वस्तु अथवा विचार पर थोड़ी देर के लिए अन्य वस्तुओं अथवा विचारों को छोड़कर सोचने का नाम है जैसे–पढ़ाई पर एकाग्रचित्त होना जबकि ध्यान और समाधि एक ही क्रिया की तीन अवस्थाएं हैं। इन तीनों ही क्रियाओं के तीन अवयव होते हैं। पहला अवयव है 'विषय' दूसरा अवयव है 'वस्तु' और तीसरा अवयव है 'क्रिया'। जो विषय है वो है 'चित्त' और 'स्व', वस्तु या ध्येय है निवृत्ति तथा क्रिया है एकाग्रता। इस निवृत्ति के ध्येय को प्राप्त करने के लिए कितना प्रयास करना पड़ेगा यह इस बात पर निर्भर करता है कि आपके चित्त की वृत्तियां कितनी व्यग्र हैं। अगर इस एकाग्रता की क्रिया में बाधा आती है तो व्यग्रता उसका कारण है। इस व्यग्रता को दूर करना ही मन की साधना है। बहुत लम्बा समय लगता है चित्त की वृत्तियों पर नियंत्रण करने में, लेकिन धीरे-धीरे सब सध जाता है। गीता में कहा गया है कि –

असंशय महाबाहो मनो दुर्निग्रह चलम।
अभ्यासेन तो कौन्तेय, वैराग्येण च्गृह्यते॥

(हे अर्जुन! अवश्य ही मन को विचरण से रोकना बहुत मुश्किल है, लेकिन प्रयत्नों से तो वैराग्य भी सध जाता है।)

जब एकाग्रता की निरंतरता बढ़ती है तो ध्यान लगना शुरू हो जाता है और जब लगातार ध्यानस्थ होना आ जाता है तो समाधि की अवस्था प्राप्त हो जाती है। समाधि की अवस्था में व्यक्ति का स्व से साक्षात्कार हो जाता है या वह आत्मन् को पहचान लेता है और उसकी सारी व्यग्रताएं यहां तक कि वृत्तियां भी शान्त हो जाती हैं। यही ध्यान की सबसे उन्नत अवस्था है और यही बुद्ध का और महावीर का केवल्य ज्ञान/ बोधित्व है। ध्यान के प्रथम चरण की उपलब्धि होती है प्रतिभा की जागृति, यह शारीरिक तथा मानसिक दोनों ही प्रतिभाओं की जागृति है। शारीरिक स्तर पर इस प्रतिभा से तात्पर्य है शरीर की आरोग्यता तथा क्षमता का विकास। मनस या बुद्धि में इस जागृति से तात्पर्य है इच्छा, कल्पना, संकल्प, साहस, विश्वास, मानसिक कुशाग्रता, चिंतन आदि शक्तियों की अभिवृद्धि। भावनात्मक स्तर पर इस प्रतिभा की जागृति का मतलब है दया, करुणा, श्रद्धा, विश्वास, मुदिता, दान, परोपकार आदि धनात्मक वृत्तियों की अभिवृद्धि होना। ध्यान के द्वितीय चरण की उपलब्धियां हैं, परामानसिक शक्तियों या क्षमताओं का जागरण तथा विकास। ये शक्तियां हैं दूरदर्शन, दूरश्रवण, पूर्वाभास, भूताभास, अंतर्ज्ञान, परिचित्तज्ञान, अतीन्द्रिय प्रत्यक्षण, अतीन्द्रिय अनुभव आदि। ध्यान के

तृतीय चरण में साधक को बोधित्व, केवल्य ज्ञान, संकल्प/विकल्प मुक्ति, राग-द्वेष से मुक्ति या मोक्ष की प्राप्ति होती है। इस समय उसकी चेतना पूर्णतः विकसित हो जाती है जो कि ध्यान साधना का लक्ष्य है। ध्यान को प्रेक्षा भी कहते हैं। प्रेक्षा से तात्पर्य है गहरे पैठना और फिर देखना या समझना। इससे अतीन्द्रिय ज्ञान प्राप्त होता है। यद्यपि हमारे समाज में ध्यान का उपयोग और प्रचलन तो बहुत है, परन्तु इससे प्राप्त होने वाले लाभों पर शोध नहीं किया गया है। हाल ही में अमेरिका के 'येल विश्वविद्यालय' के मनोवैज्ञानिकों ने ध्यान से मन तथा मस्तिष्क को मिलने वाले लाभों का कारण जानने हेतु एक दिलचस्प प्रयोग किया है। इस प्रयोग में प्रचलित एम.आर.आई. टेक्नोलॉजी का इस्तेमाल किया गया है। यह एक प्रकार की मस्तिष्क छायांकन तकनीक है जिसमें मस्तिष्क के विभिन्न केन्द्रों को उच्च चुम्बकीय शक्ति से सक्रिय कर उसमें घट रही जैविक प्रक्रियाओं का लगातार आकलन/चित्रण किया जाता है। इस प्रयोग द्वारा डॉक्टर 'जूडसन', 'ए.ब्रुअर' और इनके अन्य सहयोगियों ने यह साबित कर दिखाया है कि ध्यान मस्तिष्क के उन खास केन्द्रों को सुला देता है, जिनमें आत्म केन्द्रित विचारों का जन्म होता है और जहां ये स्वार्थपरक भावनाएं विकसित होती हैं। मस्तिष्क के इन हिस्सों के सक्रिय रहने पर ही ऋणात्मक भावनाएं जैसे व्यग्रता, चिन्ता, अवसाद, पागलपन आदि पैदा होती हैं। मस्तिष्क के ये ऋणात्मक भावना केन्द्र मस्तिष्क की 'मीडियल प्री फ्रंटल कार्टैक्स' और 'पोस्टीरियर सिंगुलेट कार्टेक्स' में स्थित होते हैं। डॉ. ब्रुअर और उनके सहयोगियों ने पाया कि ध्यान करने से इन खतरनाक ऋणात्मक भावना केन्द्रों का स्विच बंद हो जाता है तथा ये निष्क्रिय हो जाते हैं तो ध्यान का जितना गहन अनुभव आपको होगा, जितनी ध्यान में दक्षता आप हासिल कर लेंगे, उतना ही आपका इन ऋणात्मक भावनाओं पर नियंत्रण होता जायेगा और मन उतना ही शांत और स्थिर रहेगा, चित्त उतना प्रसन्न रहेगा। अतः ध्यान सीखने तथा करने में ही आपकी भलाई है। आप अगर ध्यानस्थ होने के लिए रोज आधा घंटा निकाल लेते हैं तो दिन-भर प्रसन्नचित्त रहकर दुनिया-भर की जिम्मेदारियां निभा सकते हैं। यह एक अचूक नुस्खा है, जो मुफ्त में मिलता है। ध्यान से मस्तिष्क के उदारता, दयालुता से सम्बंधित हिस्से भी सक्रिय होते हैं।

यह भी पाया गया है कि ध्यान/समाधि से मस्तिष्क में सुख या खुशी या संतोष की मानसिकता जगाने वाला हार्मोन 'आक्सीटोसिन' स्त्रावित होता है। 'कांकार्डिया विश्वविद्यालय' के शोधकर्त्ता 'एलेनबोगेन' के अध्ययन के मुताबिक 'आक्सीटोसिन' नामक हार्मोन लोगों का स्वयं तथा दूसरों के बारे में सोचने का तरीका बदल देता है। यह लोगों का न केवल आत्मविश्वास बढ़ाता है अपितु

उनकी सृजन तथा समझ सकने की क्षमता को भी बढ़ा देता है जिससे वे कठिन-से-कठिन परिस्थितियों का सामना भी बेहतर तरीके से कर पाते हैं और अच्छी सफलता प्राप्त कर सकते हैं। यह वास्तव में मनुष्य की सोच में से ऋणात्मकता निकालकर उसे सकारात्मक बना देता है। 'आक्सीटोसिन' मनुष्य को कृत्रिम रूप से या तो इन्जेक्शन अथवा नाक में स्प्रे द्वारा दिया जा सकता है। यह करीब एक डेढ़ घंटे बाद व्यक्ति पर अपना असर दिखाता है, लेकिन ध्यान/साधना से यह स्व-स्त्रावित होता है अतः ध्यान करने वाले लोगों को इसको कृत्रिम रूप से देने की कोई जरूरत नहीं रह जाती। ध्यान/साधना करने के निम्नलिखित फायदे ज्ञात हैं–

भौतिक स्तर पर यह शरीर की रोग प्रतिरोधक क्षमता का विकास कर उसे स्वस्थ बनाता है और रोग मुक्त करता है।

मानसिक स्तर पर यह ऋणात्मक वृत्तियों यथा तनाव, डर, चिन्ता, ग्लानि, अवसाद, घृणा, ईर्ष्या आदि को मिटा उसे सकारात्मक सोच प्रदान करता है जिससे वह सुखी तथा खुश रह सकता है, संतोष प्राप्त कर सकता है।

आध्यात्मिक स्तर पर ध्यान मनुष्य को वैचारिक मुक्ति और आत्मिक अनुभूति जैसे आध्यात्मिक अनुभव कराता है जो उसके आत्मिक उत्थान में सहायक होते हैं।

सामाजिक स्तर पर इसके कारण अनुभूत शांति, सुख और संतोष से मनुष्य जिन्दगी अच्छी प्रकार से व्यतीत कर सकता है। उसका मन प्रफुल्लित रहता है तथा व्यवहार प्रसंशनीय हो जाता है। इससे उसे स्वयं में एक प्रकार की पूर्णता का आभास होता है।

ध्यान का अभ्यास दिन में दो बार करना आवश्यक है। सुबह के समय सूर्योदय के साथ किया गया 19-20 मिनट का ध्यान विचारों तथा मस्तिष्क को जागृत तथा शुद्ध करता है और दिन-भर काम-काज करने हेतु प्राण ऊर्जा संग्रहित करता है। इसी प्रकार सायंकाल सूर्यास्त के साथ किया गया 20-30 मिनट का ध्यान दिन-भर की शारीरिक थकान तथा मानसिक ऋणात्मकता को दूर कर दिमाग को शांत एवं शिथिल करता है जिससे रात को अच्छी नींद आती है और शरीर तथा दिमाग दोनों को उचित विश्राम मिलता है। ध्यान करते समय मस्तिष्क में वैसे तो किसी भी प्रकार की ऋणात्मकता को नहीं आने देना चाहिए, लेकिन अगर बेचैनी के कारण ऐसा कुछ कभी हो भी जाये तो उसे ऋणात्मकता को अपान वायु/प्रश्वास के साथ शरीर से बाहर निकाल देना चाहिए और उसकी जगह प्राणवायु/श्वास के साथ कोई न कोई धनात्मकता शरीर में ग्रहण करनी चाहिये। ध्यान प्रारम्भ करने से पहले सायंकाल में विचारों की श्रृंखला को

तोड़ने हेतु 2-3 मिनट यदि दीपक जला कर 'त्राटक' साधना कर ली जाए तो यह लाभप्रद होता है। शरीर तथा दिमाग को किसी भी प्रकार के तनाव से रहित कर ईश्वरीय अनुग्रहों पर विचार कर धन्यवाद देने के साथ ध्यान का आरंभ करना चाहिए और चित्त को प्रसन्न रखना चाहिए।

वैसे तो ध्यान कई प्रकार के हैं जैसे, समर्पण ध्यान, तन्द्रा ध्यान, अतीन्द्रिय ध्यान, भावातीत ध्यान, राजयोग ध्यान, सुदर्शन क्रिया आदि और कोई भी ध्यान पद्धति अपनाई जा सकती है, लेकिन एक ध्यान की पद्धति है विपश्यना, जिसमें मन की गहराइयों तक पहुंचने में किसी शब्द, रूप, इष्ट आदि का उपयोग नहीं होता। इसमें केवल शुद्ध श्वास के आधार पर कार्य होता है। शरीर पर जो संवेदना होती है उसे जानने और केवल जानने की ही प्रक्रिया होती है। किसी भी संवेदना को न अच्छा मानते हैं और न बुरा। जब कोई संवेदना अच्छी या बुरी न हो तो संवेदना को रोकने या हटाने की बात नहीं होती। संवेदना शरीर पर उत्पन्न हो रही है यह शरीर का धर्म है और हम केवल उस प्रक्रिया को देख रहे हैं। हम उसमें कुछ कर नहीं रहे। हम उस पर कुछ थोप नहीं रहे। केवल तटस्थ भाव से जो हो रहा है वही देख रहे हैं। जब आंख बन्दकर शरीर को स्थिर कर सिर की चोटी से एड़ी तक यही क्रिया कर रहे हैं तो तटस्थ भाव पुष्ट होता है, मन का स्वभाव बदलता है। अब तक मन का स्वभाव था अच्छी वस्तु को चाहना और खराब वस्तु को हटाना। अच्छी संवेदना आयी तो खुश होकर उसी संवेदना को पुनः-पुनः प्राप्त करने की कोशिश करना, बुरी आयी तो हटाने की कोशिश करना, परन्तु अब मन दोनों के बीच तटस्थ हो गया और भोक्ता-भाव की बजाय दृष्टा-भाव में आने लगा। दूसरा मूल परिवर्तन यह हुआ कि अब तक शरीर उन संवेदनाओं को देखता और चाहता था जो इन्द्रियजनित थीं जैसे, अच्छा रूप, शब्द, स्पर्श आदि। अब वह संवेदना देखी जा रही है जो मूलतः इन्द्रियग्राह्य नहीं है। शरीर के अन्दर की धड़कन या फड़कन, दबाव या भारीपन, खुजलाहट या सरसराहट, यह सब बन्द आंख से मन के जरिये जानी जाती है। मन के केन्द्रित होने पर मन के भागने और बहिर्मुखी होने का जो स्वभाव है उस पर भी रोक लगती है। इस तरह धीरे-धीरे मन की गहराई तक पहुंचते हैं और मन के संस्कार स्वतः शरीर पर संवेदना के रूप में आने लगते हैं और संवेदना के रूप में ही निकल भी जाते हैं।

अब हम मन को देखने लगे, मन की स्फुरणाओं को जानने लगे। बुद्धि के स्तर पर नहीं, अनुभव के स्तर पर जानने लगे। अब हम स्वयं अनुभव करने लगे कि जब-जब क्रोध करते हैं मन व्याकुल होता है और शरीर पर अप्रिय संवेदना होती है। जब-जब अच्छा कार्य करते हैं या अच्छे विचार आते हैं, अच्छी संवेदना होती है और मन अच्छा महसूस करता है। संवेदना पैदा नहीं की जाती, अपने

आप होती है। मन केवल देखता है। व्यक्ति जब यह बात अनुभव के स्तर पर देख लेता है तो फिर मन को व्याकुल करने का काम क्यों करेगा? फिर वह वही कार्य करेगा जो मन को शान्त करे या सुखी करे। स्वतः ही आचरण में परिवर्तन आयेगा। अब उपदेश की जरूरत नहीं; क्योंकि वह स्वयं देख रहा है कि क्या उचित है और क्या अनुचित है? अब वह स्वयं निर्णायक है और जो भी निर्णय करेगा, अच्छा ही करेगा। यही मनुष्य के आन्तरिक परिवर्तन का मार्ग है। अन्तर में परिवर्तन होने पर बाहर का परिवर्तन स्थायी होता है। जब यह प्रक्रिया केवल बाहरी होती है तो या तो वह अस्थायी होती है या केवल ऊपरी तौर की सजावट।

जब मन साफ करने का साधन मिल गया तो उसका उपयोग कब-कब करें? उत्तर स्पष्ट है, जैसे शरीर को सेवरे-शाम दोनों वक्त साफ करते हैं, वैसे ही मन को दोनों वक्त साफ करना चाहिये। इसके अतिरिक्त जब भी गन्दगी आ जावे तब शरीर की विशेष सफाई भी करते हैं, वैसे ही मन में जब कोई विशेष विकार जागे, उसी वक्त मन की सफाई आवश्यक है। मन में क्रोध जागा तो उसी वक्त उसको देखना शुरू कर दें, क्रोध गायब और मन भी साफ। इसके लिये वक्त की कोई पाबन्दी नहीं। जब भी विकार आया तत्क्षण सफाई आवश्यक है। गन्दगी का ढेर इकट्ठा हो जावे तो उसे साफ करने में भी उतनी ही कठिनाई आती है, जैसे-जैसे गन्दगी का ध्यान आवे वैसे-वैसे हटाते चलें तो पुरानी गन्दगी की सफाई का मौका ही नहीं मिलेगा। अतः नयी गन्दगी की आवक बन्द करें अर्थात् रोक लगायें और पुराने की सफाई करें तो मन निर्मल होता जायेगा। मन स्वभाव में फिर से आयेगा और स्वभाव में रमण ही धर्म है। स्वभाव में रहने से ही मन व तन दोनों स्वस्थ रहेंगे। 'स्व' में स्थित होना ही, स्वस्थ होना है।

मन से इन्द्रियां और शरीर नियन्त्रित हैं। नियन्त्रक ही जब बहका हुआ है तो अनियन्त्रित इन्द्रियों का क्या हाल होगा? वैसा ही जैसा किसी बस या गाड़ी के ड्राइवर के नशे में या पागल होने पर होता है? विक्षिप्त मन वाला आदमी तो पागल ही कहलाता है। वह तो मन के भटकाव की पराकाष्ठा है, परन्तु साधारण रूप में भी जो भटकता है उससे मनुष्य व उसकी इन्द्रियां– किसी भी एक लक्ष्य को निश्चित कर, कार्य नहीं करतीं और इसलिए उसे इच्छित फल नहीं मिलता।

गीता में उपदेश दिया गया है कि मन रूपी घोड़े को साधो, क्योंकि मन के घोड़े पर सवार हो इन्द्रियां, शरीर को भटकाती हैं। यदि मन सधा हुआ है तो इन्द्रियां वश में रहेंगी। यदि मन इन्द्रियों के वश में है तो इन्द्रियों के अनुसार मन नाचेगा और भटकता रहेगा। गीता में कहा है कि–

ये हि संस्पर्शजा भोगा दुःखयो नय एवते।
आद्यन्त-वन्तः कौन्तेय न तेषु रमते बुधः

(जो सुख इन्द्रियों से जनित होते हैं वे सामान्यतः दुःख के कारण हैं। ये दुःख या सुख आने जाने वाले हैं अतः इनमें मन को मत रमा।)

बह्य स्पर्शेष्वसक्तात्मा विन्दत्यात्मनि यत्सुखम।

स ब्रह्म् योग युक्तात्मा सुखमक्षय्मश्नुते।।

(जिनका मन इन इन्द्रिय जनित सुखों से विमुक्त रहता है और जिनका मन ध्यान द्वारा सत्व के सुख को प्राप्त कर लेता है वे योगी शाश्वत आनन्द प्राप्त कर लेते हैं।)

एक (मन) को जीतने से पांच (इन्द्रियां) जीती जा सकती हैं। पांच को जीतने से दस (पांच ज्ञानेन्द्रियों व पांच कर्मेन्द्रियों) को जीता जा सकता है। उनको जीतने से सर्व शत्रु जीते जा सकते हैं। इन दस को जीत लिया तो सभी शत्रुओं पर विजय पाई जा सकती है। जीवन में हमारा बाहरी शत्रु कोई नहीं है, शत्रु सब अन्दर ही बैठे हैं, अन्दर के शत्रु जीतने पर बाहर के शत्रु स्वतः ही समाप्त हो जाते हैं।

मन को जीतने या साधने से ही अध्यात्म एवं भौतिक क्षेत्रों में सफलता मिल सकती है। मन की ताकत को संजोए बिना कोई कार्य नहीं हो सकता। पतंजलि ऋषि ने भी चित्त-वृत्ति-निरोध को योग कहा है। चित्त की चंचलता पर लगाम लगाए बिना कोई योगी नहीं बन सकता। अतः सभी आध्यात्मिक क्रियाएं मन को साधने या नियन्त्रण करने से ही प्रारम्भ होती हैं। अब प्रश्न उठता है कि मन को साधें कैसे? इसके कई साधन हैं। सभी योगियों ने इसके अनेकानेक प्रयोग किए हैं और इसका साहित्य भरा पड़ा है। कोई मंत्र के जरिए, कोई शब्द से, कोई दृष्टि-स्थिरता से तो कोई श्वास के नियन्त्रण से मन को साधते हैं या एकाग्र करते हैं, परन्तु मन को साध लेना या एकाग्र कर लेना ही काफी नहीं है। एकाग्र मन को राग और द्वेष के चक्कर में या आर्त्त व रौद्र ध्यान में ही लगाए रखा तो उस सधे हुए मन से किया गया, राग व द्वेष का कार्य हानिकारक ही होगा। अतः मन को एकाग्र कर सुमार्ग पर ले जाना अत्यन्त आवश्यक है। साधना की प्रथम सीढ़ी है मन की एकाग्रता और उसके बाद के कदम और भी सावधानी के हैं। यदि वहां से या बीच में ही भटक गए तो अनर्थ होने वाला है, अतः मन को एकाग्र करने की साधना ज्ञात होनी अत्यन्त आवश्यक है।

मन एकाग्र करने की प्रथम सीढ़ी पर भी ध्यान रखना है कि मन की एकाग्रता किस साधन से प्राप्त की है और क्या लक्ष्य लेकर की है। शब्द या मन्त्र से प्रारम्भ की स्थिति में मन एकाग्र होगा, लेकिन उसको आगे गति नहीं मिलेगी। मन में उस शब्द या मंत्र के प्रति लगाव पैदा होगा जो बाद में बाधा उत्पन्न करेगा। यदि साधना का पहला कदम ही लगाव पैदा करता है तो आगे सही फल

कैसे मिल सकता है? जब हमने जीवन की साधना राग और द्वेष, अपने आन्तरिक शत्रुओं को जीतने की बनाई है तो किसी भी क्रिया से राग या द्वेष उत्पन्न न हो इस बात की पूरी सावधानी बरतनी होगी।

मन को एकाग्र करने का साधन है–'आना पान' अर्थात् सांस को देखना। मन को शरीर के किसी एक अंग, यथा–नाक के अग्र भाग पर स्थित कर सांस के आने और जाने को लगातार देखने से मन एकाग्र होगा। सांस की क्रिया स्वतः हो रही है। इस क्रिया को रोकना नहीं है और न ही इसमें सांस का कोई व्यायाम करना है। जैसा सांस चल रहा है उसे केवल देखना है। कभी देखेंगे कि सांस छोटा हो जाता है, कभी लम्बा आता है, कभी तेजी से आता है, कभी धीरे आता है। यह सब स्वतः हो रहा है, परन्तु साधक केवल देख रहा है और बड़े ध्यान से देख रहा है। कोई भी सांस उसकी जानकारी के बिना आ–जा नहीं रहा है। मन जरा भी भटके तो पुनः लाकर सांस को देखने पर ही लगाना है। मन के भटकने से निराश नहीं होना है। यदि मन को वश में करना इतना आसान होता तो हर कोई योगी नहीं बन जाता? यह प्रारम्भ है और मार्ग जटिल है, परन्तु प्रयत्नशील बने रहने पर फल अवश्य मिलेगा। आनापान, विपश्यना ध्यान की प्रथम सीढ़ी है।

'आनापान' से मन को एकाग्र कर शरीर के किसी एक भाग पर लगाया। एकाग्र मन शरीर के उस भाग में जो हो रहा है उसको जानेगा। शरीर पर उस वक्त कोई न कोई संवेदना हो रही है–खुजलाहट, सरसराहट, धड़कन, फड़कन, गर्मी, सर्दी, स्पर्श कुछ भी; जो हो रहा है वही सत्य है। यह जो घटना हो रही है उसे वेदना कहते हैं। वेदना को देखना 'वेदनानुपश्यना' कहलाती है। वेदना देखकर क्या करें? केवल देखें और जानें। खुजलाहट है तो खुजलाना नहीं है। ध ड़कन है तो उसको रहने दें, उसकी चाहता नहीं करनी है। जो है उसे उसी प्रकार देखना है, प्रतिक्रिया नहीं करनी है, यद्यपि मन का पुराना स्वभाव प्रतिक्रिया करने का है। मन हमेशा अच्छी चीज को चाहता है और खराब चीज को हटाता है। मन को प्रशिक्षित करना है कि कोई प्रतिक्रिया न करे; केवल देखे और जाने। इस प्रकार मन को शरीर के हर अंग से गुजारना है और जिस अंग से मन गुजरे वहां जो संवेदना हो रही है उसे जानना है और जानकर तटस्थ रहना है व उपेक्षा भाव से आगे चल देना है। यों चोटी से एड़ी तक और एड़ी से चोटी तक हर अंग से मन गुजारते हुए यात्रा करनी है। इससे प्रज्ञा जागती है। जहां पुराने स्वभाव से स्वतः अवचेतन मन प्रतिक्रिया करता था, उसकी जगह जाग्रत रूप से स्वभाव को जानकर केवल देखना है और राग–द्वेष से ऊपर उठना है। वेदना को देखते–देखते हमने अपनी सारी काया को देख लिया। यह 'कायानुपश्यना' हो गई। काया और वेदना

को देखकर कोई तृष्णा न जागे, न घृणा के भाव जागें तो यह संस्कार-निरोध व संस्कार-निर्जरा दोनों क्रियाएं साथ हो गई। इस स्थित को 'कायोत्सर्ग' भी कहते हैं। कायोत्सर्ग से तात्पर्य है काया से ममत्व का त्याग।

काया को देखा और काया पर होने वाली वेदना सुखद या दुःखद, जैसी भी है उसको देखा और तटस्थ भाव से देखकर निस्संग हो गये तो कायोत्सर्ग या काया के ममत्व के त्याग की स्थिति बनती है। इसमें काया के प्रति जो भी मोह एवं तृष्णा है उससे बाहर निकलना है। सबसे ज्यादा आसक्ति या चिपकाव तो हमें हमारी काया या शरीर से ही है। शरीर को जरा भी दुःख होता है हम विचलित हो जाते हैं। ध्यान में बैठे हैं, पांव पर दबाव आया कि तत्काल हटाने की चेष्टा करते हैं। मच्छर ने काटा कि तत्काल उसे खुजलाने की कोशिश करते हैं। जो भी शरीर के लिए कष्टदायक है उसे हटाना चाहते हैं; जो भी प्रिय लगता है उसे रोकते हैं, परन्तु जब विपश्यना करते हैं तो प्रिय और अप्रिय संवेदना के प्रति तटस्थ भाव रखना ही है। काया से ममत्व हटाना ही काया का उत्सर्ग या कायोत्सर्ग है। इस क्रिया से काया का शिथिलन प्रारम्भिक स्थिति में स्वतः होता है। शिथिलन होता है तो बहुत से दर्द जो नाड़ी तन्त्र के संकुचन से पैदा होते हैं, स्वयं गायब हो जाते हैं। विपश्यना की इस प्रारम्भिक साधना से यदि छोटे-मोटे दर्द गायब हो जावें तो चमत्कार नहीं है। यह प्रक्रिया का साधारण व आवश्यक परिणाम है।

इसके बाद है 'मनोनुपश्यना' । अब मन से मन को देखना है। मन में कितने भाव या विचार आते हैं? मन कभी चुप रहता ही नहीं। वह वर्तमान में तो रमण करता ही नहीं है। कभी भूतकाल में जाता है तो कभी भविष्य में। जो वर्तमान में हो रहा है उसे जानने की कोशिश नहीं करता। अब एकाग्र मन अपने ही मन को देखने लगा कि यह कहां जाता है-राग में जाता है या द्वेष में, लड़ने जाता है या प्रेम करने। इस चक्कर को स्वयं जानने लगा। अब स्वयं मन के व्यापार को देखने लगा तो मन की भाग-दौड़ स्वतः कम हो जायेगी। अब मन शान्त होकर राग व द्वेष के भाव छोड़ने लगेगा व मन की ग्रन्थियां खुलने लगेंगी। मन की कठिन से कठिन गुत्थियां भी संवेदना के रूप में शरीर पर प्रकट हों और उन्हें केवल देखकर निकाल दें तो मन की पुरानी गांठें खुल सकती हैं और मनोविकार से पीड़ित व्यक्ति स्वस्थ हो जाता है। मन और काया से स्वस्थ होना विपश्यना का पहला सरल परिणाम है परन्तु इसे मंजिल नहीं मानना है। यह तो प्रारम्भिक सफलता की निशानी है। वास्तविक सफलता तो संस्कार-मुक्ति में है।

जब नई आवक कम हो गई या बन्द हो गई तो पुराने संस्कार उभरकर सामने आयेंगे। अब इन संस्कारों को केवल जानकर बिना प्रतिक्रिया के निकल

जाने दें तो वह निर्जरित होकर चले, लेकिन उनके प्रति कोई भी प्रतिक्रिया की तो फिर नये संस्कारों का निर्माण होगा। अतः पुराने संस्कारों को निर्जरित या क्षय करने का एक ही उपाय है कि जो सामने आ रहा है उसे केवल देखें व जानें; कोई प्रतिक्रिया न करें। प्रतिक्रिया कर किसी संस्कार का निर्माण न करें। यदि यह क्रिया काफी समय तक सफलतापूर्वक चले तो निर्जरा से पुराने संस्कार या कर्मों का क्षय हो शुद्ध व निर्मल ज्ञान प्रकट होगा जो अभी तक आवरित है। शुद्ध या निर्मल ज्ञान हमारा आगे का जीवन प्रशस्त करेगा और एक अन्तिम सीढ़ी आयेगी, जब कर्म-स्कन्ध क्षय हो जायेगा ओर केवल ज्ञान व दर्शन के अलावा कुछ नहीं रहेगा। कर्म-स्कन्ध से ही शरीर-स्कन्ध की रचना होती है और कर्म-स्कन्ध की समाप्ति पर शरीर-स्कन्ध स्वतः समाप्त हो आएगा और जीव सिद्ध, बुद्ध व मुक्त होने स्थिति में आ जायेगा।

वेदना, काया व मन की खोज से क्या पाया? जो कुछ हो रहा है वह अनित्य है। जो वेदना प्रकट हुई थोड़ी देर में समाप्त भी हो गयी। जो घटना घटी वह समाप्त हो गई। कोई चीज नित्य या स्थायी नहीं। जो उपजा वह समाप्त हुआ । यह क्रम या नियम सब वस्तुओं या घटनाओं पर लागू हो रहा है। यह अनित्य धर्म स्वयं ने जाना व देखा। यह सत्य हाथ आया कि संसार में जो कुछ हो रहा है वह सब अनित्य है। जो कुछ शरीर पर हो रहा है वह भी अनित्य है। धन, यश, अपयश, सब अनित्य हैं। जो चीज अनित्य है, उसके पीछे भाग-दौड़ कैसी? जो चीज नश्वर है, उसके पीछे इतना अहं या पागलपन क्यों? यह बात अब किसी बाहरी व्यक्ति के उपदेश से नहीं वरन् स्वयं की जानकारी से समझ में आने लगी। जीव अब धर्म को जानने लगा, देखने लगा। यही है 'धर्मानुपश्यना' अर्थात् धर्म को देखना। वास्तविक सत्य अर्थात् धर्म को स्वयं ने देखा।

अब जीव खूब समझता है कि चित्त को मैला करने से व्यक्ति स्वयं ही दुःखी होता है, क्रोध करने पर क्रोध की संवेदना स्वयं अपने शरीर पर देखता है। राग की व द्वेष की सब संवेदनाएं अपने भीतर देखता है। जीव यह देखने पर कि चित्त मैला करने से स्वयं दुःखी होता है, अपना व्यवहार स्वयं बदलता है। यों निज ज्ञान-दर्शन व व्यवहार में एकरूपता आती है। निज ज्ञान ही स्थायी ज्ञान है और यही चरित्र में परिलक्षित होता है। अपने ज्ञान में विश्वास कर चरित्र सुधारने से व्यक्ति सच्चरित्र बनता है। यह स्वयं का विवेक है जो नैतिकता का स्थायी आधार भी है। नैतिकता, धर्म, सत्य यह सब दृष्टि-परिवर्तन के खेल हैं। जीवन व संसार की वस्तुओं के प्रति हमारी क्या दृष्टि है? हम वस्तुओं को महत्व देते हैं या जीवन को? आज के भैतिकवादी युग में प्रत्येक व्यक्ति वस्तुओं के संग्रह में लगा है। जड़ वस्तुओं के संग्रह से चिन्तन, अनुभूति और भावों में जड़ता

आ रही है। वस्तु-संग्रह के लिये यदि किसी की जीवन लीला भी समाप्त हो जाये तो चिन्ता नहीं।

विपश्यना, ध्यान, कायोत्सर्ग नये समाज के निर्माण का एक ठोस आधार हैं। जब हर व्यक्ति अपने को जानने व समझने लगेगा और भौतिक वस्तुओं को नश्वर समझकर उनके पीछे पागल होने की बजाय सम्यक प्रकार से व्यवहार करेगा तो वर्तमान में चल रही आपाधापी, निरंकुशता और अनाचार पर रोक लगेगी। वह रोक प्रत्येक व्यक्ति द्वारा स्वयं की रोक होगी, बाहरी रोक नहीं होगी। यदि अधिकांश व्यक्ति स्व-विवेक के आधार पर अहिंसा और अपरिग्रह का नियम लें और भौतिक वस्तुओं के पीछे पागल होकर वस्तु-संग्रह व स्वार्थ के लिये जीवों की हत्या न करें तो एक सुखी समाज का निर्माण होगा। संस्कार मुक्ति से जीव स्वयं भय मुक्त जीवन जीते हैं और दूसरों को भी भय मुक्त करते हैं। भय-मुक्त जीवन ही अमरत्व है।

अभी कुछ सुपर हाईटैक उपकरणों का निर्माण किया जा रहा है, जो शरीर पर धारण करने से आपको अपने बढ़ते आवेशों, मनोवेगों/विकारों तथा स्थितियों के बारे में जानकारी दे सकेंगे। ऐसे शीघ्र ही उपयोग में लाये जा सकने वाले कुछेक उपकरणों के विषय में जानकारी नीचे दी जा रही है–

1. **सायोनिक हेलमेट**–यह एक ऐसा उपकरण है जो दिमाग को केन्द्रित कर सकता है, ध्यान स्थिर कर सकता है। यह इलेक्ट्रॉनिक उपकरण ध्यान के कार्य निष्पादन हेतु बनाया जा रहा है। यह दिखने में तो सिर्फ एक हेलमेट जैसा लगता है, लेकिन इसमें अल्ट्रासेन्सरी परसेप्टर्स लगे होते हैं, जो दिमाग में होने वाली हर हरकत को पढ़ सकते हैं, समझ सकते हैं और कुछ हद तक नियंत्रित भी कर सकते हैं।

2. **मेडिटेशन गॉगल्स**–यह उपकरण गॉगल्स जैसा दिखता है, लेकिन ये फोटो उद्दीपन से इंसान के दिमाग के साथ बुद्धि पूर्ण खेल, खेल सकता है। यह लोगों को ध्यान की उन अग्रिम अवस्थाओं में पहुंचा सकता है जहां पहुंचाने में किसी भी योग गुरु को कई साल लग जाते हैं।

3. **इमोशन सेंसिटिव पेंडेन्ट**–यह एक प्रकार की अनूठी ज्वैलरी है, जो सेंसर्स की मदद से बायोमेट्रिक सिग्नल पढ़ सकती है। यह एक खूबसूरत नेकलेस की तरह बनाया गया है। इसमें ऐसे टेक्सटाइल सैंसर और लिंक्स हैं जिनसे इसे पहनने वाला दूसरे लोगों तक भी संकेत भेज सकता है। इससे आप स्वयं अपनों तथा दूसरों की भावनाओं को बखूबी समझ सकते हैं।

4. **बायोफीडबैक स्ट्रेस वॉच**–यह उपकरण सभी तरह के तनावों को प्रबंधित कर सकता है। यह आपके हृदय की धड़कन और तापमान को भी

प्रबंधित कर सकता है। यह तनाव की अधिकतम मौजूदगी में भी आपके दिमाग को शान्त रख सकता है।

5. ईमोब्रेसलेट–यह एक उच्च तकनीक वाली मूड ब्रेसलेट है, जो आपके मूड को समायोजित कर सकती है। इसमें गेल्वेनिक त्वचा प्रतिक्रिया मापक लगा होता है, जिसकी मदद से इसे पहनने वाले किसी भी प्रकार के भावनात्मक अतिरेक से बच सकते हैं। इसमें दो भाग होते हैं इमोब्रेसलेट और इमोबाउल यह इमोबाउल प्रकाशपुंज के जरिए काम में लेने वाले की भावनाओं को दर्शाता है, जैसे यदि उपयोगकर्ता गुस्से में है तो बाउल लाल रंग का हो जाता है। ब्रेसलेट को समायोजन प्रक्रम से तैयार किया जाता है। यह भावनाओं पर नियंत्रण रखता है।

6. मूड लाइटिंग डिवायस–किसी ख़ास व्यक्ति की भावनाओं का पता लगाने के लिए यह एक शानदार उपकरण है। इसकी ऊपरी सतह पर 16 छेद तथा 4 एल.ई.डी. बल्ब होते हैं। यह व्यक्ति की भावनाओं को प्रकाश की चमक एवं रंग से दिखाता है।

7. कीप इन टच–रिश्तों में मिठास बनाए रखने के लिए यह एक आदर्श उपकरण है। यदि आप किसी रिश्ते को ठीक से नहीं निभा रहे होते हैं तो यह उपकरण आपको सचेत कर देगा। यह याद दिलाने वाले यंत्र की तरह कार्य करता है और आपको अपने परिजनों व दोस्तों से सम्पर्क में रहने के लिए कहता है। यदि आप उनकी अवहेलना कर रहे होते हैं या उनके साथ उचित व्यवहार नहीं कर रहे होते हैं, तो यह आपको सचेत कर देता है। इन संवेदना सूचना उपकरणों के माध्यम से आप अपनी भावनाओं पर नियंत्रण कर सकते हैं।

हमारी शारीरिक कोशिकाएं कैसे आसपास के वातावरण को माप लेती है, यह अब तक एक पहेली था। यह अवश्य माना जाता था कि हमारी कोशिकाओं की सतह पर कोई रिसेप्टर होता है, लेकिन यह क्या होता है इसके बारे में अनभिज्ञता थी। लेकोविच ने सन 1968 में आयोडीन आइसोटाप की मदद से इस रिसेप्टर का होना साबित कर दिया और इसको कोशिका की दीवारों से बाहर निकालने में भी सफलता हासिल कर ली थी, लेकिन इसको पूरी तरह पहचानना उनसे भी संभव नहीं हो पाया। अभी हाल ही में दो अमेरिकी वैज्ञानिकों जिनमें राबर्ट लेकोविच भी एक है तथा दूसरे उनके सहयोगी ब्रायन कोबिल्इस है इस रिसेप्टर का पता चल गया और उन्होंने इसका नामकरण 'जी-प्रोटीन्स' रखा है। उन्हें अपनी इस शोध पर नोबल पुरस्कार (रसायन विज्ञान) भी प्राप्त हुआ है। इस खोज का सबसे बड़ा लाभ चिकित्सा में हार्मोन आधारित दवाओं के निर्माण

के कार्य में प्राप्त होगा और इन जी-प्रोटीन्स के जरिए एक नई चिकित्सा प्रणाली की खोज भी संभव हो पाएगी। विशेषतया वो बीमारियां जो हार्मोनों के स्त्रवण में आई कमी या आधिक्य से जनित होती हैं, जैसे डायबिटीज, थॉयरायड, अवसाद आदि। बीटा ब्लाकर्स, एन्टीहिस्टामाइन्स आदि दवाएं इन्हीं जी-प्रोटीन रिसेप्टर्स के माध्यम से कार्य करती हैं। ये रिसेप्टर्स कई होते हैं और ये सभी एक ही परिवार के सदस्य हैं क्योंकि इन सभी में एक प्रोटीन होती है जिसका नाम है जी-प्रोटीन, जो एक प्रकार से एक बटन का कार्य करती है जो कोशिका के अन्दर कई क्रियाओं का आरंभ करता है। कोशिका की सतह पर स्थित ये रिसेप्टर्स कई दूसरे मौलिक कणों (Molecules) के साथ जुड़कर वातावरण से आये संवेदनों तथा सूचनाओं को कोशिका के भीतर पहुंचाते हैं। यह जी-प्रोटीन्स ही हमारे संवेदक अंगों जैसे आंख, नाक, कान इत्यादि को उनके विषयों जैसे दृष्टि, गंध, आवाज इत्यदि का ज्ञान करवाते हैं और अति आवश्यक मौकों पर हमारे सभी भावनात्मक उद्वेलनों तथा उन पर हमारी प्रतिक्रियाओं का सामन्जस्य भी करते हैं। इस शोध के बाद अब तो वैज्ञानिक शीघ्र ही भावनाओं के किसी भी अतिरेक को रोक पाने में समर्थ हो सकेंगे और इनसान पूर्णतः भावनात्मक संतुलन की स्थिति में जीवन जी सकेगा। इसी शुभेच्छा के साथ यह पुस्तक आपको मैं समर्पित करता हूं।

■■■

www.ingramcontent.com/pod-product-compliance
Lightning Source LLC
LaVergne TN
LVHW100357181026
850499LV00037B/498
* 9 7 8 9 3 5 0 8 3 1 0 3 8 *